# EXPORTAÇÃO

## A RETOMADA DO CRESCIMENTO NO BRASIL

JOSÉ ROBERTO AFONSO
CARLOS CAVALCANTI
FABIO SILVEIRA
GERALDO BIASOTO JR.
MARCEL CAPAROZ
MARCELO PEREIRA DA CUNHA
MELINA ROCHA LUKIC

# EXPORTAÇÃO

## A RETOMADA DO CRESCIMENTO NO BRASIL

2ª tiragem

Del Rey editora

Belo Horizonte
2018

Impresso no Brasil | *Printed in Brazil*

**EDITORA DEL REY LTDA**
**www.editoradelrey.com.br**

**Editor:** Arnaldo Oliveira

**Editor Adjunto:** Ricardo A. Malheiros Fiuza

**Editora Assistente:** Waneska Diniz

**Diagramação**: Formato Editora e Serviços

**Revisão:** Formato Editora e Serviços

**Capa:** Alfstudio

**Editora**

Rua dos Goitacases, 71 – Loja 24A – Centro
Belo Horizonte-MG – CEP 30190-909
Comercial:
Tel.: (31) 3293 8233
vendas@editoradelrey.com.br
Editorial:
editoraassistente@editoradelrey.com.br



E967 Exportação: a retomada do crescimento no Brasil. / José Roberto Afonso et al. Belo Horizonte: Del Rey, 2018.

240 p.

ISBN: ISBN: 978-85-384-0511-5

1. Exportação, Brasil. 2. Crescimento econômico, Brasil. 3. Tributação, Brasil. I. Afonso, José Roberto. II. Cavalcanti, Carlos. III. Silveira, Fabio. IV. Biasoto Jr., Geraldo. V. Caparoz, Marcel. VI. Cunha, Marcelo Pereira da. VII. Lukic, Melina Rocha.

CDU: 339.564(81)

# SUMÁRIO

# LISTA DE FIGURAS E TABELAS

# APRESENTAÇÃO

O presente estudo pretende contextualizar a atual situação da economia brasileira e propor caminhos que dinamizem as exportações, possibilitando que elas desempenhem importante papel como alavanca para uma retomada mais sustentada do crescimento econômico.

Nesse sentido, o estudo abrangerá o levantamento do potencial das vendas externas, sobretudo de produtos manufaturados, tendo em vista a geração de efeitos dinâmicos que estimulem a reativação da economia brasileira.

Diante dessa preocupação, este trabalho tanto se debruçará sobre o problema da cumulatividade tributária, resultado do arcaico sistema tributário nacional, como proporá medidas que ampliem a competitividade das exportações brasileiras.

Para cumprir os objetivos pretendidos, recorreu-se à análise da Matriz Insumo-Produto, divulgada pelo Instituto Brasileiro de Geografia e Estatística (IBGE), que permite, a partir do valor da produção de cada setor, estimar o incremento suscitado pelo aumento das exportações, em termos de emprego, PIB Setorial e tributos (ver Figura 1).

**Figura 1** – Procedimento metodológico para o cálculo dos efeitos do aumento das exportações

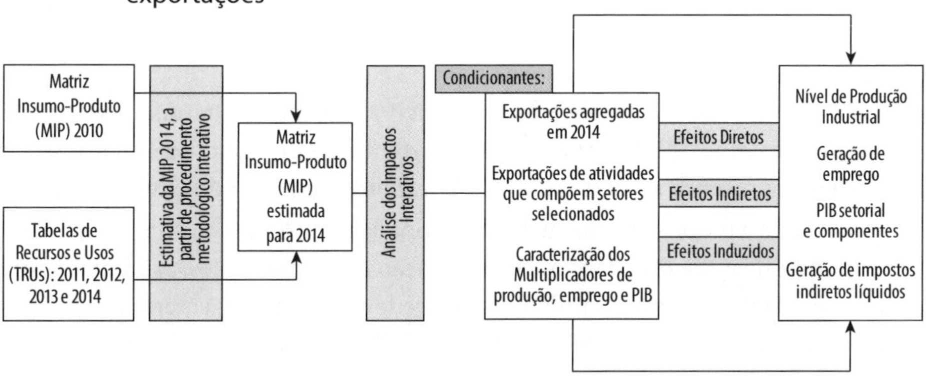


**Fonte:** IBGE. Elaboração própria.

Com base nesse método e no comportamento da pauta de exportações brasileiras, houve a identificação de dez setores – entre os 30 setores da indústria de transformação listados na Matriz Insumo-Produto – que são objeto de investigação mais profunda acerca dos efeitos advindos de uma aceleração dos seus embarques sobre a estrutura produtiva do País[1].

A escolha desses dez setores foi motivada pelo bom desempenho das suas exportações em anos recentes, pela dinâmica intrínseca desses setores assentada em fortes relações inter e intrassetoriais e pelos impactos diretos e indiretos que as suas exportações podem causar no crescimento da economia brasileira.

Para tanto, foram escolhidos os setores fabricantes dos seguintes produtos:

**Tabela 1** – Setores selecionados

| Setores |
|---|
| Produtos Têxteis |
| Calçados e artefatos de couro |
| Químicos orgânicos e inorgânicos, resinas e elastômeros |
| Celulose, papel e produtos de papel |
| Ferro gusa/ferro ligas, siderurgia e tubos de aço sem costura |
| Automóveis, caminhões e ônibus, exceto peças |
| Outros equipamentos de transporte, exceto veículos automotores |
| Peças e acessórios para veículos automotores |
| Máquinas e equipamentos mecânicos |
| Máquinas e equipamentos elétricos |

**Fonte:** IBGE. Elaboração própria.

Além disso, foram identificados os principais produtos manufaturados que apresentaram, nos últimos anos, maior sustentação do fluxo de embarques, o que reflete a presença ativa do produto brasileiro nos mercados internacionais.

No tocante à proposição de medidas destinadas à melhoria da competitividade externa, objetivando, desde logo, a desoneração das exportações, principalmente da incidência de tributos cumulativos, procedeu-se também à aferição e análise das distorções provocadas pela cumulatividade, destacando-se o problema da cumulatividade nas contribuições do PIS/COFINS e no ISS.

---

[1] Para efeitos desse estudo, desconsiderou-se da análise o setor de manutenção, reparação e instalação de máquinas e equipamentos.

No primeiro caso (PIS/COFINS), dados da RFB foram trabalhados, tomando-se regimes especiais, tributação pelo Simples e empresas tributadas por lucro presumido. Esses dados foram confrontados, por divisão econômica, com a Tabela de Recursos e Usos (TRUs) e a Pesquisa Industrial Anual (PIA) de 2014 (IBGE), indicando o valor do tributo não recuperável para os distintos setores da indústria de transformação.

No segundo caso (ISS), foram tomados os dados da DIPJ/RFB e identificados coeficientes de arrecadação setorial de ISS, para 2013. Estes coeficientes foram confrontados com a receita líquida de venda da Pesquisa Industrial Anual PIA/IBGE para 2014 e a TRUs/IBGE 2014. Para buscar o ISS embutido em compras da indústria junto a outros setores, os dados obtidos da PIA/IBGE de 2014 foram aferidos para diversas categorias (propaganda, água e esgoto, arrendamento mercantil etc.).

Além do exposto acima, apresentam-se nesse estudo:

(1) A Análise Descritiva da quantificação direta das exportações brasileiras em 2014, destacando-se a importância relativa de cada um dos grandes agregados dos setores exportadores;
(2) A Análise dos Efeitos de Encadeamento para Trás das Exportações sobre as variáveis (i) valor da produção setorial, (ii) Produto Interno Bruto (PIB) setorial, (iii) geração de empregos, (iv) remuneração média dos empregos gerados e (v) arrecadação de impostos indiretos líquidos de subsídios;
(3) A Análise de Multiplicadores, que diz respeito à quantificação dos indicadores das variáveis socioeconômicas para cada milhão de reais exportado pelos setores que compõem a indústria da transformação.

# PREFÁCIO

Os economistas sempre souberam que existem dois vetores fundamentais para o aumento continuado da produtividade do trabalho, que é o verdadeiro nome do desenvolvimento econômico. Este é um problema técnico que depende, basicamente:

(1º) do aumento de bens de produção colocados a serviço de cada trabalhador (o estoque capital/trabalhador) que, por sua vez, é determinado pelo nível de investimento; e (2º) do nível das exportações para aproveitar as economias de escala e ampliar a capacidade de importação. A distribuição do que foi produzido, entretanto, é um problema político, resolvido por quem detém o poder na sociedade.

Esta pesquisa, produzida por competentes economistas, vai ao cerne do problema econômico nacional utilizando os mais sofisticados instrumentos da economia que é um conhecimento empírico. Pretende o "levantamento do potencial das vendas externas, sobretudo de produtos manufaturados, tendo em vista a geração de efeitos dinâmicos que estimulam a reativação da economia brasileira".

Trata-se de uma exploração estatística fundamental para a construção de uma estrutura produtiva que apoie a independência nacional, o que exige: (1) a autonomia energética baseada na melhor combinação das fontes alternativas disponíveis; (2) a autonomia alimentar sustentável; e (3) a autonomia militar dissuasiva, num mundo cada vez mais caótico.

Contra fatos, não há teoria que resista. Entre 1980 e 2016 o Brasil empobreceu relativamente. Medidos em dólares de paridade de poder de 2011 temos o seguinte, em termos *per capita*:

| PAIS | 1980 | 2016 | Crescimento Anual (%) |
|---|---|---|---|
| EUA | 29.277 | 53.417 | 1,7 |
| Brasil | 11.197 | 14.229 | 0,6 |
| China | 722 | 14.275 | 8,4 |

**Fonte:** FMI

Com referência aos EUA, nossa renda per capita que era de 38% em 1980, foi reduzida a 26% em 2016. Com relação à China, a nossa renda *per capita* era quase 16 vezes maior e hoje ela já é menor do que a daquele país. A prova do pudim é quando se come, não quando se olha a receita. Não há qualquer outra explicação plausível: foram as políticas econômicas das últimas três décadas, com suas grandes virtudes e gigantescos preconceitos, que nos levaram no período ao rápido empobrecimento relativo.

O nosso setor agroindustrial é, talvez, (graças, em grande parte, ao esforço do Estado) o mais produtivo do mundo, mas não havia nenhuma necessidade de destruirmos um setor promissor, o mais sofisticado setor industrial do mundo emergente em 1970/74, com a ausência de políticas públicas inteligentes e a transformação da taxa de câmbio de um preço relativo que equilibra o valor do fluxo das exportações com o das importações, num ativo financeiro que responde às diferenças das taxas de juros internas e externas e tem menor relação com o estímulo à economia real.

De fato, somos hoje uma colônia da China. Fornecemos a única coisa que lhe é escassa: a água... Os preconceitos de uma falsa teoria econômica com relação ao Reintegra (um dos fatores impeditivos da exportação) são reduzidos a sua verdadeira dimensão ideológica neste interessante e valioso trabalho.

Vale a pena lê-lo. E, mais ainda, meditar sobre ele.

*Antonio Delfim Netto*
SP. 30/10/2017

CAPÍTULO 1

# CONTEXTO MACROECONÔMICO

Problemática: o que poderia contribuir, significativamente, para que o Brasil não apenas acelere o ciclo de crescimento econômico que se aproxima, mas que o torne mais sustentável no longo prazo?

## 1.1 Competitividade e integração

A economia brasileira atravessa um dos momentos mais críticos de sua história. Não apenas pela imensa queda do nível de atividade e do emprego, mas principalmente pela expectativa de lenta recuperação do mercado doméstico.

No biênio 2015-2016, a retração do PIB foi de 7,2%, algo inédito para o país. Neste cenário, a incerteza transcorre o meio empresarial, principalmente, porque nos últimos anos, a política econômica colocou em segundo plano a busca por melhoria da competitividade, sobretudo a externa, restringindo a pauta de produtos e a capacidade de geração de negócios das empresas exportadoras brasileiras.

Tratando-se de competitividade, a fotografia mais recente se revela decepcionante. Em 2016, segundo estudo da CNI[1], o Brasil ocupou a penúltima posição no *ranking* dos fatores determinantes da competitividade entre 18 países selecionados, ficando à frente apenas da Argentina.

Dentre os nove fatores utilizados na aferição da competitividade dos países, em apenas quatro o Brasil se manteve entre a sétima e a décima segunda posição (terço intermediário). Estes foram: (1º) disponibilidade e custo da mão de obra; (2º) competição e escala no mercado doméstico; (3º) educação; e (4º) tecnologia e inovação.

---

1 CNI. *Competitividade Brasil 2016*: comparação com países selecionados. Brasília, CNI, 93 p., 2016.

Para os demais, o país registrou as últimas posições[2]. Convém sublinhar que mesmo para os fatores em que o país ficou posicionado na escala intermediária, houve recuo de três deles na comparação com o *ranking* de 2015. Foram os casos de: (1º) disponibilidade e custo da mão de obra; (2º) tecnologia e inovação; e (3º) competição e escala no mercado doméstico. Educação foi o único fator em que o país registrou avanço, devido à melhora do desempenho da variável "gastos com educação."

O recuo de posições dos fatores mencionados expõe a gravidade das condições econômicas e empresariais no país.

De um lado, parte dos fatores da competitividade que afetam **diretamente** a eficiência das empresas e a eficácia de seu manejo se encontra em posições inferiores, distante do que se observa nos países desenvolvidos e nos demais emergentes. De outro lado, parcela dos fatores que afetam **indiretamente** o desempenho das empresas, mas que têm importância para a sua competitividade, também se colocam em posições inferiores do *ranking*.

Portanto, seja do ponto de vista das variáveis endógenas (aquelas que estão sob controle e manejo das empresas), seja das exógenas (variáveis macroeconômicas, institucionais e regulatórias, que se apresentam da "porta da empresa para fora"), as condições de competitividade no país continuam sendo muito negativas.

No período 2004-2014, o estilo de crescimento com foco exagerado no mercado doméstico produziu, em seu curso de expansão e reversão, a desorganização de diversas cadeias produtivas e perda de dinamismo do setor industrial. A Figura 2 mostra que o **nível de ociosidade** que a indústria brasileira atingiu, na última década, foi singular. Não há dúvida de que a dificuldade em vislumbrar caminhos para a recomposição de uma trajetória de crescimento econômico, ainda que moderado, se traduz em paralisia do aparelho produtivo.

Tão grave quanto a existência dessa imensa ociosidade é destacar que, no biênio 2015-2016, segundo o IBGE, o PIB diminuiu, em média, 3,7% ao ano; a absorção interna, por sua vez reduziu 5,9% ao ano; e o deflator implícito recuou 1,0 ponto percentual da inflação.

Durante a bonança (2004-2014), argumentava-se que o país poderia sustentar crescimento ao redor de 4,0% ao ano. Se essa taxa for projetada até 2020 e confrontada com as estimativas de crescimento futuro, a economia brasileira ficará cerca de 1/3 abaixo do estimado caso as condições do período de bonança fossem mantidas (ver Figura 3).

---

2 O terço inferior do *ranking* corresponde às posições entre a décima terceira e a décima oitava.

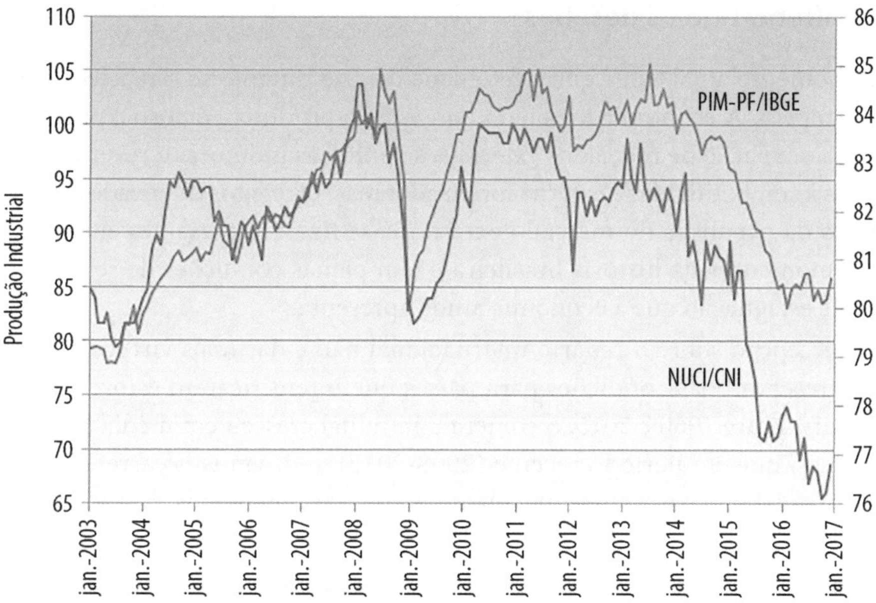


**Fonte:** Informe Tullett Prebon Brasil S/A CVC. Elaboração própria.

**Figura 2** – Produção e nível de utilização da indústria de transformação

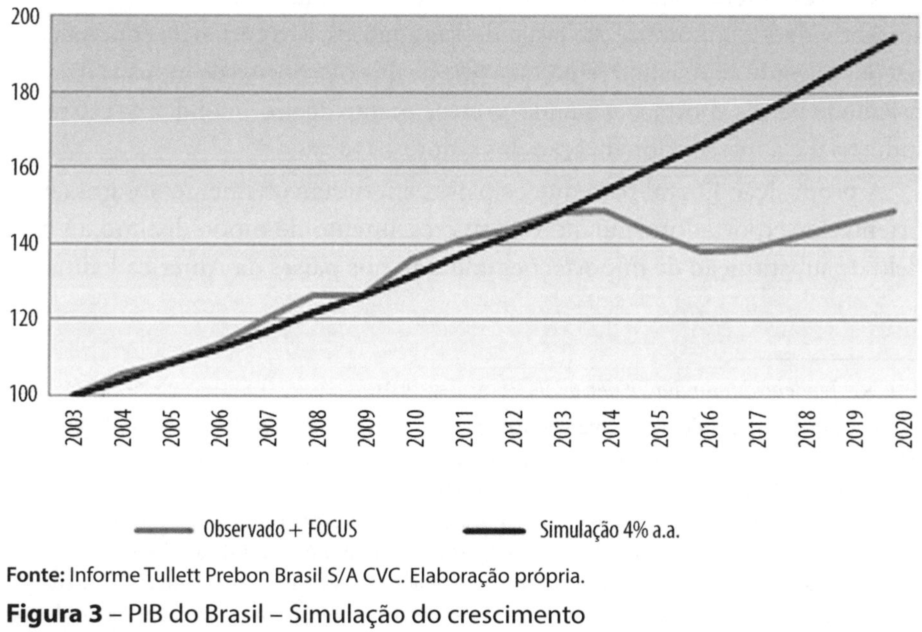


**Fonte:** Informe Tullett Prebon Brasil S/A CVC. Elaboração própria.

**Figura 3** – PIB do Brasil – Simulação do crescimento

## 1.2 Enfrentando os desafios

O momento atual exige que a retomada do crescimento se estabeleça com maior ímpeto. A economia brasileira tem espaço produtivo ocioso e pode expandir a ocupação de mercados externos, se políticas indutoras à reversão dos entraves à competitividade externa forem adotadas. Os efeitos de encadeamento virtuoso da expansão do mercado externo já se fizeram presentes em vários outros momentos da história brasileira e têm plenas condições de reverter o clima de estagnação que a economia ainda apresenta.

A percepção sobre o cenário internacional não é das mais virtuosas, mas ainda preserva boas condições para países que intensificarem esforços para competir[3]. Entre 1960 e 2015, o comércio mundial cresceu em média 6,6% ao ano, sendo que em período recente (2008-2015), o dinamismo arrefeceu e a expansão foi de apenas 3,4% ao ano. Ainda assim, existem muitas oportunidades de inserção global.

É necessário reflexão e debate sobre como a economia brasileira pretende se integrar à Indústria 4.0[4], à economia de baixo carbono, às cadeias globais de produtos e serviços e às transformações e arranjos futuros na distribuição geográfica da produção.

Nas décadas de 1970 e 1980, vários estudos buscaram investigar a relação entre o crescimento das exportações, sobretudo de manufaturados, e os impulsos à atividade econômica. Ao largo dessas análises, a experiência concreta das nações do Sudeste Asiático reforçou a tese de que o processo de industrialização orientado pelas exportações atende ao crescimento ligeiro, à solidez da estrutura industrial e à internacionalização das empresas locais.

A proposição liberal para que os países em desenvolvimento abraçassem a orientação exportadora, guiando o seu crescimento de modo distinto ao modelo de substituição de importações adotado nos países da América Latina no

---

3 CNI. *Tendências mundiais e nacionais*, 35 p., dez. 2016.

4 Conceito desenvolvido na Alemanha (utiliza-se o termo Manufatura Avançada nos EUA), para designar o uso exponencial de recursos de automação e digitalização que permitem a conexão de máquinas, sistemas e ativos, por meio de redes inteligentes ao longo de toda a cadeia produtiva. A partir de Sistemas Cyber-Físicos, Internet das Coisas e Internet dos Serviços, os processos de produção devem se tornar cada vez mais eficientes, autônomos e customizáveis, reduzindo a necessidade de recursos humanos, ampliando a capacidade e autonomia para agendar manutenções, prever falhas nos processos e se adaptar aos requisitos e mudanças não planejadas na produção.

período do Pós-Guerra, tinha como premissas teóricas : (1º) economias de escala ao se produzir para o mundo; (2º) aprendizado e progresso técnico associado à abertura e ao investimento estrangeiro; e (3º) maior eficiência em virtude de melhor alocação e uso dos recursos domésticos que, por sua vez, acarretaria maior produtividade dos fatores.

O caso brasileiro está retratado em diversos estudos que exibem, de maneira afirmativa, a existência de forte correlação entre crescimento das exportações e expansão da economia. Por meio de procedimentos econométricos, Fasano Filho (1985)[5], demonstrou que, no período entre 1969-1984, a expansão das exportações de manufaturados provou ser estatisticamente significante para o crescimento do país.

Em outras palavras, o incremento das vendas externas foi fundamental para a aceleração do crescimento da economia brasileira no referido período. Assim como foi também relevante para o alcance deste êxito a variação positiva do investimento. Ao testar como variável dependente o produto agregado (PIB), o autor verificou que o investimento foi comprovadamente relevante em praticamente todas as equações, mas a mesma conclusão não se provou verdadeira para as exportações totais. Essa variável afetou em menor medida o crescimento da economia, ao contrário do que conseguiu provar ao introduzir dados de exportações de manufaturados na equação.

Nessas condições, o declínio das exportações de manufaturados (e consequente aumento da presença de *commodities* agrícolas e minerais) na pauta exportadora brasileira, observado desde os anos 1990, evidenciou que os fundamentos do estudo mencionado eram corretos, ou seja, que as exportações são elemento importante para o crescimento da economia.

## 1.3 Os entraves atuais

As autoridades econômicas dispõem atualmente de menor poder de manejo de seus instrumentos. A gestão das **políticas macroeconômicas** perdeu graus de liberdade após o colapso das contas externas em 2014, quando o déficit em transações correntes cresceu 40% sobre o registrado no ano anterior, alcançando

[5] FASANO FILHO, Ugo. A expansão das exportações e o crescimento econômico: o caso do Brasil, 1969-1984. *Revista Brasileira de Economia*, FGV, Rio de Janeiro, v. 42, nº 1, p. 73-81, jan./mar. 1988.

o recorde de US$ 101,5 bilhões, equivalente a 4,2% do PIB. Embora superada, outras restrições se fizeram presentes no biênio 2015-2016.

As dificuldades externas resultaram, essencialmente, da trajetória declinante das exportações entre 2011 e 2014, em decorrência da superposição das seguintes forças adversas para a competitividade dos produtos brasileiros:

a) declínio dos preços internacionais das *commodities* (2011-2014);
b) longo ciclo de limitada desvalorização do real (2009-2014);
c) elevação dos juros básicos (2013-2014); e
d) aumento constante da carga tributária.

**Tabela 2** – Brasil – Saldo comercial e de transações correntes

| | 2011 | 2012 | 2013 | 2014 | 2015 | 2016 |
|---|---|---|---|---|---|---|
| Saldo comercial (US$ bi) | 27,6 | 19,4 | 2,6 | −3,9 | 19,7 | 47,7 |
| Exportações | 256 | 243 | 242 | 225 | 191 | 185 |
| Var. (%) | 27 | −5 | 0 | −7 | −15 | −3 |
| Importações | 228 | 223 | 240 | 229 | 171 | 138 |
| Var. (%) | 25 | −2 | 7 | −4 | −25 | −20 |
| Saldo de transações correntes (US$ bi) | −77 | −72 | −73 | −101 | −57 | −21 |

**Fonte:** MDIC e BCB. Elaboração própria.

Na ótica do saldo da balança comercial, é verdade que a tendência de baixa das vendas externas, já em 2015, foi mais do que compensada pelo brutal encolhimento das importações – ambos os fluxos, encolheram 25% em apenas quatro anos. Se não fosse o impacto da recessão sobre as compras do exterior, o país poderia estar em posição radicalmente inversa, com importante crise nas contas externas. Por isso, mesmo acusando o menor déficit em transações correntes dos últimos anos, há sinais de preocupação quanto à capacidade de sustentação do crescimento futuro da economia nacional.

Os entraves para a superação da crise se traduziram, no plano internacional, na escalada do Risco-Brasil e perda do grau de investimento, sinalizando baixa confiança dos investidores no país e encarecimento do crédito externo.

No âmbito interno, a piora das expectativas apresentou efeito devastador sobre os preços relativos e as contas públicas no período 2014-2016. Diante da instauração desse horizonte nebuloso e da vigência de elevado patamar de inflação e juros, houve:

a) contração acentuada das operações de crédito, até porque famílias e empresas já estavam bastante endividadas; e
b) diminuição vertiginosa de investimentos, refletindo também a expansão crescente da ociosidade na indústria.

Nessas condições, no biênio 2015-2016, tornou-se inevitável que a economia brasileira ingressasse numa trajetória de redução dramática de produto, emprego e arrecadação tributária. Nesse intervalo, mais precisamente:

1) o PIB, em termos reais, caiu 3,7% ao ano e, calculado em dólar, encolheu 21% no período;
2) a renda *per capita* desabou de US$ 12,3 mil/hab. para US$ 8,7 mil/hab.;
3) a taxa de desemprego de final de período subiu de 6,5% para 12,0%; e
4) foram eliminados mais de 3,0 milhões de empregos.

Convém sublinhar que, em 2016, os vetores delineados em passado imediato se aprofundaram, instalando-se um quadro de obstáculos mais complexos, não apenas para a geração de lucro e salários, mas também para a recuperação do superávit fiscal primário.

Entre as opções possíveis para o atendimento da necessidade de encontrar motores que ajudem a puxar – e depois a sustentar – o crescimento econômico e o reequilíbrio das contas públicas, a via da expansão acelerada das exportações é a que se apresenta como a mais factível de realização no curto e médio prazos.

A desvalorização do real verificada no biênio 2014-2015 transformou-se em importante impulso exportador até quase meados de 2016. Desde então, entretanto, em face da (re)valorização da moeda brasileira, houve nítido enfraquecimento dos embarques, como sinaliza o índice de *quantum* das exportações, principalmente de manufaturados (ver Figura 4).

Além disso, a inesperada vitória do candidato republicano à Presidência dos Estados Unidos, Donald Trump, trouxe novas preocupações.

Isso porque, se, de um lado, as promessas do novo mandatário abrem uma perspectiva de alta efetiva dos juros americanos, que ainda pode levar a moeda brasileira a sofrer desvalorizações e permitir a recuperação de parte das perdas comerciais ocorridas em passado recente, cabe também admitir, de outro lado, que a deflagração desse aperto monetário viria acompanhada pela redução

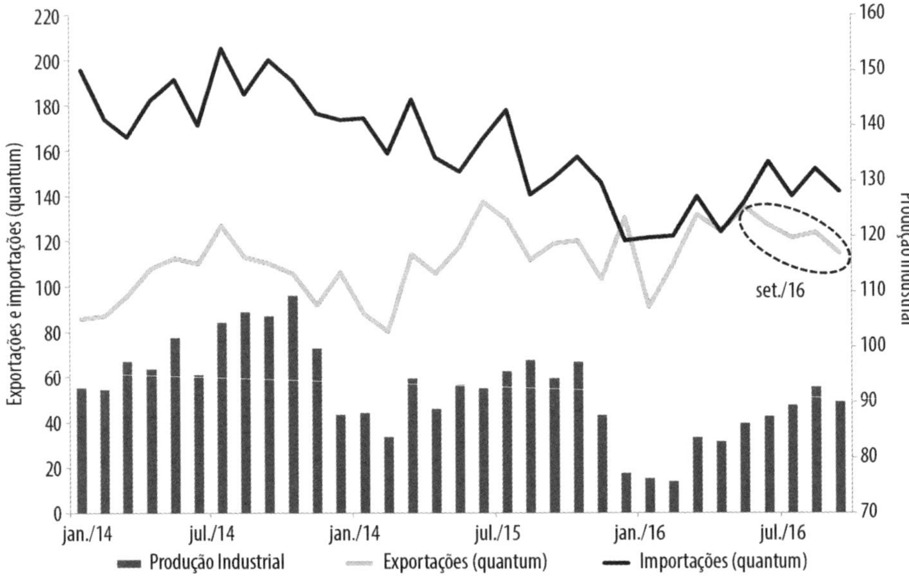


**Fontes:** BCB, IBGE e Funcex. Elaboração Fernando Montero.

**Figura 4** – Exportação × Importação × Produção Industrial

dos preços internacionais das *commodities*, prejudicando parcela majoritária dos exportadores brasileiros, que se mostram inquietos, inclusive, com outra promessa eleitoral feita por Trump, que já está se materializando: a de adotar medidas protecionistas visando inibir o ingresso de produtos chineses no mercado americano.

Embora o preço de algumas *commodities* metálicas tenha subido em passado recente (como o minério de ferro, por exemplo), impulsionado pelo aquecimento de alguns mercados específicos da China e de outras economias asiáticas, isso não deve ser visto como entrave para que se possa aproveitar o momento e avançar.

Há de se reconhecer também que a adoção de outras vertentes para o crescimento, que não seja a aposta nas exportações, surtirá efeito apenas no longo prazo, em face do cenário de declínio paulatino dos juros Selic e dos persistentes níveis de endividamento e ociosidade do sistema de produção.

Um dos elementos mais importantes na avaliação das políticas econômicas com foco na priorização do comércio exterior são seus efeitos sobre a arrecadação tributária. O sistema tributário nacional apresenta alicerces desenhados em meados dos anos 1960, que não foram alterados, mas apenas parcialmente revisados na Constituição de 1988 e, até hoje, pensados para uma economia fechada, ao relacionamento com mercados externos.

Em períodos em que o desequilíbrio do balanço de pagamentos se impôs, políticas discricionárias foram utilizadas para mitigar as deformações que o sistema tributário produzia contra a competitividade externa de nossos produtos.

A cumulatividade tributária é o dano mais grave e limitador das condições do produtor brasileiro concorrer contra o fabricante externo, seja nos mercados externos, seja no mercado doméstico. Conquanto esforços expressivos tenham buscado aferir estas distorções, como visto em estudo do IPEA/BNDES de 2001[6], as políticas têm, repetidamente, negligenciado a questão.

O sistema fiscal brasileiro exige uma carga tributária global superior a 33% do PIB, muito acima da média das economias emergentes, superando até a das mais avançadas. Porém, a distorção mais grave resulta de excessiva dependência de tributos sobre as transações com bens e serviços e, o mais grave, com os fiscos das diferentes esferas de governo se recusando a devolver os créditos acumulados, atrapalhando e postergando assim o seu aproveitamento.

É necessário reconhecer que a redução da carga tributária sobre as exportações, como medida isolada, diminuirá a arrecadação dos entes federativos. Porém, é possível alegar que, por princípio, não se pode perder aquilo que nunca deveria ter entrado nos cofres públicos. Em termos pragmáticos, a análise mais completa e adequada deve mais que contrapor àquela redução os acréscimos na arrecadação que decorrerão da retomada do crescimento e do mercado doméstico induzido pelas exportações.

Evidencia-se também um elemento adicional de distorções que são os **custos financeiros**.

Há anos, como é de amplo conhecimento, a taxa de juros real da economia brasileira é uma das mais altas do mundo. Se rentistas e instituições financeiras obtêm ganhos com essa anomalia, o quadro para o setor produtivo é dramático. Mesmo os exportadores industriais, que têm acesso a financiamentos em condições adequadas, tomando recursos em moeda estrangeira, são afetados. Toda a cadeia produtiva onde estão os exportadores acaba sendo afetada pelos custos financeiros de capital de giro.

Apenas em decorrência do custo de capital de giro, o produto industrial brasileiro incorria em desvantagem competitiva frente à média das condições

---

6 VARSANO, R. et al. *Substituindo o PIS e a Confins – e por que não a CPMF?* – por uma contribuição não cumulativa. Rio de Janeiro, IPEA, 58 p., out. 2001 (Texto para Discussão, nº 832).

dos parceiros comerciais em 4,5%, segundo estudo da FIESP (2013)[7]. E vale lembrar que o período de referência é um dos que experimentou as menores taxas de juros reais dos últimos anos, em que a Selic nominal chegou a cair para 7,25% ao ano.

Portanto, é crucial verificar o impacto deste custo financeiro para os exportadores industriais na atual situação. Longe de afirmar que os estrangulamentos para as exportações decorrem apenas destes dois nós – da cumulatividade tributária e do custo financeiro –, porém, eles constituem entraves cruciais e para muitas empresas são intransponíveis.

Em comum, ambos os obstáculos às exportações decorrem e/ou dependem de políticas econômicas. Passa a hora de mensurar e demonstrar os problemas, com análises precisas e científicas e, usando as mesmas, buscar e propor alternativas para aperfeiçoar tais políticas públicas.

---

7 FIESP. *Custo Brasil e a taxa de câmbio na indústria de transformação 2013*. Jun. 2014.

CAPÍTULO 2

# ESTRUTURA E CARACTERIZAÇÃO DA ANÁLISE INSUMO-PRODUTO

## 2.1 Introdução

Delineados os marcos gerais da situação econômica recente, o estudo abordará nesse capítulo as técnicas da Análise de Insumo-Produto que serão utilizadas para quantificar os impactos socioeconômicos na economia brasileira decorrentes das exportações – em particular, aquelas dos setores da indústria da transformação.

A discussão conduzida nessa fase do estudo estará dividida em quatro blocos de análise.

O primeiro, que está circunscrito a este capítulo, tratará dos princípios metodológicos da Análise de Insumo-Produto (seção 2.2 e item 2.2.1). Abordará também a metodologia empregada no trabalho – incluindo a base de dados utilizada, bem como o procedimento para estimar a Matriz de Insumo-Produto para o ano de 2014 (seção 2.3) e apresentará, de forma sintética, como foram estimados os resultados (seção 2.4).

Os demais blocos, retratados no terceiro capítulo desse estudo, sem que haja uma segmentação explícita, versam sobre a Análise Descritiva, os Efeitos de Encadeamento para Trás das Exportações e a Análise de Multiplicadores de Produção e Indicadores, tais como descritos a seguir.

O segundo bloco, denominado de Análise Descritiva, diz respeito à quantificação direta das exportações brasileiras em 2014[1], destacando-se a importância relativa de cada um dos grandes agregados dos setores exportadores.

---

1 Escolheu-se o ano de 2014 por ser o mais recente, até a conclusão deste trabalho, da divulgação das Tabelas de Recursos e Usos do IBGE. Além do mais, trata-se do ano que antecedeu as duas quedas sucessivas do Produto Interno Bruto da economia brasileira, em 2015 e 2016.

O terceiro bloco, identificado como Efeitos de Encadeamento para Trás das Exportações, está relacionado à caracterização de todos os impactos socioeconômicos que ocorrem na cadeia produtiva devido às exportações. Essa caracterização, que será discutida apenas teoricamente neste capítulo, leva em conta todos os efeitos diretos, indiretos, bem como o efeito renda[2]. As variáveis socioeconômicas analisadas dizem respeito: (i) ao valor da produção de cada atividade da economia, (ii) ao Produto Interno Bruto, (iii) à geração de empregos, (iv) à remuneração média dos empregos gerados; e (v) aos impostos indiretos líquidos de subsídios – estes, essencialmente, gerados em função dos efeitos indiretos e do efeito renda.

Por fim, o quarto bloco, aqui denominado de Análise de Multiplicadores e Indicadores, diz respeito à quantificação dos indicadores das variáveis socioeconômicas para cada milhão de reais exportados em cada um dos setores que compõem a indústria da transformação – neste trabalho, esses setores estão desagregados em 30 atividades econômicas, sendo que, pelas características que reúnem, serão objeto central deste trabalho, como descrito anteriormente.

## 2.2 Princípios da Análise de Insumo-Produto[3]

A mensuração dos impactos socioeconômicos neste estudo, em função das exportações brasileiras em 2014, tem fundamentação teórica na Análise de Insumo-Produto. Esta técnica consiste em uma abordagem metodológica consagrada na literatura econômica – e empregada mundialmente por diversas instituições, como órgãos de governo, corporações públicas ou privadas, institutos de pesquisas e universidades – para quantificar os impactos na produção de todos os setores da economia quando se considera o aumento da demanda por um setor específico. Com isso, é possível verificar, a partir da estrutura de relações intersetoriais de uma determinada economia, quais os impactos diretos, indiretos e induzidos[4] de certa variação na demanda final sobre os vários setores econômicos.

---

[2] Na literatura econômica, essencialmente na Análise de Insumo-Produto, o *efeito renda* também é denominado de *efeito induzido*.

[3] Uma descrição mais detalhada sobre o assunto pode ser encontrada em Miller e Blair (2009).

[4] Os efeitos induzidos, também chamados de efeito renda, dizem respeito ao acréscimo na produção de todos os setores de uma determinada economia para atender o aumento do consumo, causado pelo acréscimo de renda nesta economia.

O Modelo de Insumo-Produto foi formulado pelo economista russo – e radicado nos Estados Unidos desde os anos 1930 – Wassily Leontief, ganhador do prêmio Nobel de Economia em 1973 justamente por suas contribuições na Análise de Insumo-Produto.

O uso de modelos microeconômicos para descrever as relações entre os setores ou as atividades produtivas da economia tem seu ponto de partida com o *Tableau* Économique de Quesnay, publicado em 1758. Outro marco muito importante no desenvolvimento teórico de modelos diz respeito ao trabalho de Léon Walras[5], que culminou com o estabelecimento das bases para o desenvolvimento dos Modelos de Equilíbrio Geral no final do século XIX.

O Modelo de Insumo-Produto foi proposto inicialmente por Leontief na década de 1920, em um ambiente de economias planificadas. Entretanto, o primeiro trabalho aplicado com essa ferramenta foi feito por Leontief em 1941[6] para o estudo da economia norte-americana referente ao período compreendido entre 1919 a 1929 (MILLER; BLAIR, 2009)[7].

Do ponto de vista matemático, trata-se de modelo linear, o que o tornou factível de ser implementado computacionalmente antes dos modelos de equilíbrio geral, que são não lineares e mais complexos. A partir do trabalho pioneiro de Leontief, do aperfeiçoamento de banco de dados sobre as atividades produtivas em diversos países e com o desenvolvimento dos computadores nos últimos 70 anos, o uso da Análise de Insumo-Produto se propagou de forma significativa a partir dos anos 1950 em várias áreas de economia aplicada. Os princípios metodológicos sobre o modelo são apresentados a seguir.

### 2.2.1 Aspectos metodológicos da Análise Insumo-Produto

Os princípios conceituais e metodológicos do modelo são apresentados de modo didático, usando-se dados agregados estimados da economia brasileira para o ano de 2014. Para tanto, considere-se o quadro apresentado na Figura 5, que consiste em uma Tabela de Transações agregada em três setores produtivos[8].

---

[5] Ver Élements *d'économie politique pure* ou *Théorie de la richesse sociale*, 1874-1877.

[6] Ver *The Structure of the American Economy*. 1941.

[7] MILLER, Ronald E.; BLAIR, Peter D. *Input-output analysis*: foundations and extensions. Cambridge, GBR: Cambridge University Press, 2009.

[8] Na Figura 5, o setor Indústria inclui os setores extrativos minerais, os Serviços Industriais de Utilidade Pública (sendo o setor Elétrico o principal deste agregado) e a Construção Civil.

| Brasil – 2014 (R$ bi) | | Agropecuária $S_1$ | Indústria $S_2$ | Serviços $S_3$ | Exportações $Y_{Exp}$ | Resto da Demanda Final $Y_{RDF}$ | Valor da Produção X |
|---|---|---|---|---|---|---|---|
| Agropecuária | $S_1$ | 20,0 | 201,5 | 19,4 | 80,7 | 113,4 | 435,1 |
| Indústria | $S_2$ | 93,3 | 1.340,8 | 408,2 | 394,1 | 1.777,2 | 4.013,6 |
| Serviços | $S_3$ | 38,2 | 707,3 | 1.182,2 | 161,6 | 3.349,6 | 5.438,9 |
| Importação | M | 19,9 | 370,4 | 136,2 | 0,0 | 263,6 | |
| Impostos Indiretos Líquidos de Subsídios | IIL | 13,7 | 210,5 | 153,1 | 0,0 | 428,9 | |
| Valor Adicionado Bruto | $VA_{bruto}$ | 250,0 | 1.183,1 | 3.539,7 | | | |
| Pessoal Ocupado (em milhão) | PO | 14,2 | 22,1 | 69,3 | | | |
| Valor da Produção | $X^T$ | 435,1 | 4.013,6 | 5.438,9 | | | |

**Fonte:** IBGE. Elaboração própria.

**Figura 5** – Transações agregadas para a economia brasileira

Os valores referentes às três primeiras linhas devem ser vistos como o destino da produção de cada setor. Assim, por exemplo, o valor R$ 408,2 significa que o setor industrial destinou R$ 408,2 bilhões de sua produção para o setor de serviços (que o usou como insumos para sua produção). Já o valor R$ 394,1 bilhões significa que o setor Indústria destinou R$ 394,1 bilhões de sua produção para as exportações. É importante destacar que as Exportações são uma das componentes da Demanda Final, que é composta, também, pelo Consumo das Famílias, pelo Consumo do Governo, pela Formação Bruta de Capital Fixo[9] e pela Variação de Estoque.

Ao somar os destinos da produção observados em cada setor, tem-se o valor total de suas respectivas produções. Assim, a título de exemplo, o valor da produção da indústria, em 2014 no Brasil, foi de R$ 4.013,6 bilhões.

Ainda na Figura 5, seus dados também podem ser interpretados ao se observar o conteúdo de suas colunas, que devem ser entendidos como despesas realizadas. Dessa forma, o valor R$ 707,3 bilhões pode ser lido como: o setor

[9] A Formação Bruta de Capital Fixo (FBCF) diz respeito, essencialmente, à parcela da produção setorial destinada a repor e aumentar o estoque de capital dos setores da economia. A maior parte da FBCF é formada pelos bens de capital (máquinas e equipamentos) e pelos produtos do setor da construção civil.

Indústria usou R$ 707,3 bilhões de insumos que foram fornecidos pelo setor de serviços.

Nesse sentido, a observação das colunas, especialmente para os setores produtivos, corresponde aos valores monetários dos insumos que são fornecidos pelos próprios setores da economia para realizarem as suas respectivas produções. A área em amarelo, na Figura 5, é chamada de consumo intermediário, ou seja, o consumo que cada setor faz dos demais para realizar sua produção.

Ao se admitir que a economia esteja em equilíbrio, a soma de todas as despesas realizadas por um setor também corresponde ao valor total de sua produção, como também pode ser visto nos valores presentes na Figura 5.

A partir da Tabela de Transações, é possível calcular, por exemplo, qual o valor de insumos que determinado setor utiliza de outro para produzir uma unidade monetária. Assim, ao dividir R$ 707,3 bilhões por R$ 4.013,6 bilhões, encontra-se o valor de insumos que o setor da indústria usa do setor de serviços para produzir R$ 1,00, ou seja, R$ 0,176. Este valor (0,176) é chamado de coeficiente técnico direto de produção do setor industrial em relação ao setor serviços. Naturalmente, os coeficientes técnicos diretos de produção podem ser calculados para todos os setores em relação a todos os demais, resultando em uma matriz de coeficientes técnicos diretos, identificada, normalmente, como Matriz **A**; naturalmente, esta matriz depende da tecnologia adotada pelos setores produtivos. A Matriz **A** derivada da Figura 5 é apresentada na Figura 6.

| Matriz A | | Agropecuária $S_1$ | Indústria $S_2$ | Serviços $S_3$ |
|---|---|---|---|---|
| Agropecuária | $S_1$ | 0,046 | 0,050 | 0,004 |
| Indústria | $S_2$ | 0,214 | 0,334 | 0,075 |
| Serviços | $S_3$ | 0,088 | 0,176 | 0,217 |

**Fonte:** IBGE. Elaboração própria.

**Figura 6** – Matriz de coeficientes técnicos diretos

Na teoria clássica da Análise de Insumo-Produto, estes coeficientes técnicos diretos possuem, intrinsecamente, um raciocínio linear ou proporcional, no sentido de que se admite que se um setor tiver que aumentar sua produção em 20%, por exemplo, ele aumentará o uso de todos os insumos em exatamente 20%.

Feitas as explicações, coloca-se a seguinte questão: suponha que se queira avaliar quais os impactos nos níveis de produção de cada setor da economia para que o setor Indústria aumente suas exportações em R$ 1,0 milhão. Inicialmente, olhando-se para a segunda coluna da Matriz **A**, nota-se que para o setor Indústria produzir R$ 1,0 milhão, é necessário R$ 0,050 milhão de insumos do setor Agropecuária, mais R$ 0,334 milhão de insumos do setor da própria Indústria e mais R$ 0,176 milhão de insumos do setor de serviços, totalizando R$ 0,560 milhão; somando-se o R$ 1,0 milhão inicial, tem-se R$ 1,560 milhão no total produzido, sendo este valor chamado de efeito direto sobre o valor da produção setorial (ou efeito direto sobre o nível da atividade setorial).

No entanto, há que se computar os insumos necessários para produzir os insumos do aumento inicial da produção; por exemplo, para produzir os R$ 0,050 milhão de insumos fornecidos pela agropecuária, deve-se multiplicar este valor pelos elementos da primeira coluna da Matriz **A** para se calcular os insumos para este insumo, o mesmo deve ser feito para se calcular os insumos necessários para os insumos diretos de R$ 0,334 milhão e R$ 0,176 milhão da indústria e de serviços, respectivamente.

Em resumo, ao se avaliar o impacto na produção dos setores da economia quando se considera aumentar a produção da Indústria em R$ 1,0 milhão (em decorrência, por exemplo, do aumento das exportações deste setor) deve-se levar em conta este R$ 1,0 milhão, seus insumos diretos, os insumos dos insumos diretos, os insumos dos insumos dos insumos diretos, e assim sucessivamente. Ao se fazer este procedimento, avaliam-se os impactos no valor da produção de todos os setores a montante do setor original onde ocorre o choque[10], cujos resultados (os impactos) contêm todos os efeitos diretos e indiretos da cadeia produtiva. A equação (1), a seguir, mostra como são obtidos os valores da produção de cada setor da economia (vetor **X**) quando se supõe que a demanda final (vetor **Y**) está aumentando – quando, por exemplo, há um aumento nas exportações por um ou mais setores da economia, que é o objeto de análise deste estudo.

$$\mathbf{X} = (\mathbf{I} - \mathbf{A})^{-1} \cdot \mathbf{Y} \qquad (1)$$

[10] Na Análise de Insumo-Produto, a expressão "choque" está associada, tipicamente, ao aumento em um ou mais componentes da Demanda Final por um ou mais setores; naturalmente, este aumento pode dizer respeito, simplesmente, a uma variação nas exportações.

Ainda na equação (1), I denota a matriz identidade e $(I - A)^{-1}$ é conhecida como matriz inversa de Leontief, que é determinada pela estrutura produtiva da economia, pois depende, essencialmente, da matriz de coeficientes técnicos diretos de **A**.

Empregando-se a equação (1), a partir dos dados do quadro didático apresentado na Figura 6, obtém-se que cada aumento de R$ 1,0 milhão na Demanda Final pelo setor Indústria traz um impacto total na economia de R$ 2,016 milhões (considerando-se todos os efeitos diretos e indiretos), enquanto cada R$ 1,0 milhão na agropecuária traz um impacto de R$ 1,638 milhão e cada R$ 1,0 milhão no setor de serviços traz um impacto de R$ 1,479 milhão – não é surpresa que a Indústria, em uma economia em que este setor é bem diversificado, apresente maior valor quando comparado aos outros dois, levando-se em consideração seus elos em toda a cadeia produtiva.

Em termos do efeito renda, o raciocínio a ser desenvolvido é o seguinte: se um aumento das exportações da Indústria (em termos agregados) em R$ 1,0 milhão traz um impacto no valor da produção de todos os setores em R$ 2,016 milhões, estes R$ 2,016 milhões incluem, olhando-se para as despesas de cada atividade, a remuneração do fator trabalho e remuneração do fator capital que são de propriedade de famílias e empresas. Naturalmente, este acréscimo de renda das famílias trará um aumento de seu consumo que, por sua vez, trará um novo ciclo de impacto sobre a produção de cada um dos distintos setores. Este novo ciclo de impacto sobre a produção setorial é chamado de efeito renda (ou efeito induzido). Portanto, ao se analisar os impactos do aumento das exportações sobre a economia, deve-se incluir o efeito renda, além dos efeitos diretos e indiretos. Este é um dos objetivos principais deste estudo, ou seja, avaliar os impactos que o aumento das exportações – em especial dos setores da indústria da transformação – podem trazer sobre a economia brasileira, configurando-se, neste período de recessão, como um dos vetores para a retomada do crescimento.

A Análise de Insumo-Produto fornece os resultados quantitativos para todos os setores da economia. De posse dos impactos na produção de cada setor, pode-se avaliar a quantidade de empregos gerados, o PIB setorial e a geração de impostos, entre outras variáveis de interesse.

## 2.3 Metodologia empregada no trabalho

O modelo de Insumo-Produto foi desenvolvido a partir das Tabelas de Recursos e Usos (TRUs) divulgadas pelo IBGE (IBGE, 2016), referentes aos anos de 2011, 2012, 2013 e 2014, bem como a Matriz de Insumo-Produto para o ano de 2010, que correspondem aos dados mais recentes para se estimar uma matriz de insumo-produto, necessária para a construção do modelo.

As TRUs apresentam uma estrutura muito semelhante às informações que estão contidas nas tabelas que formam a Matriz de Insumo-Produto, cujo conteúdo permite obter uma Tabela de Transações como a apresentada na Figura 5. Há dois aspectos que são essenciais em uma Tabela de Transações: (i) o primeiro é que ela apresenta a demanda por insumos domésticos de todas as atividades da economia e a demanda final por setores da economia doméstica (e não por produtos); e (ii) o segundo é que todas estas demandas (consumo intermediário de insumos e consumo da Demanda Final) estejam valoradas a preços básicos[11], ou seja, valores sem incluir as importações, os impostos indiretos e as margens de transporte e comércio.

O Instituto Brasileiro de Geografia e Estatística (IBGE), através do Departamento de Contas Nacional, é a instituição responsável pela elaboração e divulgação das Matrizes de Insumo-Produto no Brasil. Essa instituição tem divulgado essas matrizes a cada cinco anos. Em outubro de 2016, o IBGE divulgou a matriz de 2010 com 67 setores produtivos.

As TRUs, por sua vez, são divulgadas anualmente. Até novembro de 2016, o IBGE havia divulgado as TRUs de 2014. Nessas tabelas, as informações sobre o Consumo Intermediário e a Demanda Final estão em termos dos produtos (e não dos setores) e a preço de consumidor (e não a preço básico). Ainda nas TRUs, consta a matriz de produção (que informa a produção doméstica de produtos pelos setores da economia, a preços básicos), bem como os totais, para cada produto, das importações, impostos indiretos e margens de transporte e comércio.

Usualmente, as técnicas para estimar Matrizes de Insumo-Produto (MIP) a partir das TRUs consistem em: (i) obter o Consumo Intermediário e a Demanda Final em termos de produtos a preços básicos; e, após, (ii) converter estes consumos em termos de produtos para setores. Uma das técnicas mais usadas no Brasil consiste no procedimento proposto por Guilhoto e Sesso Filho (2005)[12]

---

[11] O valor a preço básico é obtido, subtraindo-se do valor a preço de consumidor, as importações, os impostos indiretos e as margens de transporte e comércio.

[12] GUILHOTO, J. J. M.; SESSO FILHO, U. A. Estimação da Matriz Insumo-Produto a partir de dados preliminares das Contas Nacionais. *Economia Aplicada*. São Paulo, v. 9, nº 2, abr./jun., p. 277-299. 2005. GUILHOTO, J. J. M.; SESSO FILHO, U. A. Estimação da matriz insumo-produto

que usa as próprias informações das TRUs de um determinado ano para obter a MIP do mesmo ano; sucintamente, o método proposto por estes autores subtrai proporcionalmente dos valores a preço de consumidor, as importações, impostos indiretos e margens de transporte e comércio para obter valores a preços básicos.

Ainda que as MIPs estimadas pela técnica proposta por Guilhoto e Sesso tragam bons resultados para os multiplicadores que derivam da matriz inversa de Leontief, a técnica usada para estimar a MIP de 2014 neste estudo foi aquela proposta por Cunha e Scaramucci (2006)[13], que faz uso da MIP mais recente divulgada (2010) e, a partir das TRUs dos anos seguintes (2011, 2012, 2013 e 2014), estima MIPs para cada um destes anos através de um processo iterativo, ou seja, após estimar a MIP de 2011 com a MIP de 2010 e as TRUs de 2011, estima-se a MIP de 2012 a partir da MIP estimada de 2011 e as TRUs de 2012 e, assim, sucessivamente, até 2014. A vantagem deste método é que, a partir da última MIP divulgada pelo IBGE, usa-se um conjunto de informações muito mais amplo que somente aquele disponível nas TRUs – particularmente, as MIPs contêm matrizes de importação, de impostos indiretos e de margens de transporte e comércio. No procedimento proposto por Cunha e Scaramucci (2006), os autores mostram que as estimativas das MIPs são melhores quando se usam somente as TRUs.

Nas Tabelas 3 e 3.1, estão evidenciados os setores da indústria de transformação analisados nesse estudo e os 67 setores que contemplam a Matriz Insumo-Produto, que foi estimada para o ano de 2014 – necessária para a elaboração do Modelo de Insumo-Produto concebido para os objetivos deste projeto – dos quais 30 setores estão relacionados com a indústria da transformação (sombreados em cinza).

---

utilizando dados preliminares das contas nacionais: aplicação e análise de indicadores econômicos para o Brasil em 2005. *Economia & Tecnologia*. UFPR/TECPAR, ano 6, v. 23, out./dez. 2010.

[13] CUNHA, M. P.; SCARAMUCCI, J. A. Bioethanol as basis for regional development in Brazil: an input-output model with mixed technologies. Conference Paper, 46th Congress of the European Regional Science Association: "Enlargement, Southern Europe and the Mediterranean", August 30th – September 3rd, 2006, Volos, Greece.

**Tabela 3** – Setores da indústria de transformação considerados no estudo

| | |
|---|---|
| 1091<br>Abate e produtos de carne, inclusive os produtos do laticínio e da pesca | 2093<br>Fabricação de produtos de limpeza, cosméticos/ perfumaria e higiene pessoal |
| 1092<br>Fabricação e refino de açúcar | 2100<br>Fabricação de produtos farmoquímicos e farmacêuticos |
| 1093<br>Outros produtos alimentares | 2200<br>Fabricação de produtos de borracha e de material plástico |
| 1100<br>Fabricação de bebidas | 2300<br>Fabricação de produtos de minerais não metálicos |
| 1200<br>Fabricação de produtos do fumo | 2491<br>Produção de ferro-gusa/ferroligas, siderurgia e tubos de aço sem costura |
| 1300<br>Fabricação de produtos têxteis | 2492<br>Metalurgia de metais não ferrosos e a fundição de metais |
| 1400<br>Confecção de artefatos do vestuário e acessórios | 2500<br>Fabricação de produtos de metal, exceto máquinas e equipamentos |
| 1500<br>Fabricação de calçados e de artefatos de couro | 2600<br>Fabricação de equipamentos de informática, produtos eletrônicos e ópticos |
| 1600<br>Fabricação de produtos da madeira | 2700<br>Fabricação de máquinas e equipamentos elétricos |
| 1700<br>Fabricação de celulose, papel e produtos de papel | 2800<br>Fabricação de máquinas e equipamentos mecânicos |
| 1800<br>Impressão e reprodução de gravações | 2991<br>Fabricação de automóveis, caminhões e ônibus, exceto peças |
| 1991<br>Refino de petróleo e coquerias | 2992<br>Fabricação de peças e acessórios para veículos automotores |
| 1992<br>Fabricação de biocombustíveis | 3000<br>Fabricação de outros equipamentos de transporte, exceto veículos automotores |
| 2091<br>Fabricação de químicos orgânicos e inorgânicos, resinas e elastômeros | 3180<br>Fabricação de móveis e de produtos de indústrias diversas |
| 2092<br>Fabricação de defensivos, desinfestantes, tintas e químicos diversos | 3300<br>Manutenção, reparação e instalação de máquinas e equipamentos |

**Fonte:** IBGE. Elaboração própria.

**Tabela 3.1** – Setores contidos na Matriz Insumo-Produto estimada para 2014

| | | | |
|---|---|---|---|
| 1 | 0191<br>Agricultura, inclusive o apoio à agricultura e a pós-colheita | 35 | 3000<br>Fabricação de outros equipamentos de transporte, exceto veículos automotores |
| 2 | 0192<br>Pecuária, inclusive o apoio à pecuária | 36 | 3180<br>Fabricação de móveis e de produtos de indústrias diversas |
| 3 | 0280<br>Produção florestal; pesca e aquicultura | 37 | 3300<br>Manutenção, reparação e instalação de máquinas e equipamentos |
| 4 | 0580<br>Extração de carvão mineral e de minerais não metálicos | 38 | 3500<br>Energia elétrica, gás natural e outras utilidades |
| 5 | 0680<br>Extração de petróleo e gás, inclusive as atividades de apoio | 39 | 3680<br>Água, esgoto e gestão de resíduos |
| 6 | 0791<br>Extração de minério de ferro, inclusive beneficiamentos e a aglomeração | 40 | 4180<br>Construção |
| 7 | 0792<br>Extração de minerais metálicos não ferrosos, inclusive beneficiamentos | 41 | 4580<br>Comércio por atacado e varejo |
| 8 | 1091<br>Abate e produtos de carne, inclusive os produtos do laticínio e da pesca | 42 | 4900<br>Transporte terrestre |
| 9 | 1092<br>Fabricação e refino de açúcar | 43 | 5000<br>Transporte aquaviário |
| 10 | 1093<br>Outros produtos alimentares | 44 | 5100<br>Transporte aéreo |
| 11 | 1100<br>Fabricação de bebidas | 45 | 5280<br>Armazenamento, atividades auxiliares dos transportes e correio |
| 12 | 1200<br>Fabricação de produtos do fumo | 46 | 5500<br>Alojamento |
| 13 | 1300<br>Fabricação de produtos têxteis | 47 | 5600<br>Alimentação |
| 14 | 1400<br>Confecção de artefatos do vestuário e acessórios | 48 | 5800<br>Edição e edição integrada à impressão |
| 15 | 1500<br>Fabricação de calçados e de artefatos de couro | 49 | 5980<br>Atividades de televisão, rádio, cinema e gravação/edição de som e imagem |

| | | | |
|---|---|---|---|
| 16 | 1600<br>Fabricação de produtos da madeira | 50 | 6100<br>Telecomunicações |
| 17 | 1700<br>Fabricação de celulose, papel e produtos de papel | 51 | 6280<br>Desenvolvimento de sistemas e outros serviços de informação |
| 18 | 1800<br>Impressão e reprodução de gravações | 52 | 6480<br>Intermediação financeira, seguros e previdência complementar |
| 19 | 1991<br>Refino de petróleo e coquerias | 53 | 6800<br>Atividades imobiliárias |
| 20 | 1992<br>Fabricação de biocombustíveis | 54 | 6980<br>Atividades jurídicas, contábeis, consultoria e sedes de empresas |
| 21 | 2091<br>Fabricação de químicos orgânicos e inorgânicos, resinas e elastômeros | 55 | 7180<br>Serviços de arquitetura, engenharia, testes/ análises técnicas e P & D |
| 22 | 2092<br>Fabricação de defensivos, desinfestantes, tintas e químicos diversos | 56 | 7380<br>Outras atividades profissionais, científicas e técnicas |
| 23 | 2093<br>Fabricação de produtos de limpeza, cosméticos/perfumaria e higiene pessoal | 57 | 7700<br>Aluguéis não imobiliários e gestão de ativos de propriedade intelectual |
| 24 | 2100<br>Fabricação de produtos farmoquímicos e farmacêuticos | 58 | 7880<br>Outras atividades administrativas e serviços complementares |
| 25 | 2200<br>Fabricação de produtos de borracha e de material plástico | 59 | 8000<br>Atividades de vigilância, segurança e investigação |
| 26 | 2300<br>Fabricação de produtos de minerais não metálicos | 60 | 8400<br>Administração pública, defesa e seguridade social |
| 27 | 2491<br>Produção de ferro-gusa/ferroligas, siderurgia e tubos de aço sem costura | 61 | 8591<br>Educação pública |
| 28 | 2492<br>Metalurgia de metais não ferrosos e a fundição de metais | 62 | 8592<br>Educação privada |
| 29 | 2500<br>Fabricação de produtos de metal, exceto máquinas e equipamentos | 63 | 8691<br>Saúde pública |
| 30 | 2600<br>Fabricação de equipamentos de informática, produtos eletrônicos e ópticos | 64 | 8692<br>Saúde privada |

| | | | |
|---|---|---|---|
| 31 | 2700<br>Fabricação de máquinas e equipamentos elétricos | 65 | 9080<br>Atividades artísticas, criativas e de espetáculos |
| 32 | 2800<br>Fabricação de máquinas e equipamentos mecânicos | 66 | 9480<br>Organizações associativas e outros serviços pessoais |
| 33 | 2991<br>Fabricação de automóveis, caminhões e ônibus, exceto peças | 67 | 9700<br>Serviços domésticos |
| 34 | 2992<br>Fabricação de peças e acessórios para veículos automotores | | |

**Fonte:** IBGE. Elaboração própria.

## 2.4 Obtenção de resultados

A Matriz de Insumo-Produto estimada para o ano de 2014 (obtida a partir dos procedimentos descritos na seção 2.3) foi empregada, de acordo com a equação (1), para quantificar a importância das exportações brasileiras – principalmente das atividades que contemplam a indústria da transformação – em termos de seus impactos socioeconômicos.

Deve-se ressaltar que, a partir da Matriz de Insumo-Produto estimada, foram calculados coeficientes técnicos de empregos, PIB setorial e impostos em relação aos valores da produção de cada uma das 67 atividades da economia.

O primeiro conjunto de resultados obtidos diz respeito à importância socioeconômica das exportações do Brasil em 2014 (a apresentação destes resultados, em detalhe, está na Tabela 4 do Capítulo 3, na seção 3.1), cujo valor foi de R$ 636,38 bilhões. A aplicação da equação (1) foi feita tomando-se o vetor da Demanda Final (vetor **Y**) composto por 67 setores, de tal modo que cada um de seus elementos teve como valor as respectivas exportações destes setores e que, naturalmente, somaram R$ 636,38 bilhões. Na análise feita nesta pesquisa, ainda com o emprego da equação (1), foram obtidos os impactos sobre os valores da produção de cada uma das 67 atividades por conta dos efeitos diretos e indiretos em toda a cadeia produtiva – no agregado, estes impactos somaram R$ 1.209,39 bilhões. É importante destacar que os efeitos diretos e indiretos são aqueles que consideram o chamado efeito inicial (o aumento direto das exportações, por exemplo) e todos os insumos (diretos e indiretos) para atendê-lo.

Em seguida, multiplicando-se os respectivos impactos sobre o valor da produção e os coeficientes técnicos de emprego, PIB setorial e impostos, foram calculados os impactos sobre estas variáveis – ou seja, as gerações de empregos, PIB setorial e impostos – em cada um dos setores, em função dos efeitos diretos e indiretos. Por exemplo, o total de empregos gerados devido às exportações em 2014 somou aproximadamente 10,3 milhões.

Após a quantificação de todos os impactos socioeconômicos de todas as exportações, causadas pelos efeitos diretos e indiretos, identificou-se o acréscimo de renda de propriedade das famílias na economia; em seguida, estimou-se a parcela desta renda que traria um novo aumento de seu consumo e, assim, foram quantificados todos os impactos socioeconômicos em função deste acréscimo da renda das famílias (o chamado efeito renda ou induzido). Ainda com relação a todas as exportações em 2014, nota-se que foram gerados mais 11,96 milhões de empregos (Tabela 4 do Capítulo 3). Logo, estima-se que em razão dos efeitos diretos, indiretos e induzidos, as exportações brasileiras, em 2014, geraram aproximadamente 22,3 milhões de empregos.

Todo o procedimento descrito para gerar este primeiro conjunto de resultados para quantificar a importância socioeconômica de todas as exportações foi feito, também, para analisar a importância das exportações da Indústria da Transformação (Tabela 6 do Capítulo 3) e das exportações dos setores do complexo de siderurgia, metalurgia e máquinas e equipamentos mecânicos (Tabelas 8, 10 e 12 do Capítulo 3). Ainda no Capítulo 3, a partir destes resultados, são apresentados seus respectivos indicadores por R$ 1,0 milhão exportado. Finalmente, os impactos socioeconômicos apresentados nos dois cenários de exportações (Capítulo 7) usam todos os princípios e procedimentos metodológicos aqui descritos.

CAPÍTULO 3

# EFEITO DOS MULTIPLICADORES DA MATRIZ INSUMO-PRODUTO PARA AS EXPORTAÇÕES (2013-2015)

## 3.1 Introdução

A importância quantitativa da indústria de transformação (e dos principais manufaturados de maior valor agregado) nas exportações brasileiras deve ser mensurada. Como descrito anteriormente, faz-se uso nesse estudo da Matriz Insumo-Produto a fim de avaliar os efeitos diretos, indiretos e o efeito renda das cadeias produtivas da economia brasileira. Nesse sentido, recorreu-se à utilização da Tabela de Recursos e Usos do IBGE para 2014 com o objetivo de capturar tais impactos e posteriormente executar os procedimentos descritos na primeira parte do Capítulo 2, que faz referência à:

1. Análise descritiva da quantificação direta das exportações brasileiras no referido ano[1], destacando-se a importância relativa de cada um dos grandes agregados dos setores exportadores;
2. Análise dos efeitos de encadeamento para trás das exportações sobre as variáveis: (i) valor da produção setorial, (ii) Produto Interno Bruto (PIB) setorial, (iii) geração de empregos, (iv) remuneração média dos empregos gerados e (v) arrecadação de impostos indiretos líquidos de subsídios; e
3. Análise de multiplicadores, que diz respeito à quantificação de indicadores das variáveis socioeconômicas (para cada milhão de reais exportados)

---

1 Escolheu-se o ano de 2014, por ser o mais recente com respeito à divulgação das Tabelas de Recursos e Usos do IBGE. Além disso, foi o ano que antecedeu a maior queda bianual do PIB Brasileiro (2015 e 2016) desde o pós-guerra.

para os setores escolhidos e que compõem a indústria da transformação. Destacam-se, a seguir, os principais resultados obtidos.

Em 2014, as exportações brasileiras somaram R$ 636,38 bilhões. Ao se levar em consideração os efeitos diretos, indiretos e induzidos, as exportações de **todos** os setores da economia tiveram impacto no PIB setorial de R$ 1.106,0 bilhões – que foi equivalente a 19,1% do PIB daquele ano (Tabela 4).

**Tabela 4** – Efeitos diretos, indiretos e renda das exportações totais (Exportações totais: R$ 636.375,00 milhões)

| Variável/Efeito – Valores | Inicial | Insumos Diretos | Insumos Indiretos | Renda | Total |
|---|---|---|---|---|---|
| Valor da produção | 636.375 | 298.378 | 247.638 | 1.041.111 | 2.223.503 |
| Empregos | 5.364 | 3.085 | 1.847 | 11.963 | 22.258 |
| PIB setorial | 293.126 | 141.701 | 114.276 | 556.936 | 1.106.039 |
| Imposto Importação | 1.559 | 666 | 481 | 1.880 | 4.586 |
| IPI | 1.212 | 426 | 307 | 1.726 | 3.671 |
| ICMS | 9.169 | 4.240 | 3.487 | 16.179 | 33.076 |
| Outros IIL | 14.099 | 6.866 | 6.437 | 20.907 | 48.308 |
| Intermediação Financeira | 7.839 | 13.697 | 13.563 | 72.857 | 107.956 |

| Variável/Efeito – *Share* | Inicial | Insumos Diretos | Insumos Indiretos | Renda | Total |
|---|---|---|---|---|---|
| Valor da produção | 28,6% | 13,4% | 11,1% | 46,8% | 100,0% |
| Empregos | 24,1% | 13,9% | 8,3% | 53,7% | 100,0% |
| PIB setorial | 26,5% | 12,8% | 10,3% | 50,4% | 100,0% |
| Imposto Importação | 34,0% | 14,5% | 10,5% | 41,0% | 100,0% |
| IPI | 33,0% | 11,6% | 8,4% | 47,0% | 100,0% |
| ICMS | 27,7% | 12,8% | 10,5% | 48,9% | 100,0% |
| Outros IIL | 29,2% | 14,2% | 13,3% | 43,3% | 100,0% |
| Intermediação Financeira | 7,3% | 12,7% | 12,6% | 67,5% | 100,0% |

Valores em R$ milhões e empregos em mil unidades.

**Fonte:** IBGE. Elaboração própria.

No caso das exportações da indústria de transformação, contabilizou-se valor de R$ 290.796 milhões em 2014, correspondendo a 45,7% do total das exportações do país. Considerando-se os efeitos mencionados, o impacto gerado pelas exportações de manufaturados foi de R$ 472,1 bilhões, equivalente a 8,2% do PIB brasileiro daquele ano (Tabela 5).

**Tabela 5** – Efeitos diretos, indiretos e renda das exportações da indústria de transformação (Exportações da indústria de transformação: R$ 290.796,00 milhões)

| Variável/Efeito – Valores | Inicial | Insumos Diretos | Insumos Indiretos | Renda | Total |
|---|---|---|---|---|---|
| Valor da produção | 290.796 | 183.566 | 156.254 | 442.069 | 1.072.685 |
| Empregos | 1.035 | 2.171 | 1.219 | 5.079 | 9.505 |
| PIB setorial | 78.230 | 85.710 | 71.635 | 236.482 | 472.057 |
| Imposto Importação | 1.168 | 439 | 316 | 798 | 2.722 |
| IPI | 952 | 285 | 197 | 733 | 2.167 |
| ICMS | 5.233 | 2.701 | 2.219 | 6.870 | 17.023 |
| Outros IIL | 7.879 | 4.043 | 4.001 | 8.877 | 24.800 |
| Intermediação financeira | 0 | 5.315 | 8.000 | 30.936 | 44.250 |

| Variável/Efeito – *Share* | Inicial | Insumos Diretos | Insumos Indiretos | Renda | Total |
|---|---|---|---|---|---|
| Valor da produção | 27,1% | 17,1% | 14,6% | 41,2% | 100,0% |
| Empregos | 10,9% | 22,8% | 12,8% | 53,4% | 100,0% |
| PIB setorial | 16,6% | 18,2% | 15,2% | 50,1% | 100,0% |
| Imposto Importação | 42,9% | 16,1% | 11,6% | 29,3% | 100,0% |
| IPI | 43,9% | 13,1% | 9,1% | 33,8% | 100,0% |
| ICMS | 30,7% | 15,9% | 13,0% | 40,4% | 100,0% |
| Outros IIL | 31,8% | 16,3% | 16,1% | 35,8% | 100,0% |
| Intermediação financeira | 0,0%o | 12,0% | 18,1% | 69,9% | 100,0% |

Valores em R$ milhões e empregos em unidades.

**Fonte:** IBGE. Elaboração própria.

Entre os 30 setores da indústria de transformação, presentes na Matriz Insumo-Produto, e considerados nesse estudo, sete foram responsáveis por 53,3% das exportações dessa indústria em 2014, como pode ser visto na Tabela 6.

**Tabela 6** – Atividades da indústria de transformação que mais exportaram em 2014

| Atividades | Em R$ mi | em % |
|---|---|---|
| Abate e produtos da carne (inclusive os produtos do laticínio e da pesca) | 35.772,58 | 12,3 |
| Produção de ferro gusa/ferro ligas e produtos da siderurgia | 26.175,06 | 9,0 |
| Outros produtos alimentares | 25.593,39 | 8,8 |
| Refino de petróleo e coquerias | 18.904,21 | 6,5 |
| Equipamentos de transporte (exceto veículos automotores) | 16.577,54 | 5,7 |
| Fabricação de máquinas e equipamentos mecânicos | 16.286,70 | 5,6 |
| Fabricação e refino do açúcar | 15.705,04 | 5,4 |
| **Total das Exportações dos Setores Acima** | **155.014,52** | **53,3** |
| **Total das Exportações da Indústria de Transformação** | **290.796,00** | **100,0** |

**Fonte:** IBGE. Elaboração própria.

Como relatado anteriormente, empregaram-se aqui as técnicas da Análise de Insumo-Produto para quantificar os impactos socioeconômicos na economia brasileira devido às exportações – em particular, aquelas dos setores da indústria da transformação.

É necessário ressaltar que os sete setores acima mencionados, destaques das exportações da indústria de transformação em 2014, não correspondem, estritamente, àqueles eleitos por esse estudo por apresentarem maior potencial de crescimento das vendas ao exterior, e, portanto, serão objeto de análise mais detalhada no próximo capítulo. As razões para essas escolhas são também elucidadas à frente.

## 3.2 Aspectos relacionados aos multiplicadores da matriz

Embora os multiplicadores de produção e os indicadores obtidos a partir da Análise de Insumo-Produto não sejam, de modo isolado, critério para priorizar setores da economia – em termos de incentivos ao estabelecimento de políticas públicas –, chama a atenção que, dos 30 setores da indústria de transformação considerados, olhando-se exclusivamente para os efeitos diretos e indiretos: (i) 24 deles possuíam multiplicadores de produção maiores do que a média das exportações brasileiras em 2014; (ii) 12 deles eram maiores em termos dos indicadores de PIB setorial; (iii) 29 deles eram maiores em termos da arrecadação de impostos indiretos líquidos; e (iv) 20 deles eram maiores em relação à remuneração média por emprego gerado.

**Tabela 7** – Multiplicadores da indústria de transformação

| Impactos para cada R$ milhão exportado | | | | | |
|---|---|---|---|---|---|
| **Variável** | **Inicial** | **Insumos Diretos** | **Insumos Indiretos** | **Renda** | **Total** |
| Valor da produção | 1,000 | 0,631 | 0,537 | 1,520 | 3,689 |
| Empregos | 3,561 | 7,466 | 4,192 | 17,468 | 32,687 |
| PIB setorial | 0,269 | 0,295 | 0,246 | 0,813 | 1,623 |
| Imposto Importação | 0,004 | 0,002 | 0,001 | 0,003 | 0,009 |
| IPI | 0,003 | 0,001 | 0,001 | 0,003 | 0,007 |
| ICMS | 0,018 | 0,009 | 0,008 | 0,024 | 0,059 |
| Outros IIL | 0,027 | 0,014 | 0,014 | 0,031 | 0,085 |
| Intermediação Financeira | 0,000 | 0,018 | 0,028 | 0,106 | 0,152 |

**Fonte:** IBGE. Elaboração própria.

Ao quantificar todos os efeitos diretos, indiretos e induzidos ao longo das cadeias produtivas, a Análise de Insumo-Produto permitiu avaliar as implicações socioeconômicas das exportações brasileiras e seu potencial para a retomada do crescimento da economia doméstica, levando-se em consideração a expressiva ociosidade da indústria brasileira no momento e os efeitos socioeconômicos produzidos pelos multiplicadores (incluindo a arrecadação de impostos) associados aos respectivos níveis de atividade.

Há, inclusive, no sexto capítulo, dois exercícios que evidenciam com precisão o que está sendo tratado aqui. O primeiro que simula os efeitos gerais para a economia decorrentes do aumento de 10% das exportações de todos os setores da indústria de transformação e o segundo que recria o chamado Balanço Tributário, evidenciando os impactos (saldo líquido) para a arrecadação federal do aumento das exportações em determinado ano, na presença do REINTEGRA de 5% sobre a exportação incremental.

No tocante à tributação cumulativa e não recuperável, que será pormenorizada no quinto capítulo, o estudo buscou identificar e aferir os tributos não recuperáveis na indústria de transformação. Foram focalizados dois tributos principais, o PIS/COFINS, em sua vertente cumulativa, e o ISS.

Os dados estimados mostraram que os tributos irrecuperáveis, calculados apenas para o PIS/COFINS e o ISS, atingiram 2,54% da receita das indústrias de transformação.

Em esforço didático complementar, enfatizando-se que o detalhamento dos cálculos por setor estará presente no próximo capítulo, descreve-se a seguir os multiplicadores e os impactos gerais produzidos na economia, a partir do resultado das exportações em 2014, referentes ao Complexo Siderurgia, Metalurgia e Equipamentos Mecânicos que é integrado pelos segmentos de: (1º) Ferro Gusa, Ferro Ligas e Siderurgia; e (2º) Máquinas e Equipamentos Mecânicos.

Em seu conjunto, o complexo formado por Siderurgia, Metalurgia e Máquinas e Equipamentos Mecânicos exportou R$ 62,1 bilhões em 2014, ou seja, 21,3% das exportações da indústria de transformação. As exportações foram capazes de gerar 1,7 milhão de empregos no ano, sendo que destes, 611 foram decorrentes dos efeitos diretos e indiretos e 1,1 milhão do efeito renda. A remuneração mensal média por emprego gerado foi de R$ 3.037,0, valor 52,8% superior à média nacional em 2014.

**Tabela 8** – Complexo siderurgia, metalurgia e máquinas e equipamentos mecânicos

| Exportação de R$ 62.072 milhões | | | | | |
|---|---|---|---|---|---|
| **Variável/Efeito** | **Inicial** | **Insumos Diretos** | **Insumos Indiretos** | **Renda** | **Total** |
| Valor da produção | 62.072 | 35.435 | 30.009 | 93.043 | 220.559 |
| Empregos | 166 | 240 | 205 | 1.069 | 1.681 |
| PIB setorial | 19.831 | 16.461 | 14.001 | 49.773 | 100.066 |
| Imposto Importação | 244 | 94 | 64 | 168 | 571 |
| IPI | – | – | – | 154 | 373 |
| ICMS | – | – | – | 1.446 | 3.008 |
| Outros IIL | 1.617 | 801 | 754 | 1.868 | 5.040 |
| Intermediação Financeira | 0 | 1.201 | 1.625 | 6.511 | 9.338 |

*(Continua)*

**Tabela 8** – (*Continuação*)

| Variável/Efeito (%) | Inicial | Insumos Diretos | Insumos Indiretos | Renda | Total |
|---|---|---|---|---|---|
| Valor da produção | 28,1% | 16,1% | 13,6% | 42,2% | 100,0% |
| Empregos | 9,9% | 14,3% | 12,2% | 63,6% | 100,0% |
| PIB setorial | 19,8% | 16,5% | 14,0% | 49,7% | 100,0% |
| Imposto Importação | 42,7% | 16,6% | 11,3% | 29,4% | 100,0% |
| IPI | – | – | – | 100,0% | 100,0% |
| ICMS | – | – | – | 100,0% | 100,0% |
| Outros IIL | 32,1% | 15,9% | 15,0% | 37,1% | 100,0% |
| Intermediação Financeira | 0,0% | 12,9% | 17,4% | 69,7% | 100,0% |

Valores em R$ milhões e empregos em mil unidades.

**Fonte:** IBGE. Elaboração própria.

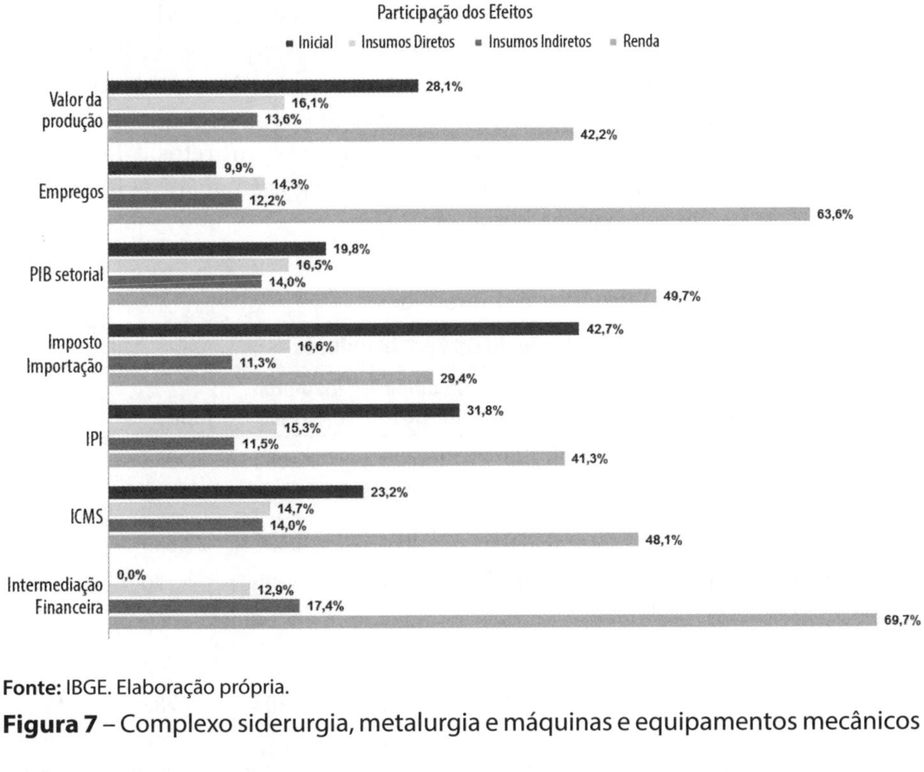


**Fonte:** IBGE. Elaboração própria.

**Figura 7** – Complexo siderurgia, metalurgia e máquinas e equipamentos mecânicos

**Tabela 9** – Multiplicadores do complexo siderurgia, metalurgia e máquinas e equipamentos mecânicos

| Variável | Inicial | Insumos Diretos | Insumos Indiretos | Renda | Total |
|---|---|---|---|---|---|
| Valor da produção | 1,000 | 0,571 | 0,403 | 1,499 | 3,553 |
| Empregos | 2,662 | 3,668 | 3,309 | 17,223 | 27,003 |
| PIB setorial | 0,319 | 0,265 | 0,226 | 0,802 | 1,612 |
| Imposto Importação | 0,004 | 0,002 | 0,001 | 0,003 | 0,009 |
| IPI | 0,002 | 0,001 | 0,001 | 0,002 | 0,006 |
| ICMS | 0,011 | 0,007 | 0,007 | 0,023 | 0,040 |
| Outros IIL | 0,026 | 0,013 | 0,012 | 0,030 | 0,001 |
| Intermediação Financeira | 0,000 | 0,019 | 0,026 | 0,105 | 0,150 |

**Fonte:** IBGE. Elaboração própria.

Um mergulho nos segmentos que compõem o complexo formado por Siderurgia, Metalurgia e Máquinas e Equipamentos Mecânicos revela que as exportações do segmento de Ferro Gusa/Ferro Ligas e Siderurgia alcançaram R$ 26,2 bilhões em 2014, o que representou 42,3% das exportações totais desse complexo e 9,0% do total da indústria de transformação. As exportações desse segmento foram capazes de gerar 660 mil empregos no ano, sendo que destes, 213 mil foram decorrentes dos efeitos inicial, diretos e indiretos e 448 mil do efeito renda. A remuneração mensal média por emprego gerado foi de R$ 2.047,8, valor 29,6% superior à média nacional em 2014.

**Tabela 10** – Ferro gusa/Ferro ligas e siderurgia

| Exportação de R$ 26.248 milhões | | | | | |
|---|---|---|---|---|---|
| **Variável/Efeito** | **Inicial** | **Insumos Diretos** | **Insumos Indiretos** | **Renda** | **Total** |
| Valor da produção | 26.248 | 15.440 | 12.089 | 38.956 | 92.733 |
| Empregos | 34 | 97 | 82 | 448 | 660 |
| PIB setorial | 8.270 | 7.814 | 5.690 | 20.839 | 42.614 |
| Imposto Importação | 45 | 34 | 25 | 70 | 175 |
| IPI | – | – | – | 65 | 126 |
| ICMS | – | – | – | 605 | 1.181 |
| Outros IIL | 648 | 325 | 307 | 782 | 2.063 |
| Intermediação Financeira | 0 | 573 | 692 | 2.726 | 3.991 |

*(Continua)*

**Tabela 10** – (*Continuação*)

| Variável/Efeito (%) | Inicial | Insumos Diretos | Insumos Indiretos | Renda | Total |
|---|---|---|---|---|---|
| Valor da produção | 28,3% | 16,6% | 13,0% | 42,0% | 100,0% |
| Empregos | 5,2% | 14,6% | 12,4% | 67,8% | 100,0% |
| PIB setorial | 19,4% | 18,3% | 13,4% | 48,9% | 100,0% |
| Imposto Importação | 25,8% | 19,6% | 14,3% | 40,3% | 100,0% |
| IPI | – | – | – | 100,0% | 100,0% |
| ICMS | – | – | – | 100,0% | 100,0% |
| Outros IIL | 31,4% | 15,8% | 14,9% | 37,9% | 100,0% |
| Intermediação Financeira | 0,0% | 14,4% | 17,3% | 68,3% | 100,0% |

Valores em R$ milhões e empregos em mil unidades.

**Fonte:** IBGE. Elaboração própria.

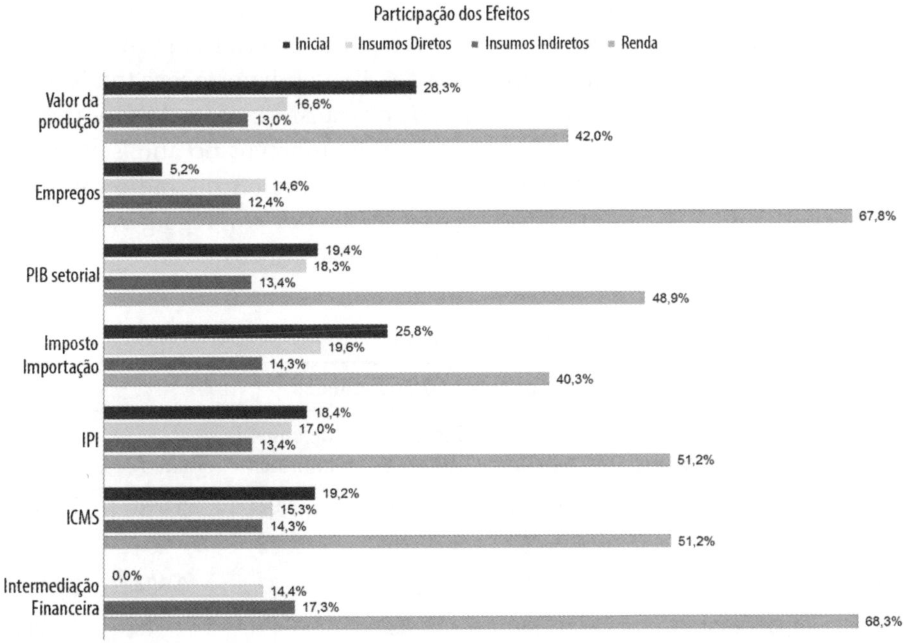


**Fonte:** IBGE. Elaboração própria.

**Figura 8** – Ferro gusa/Ferro ligas e siderurgia

**Tabela 11** – Multiplicadores de Ferro gusa/Ferro ligas e siderurgia

| Variável | Inicial | Insumos Diretos | Insumos Indiretos | Renda | Total |
|---|---|---|---|---|---|
| Valor da produção | 1,000 | 0,588 | 0,461 | 1,484 | 3,533 |
| Empregos | 1,312 | 3,679 | 3,109 | 17,053 | 25,153 |
| PIB setorial | 0,315 | 0,298 | 0,217 | 0,794 | 1,623 |
| Imposto Importação | 0,002 | 0,001 | 0,001 | 0,003 | 0,007 |
| IPI | 0,001 | 0,001 | 0,001 | 0,002 | 0,005 |
| ICMS | 0,009 | 0,007 | 0,006 | 0,023 | 0,045 |
| Outros IIL | 0,025 | 0,012 | 0,012 | 0,030 | 0,079 |
| Intermediação Financeira | 0,000 | 0,022 | 0,026 | 0,104 | 0,152 |

**Fonte:** IBGE. Elaboração própria.

Por fim, o segmento de Máquinas e Equipamentos Mecânicos, que figurava nos anos 1980 como um dos cinco maiores setores da indústria de transformação voltados à exportação, realizou, em 2014, vendas ao exterior em um montante de R$ 16,3 bilhões. Esse valor representou 26,3% das exportações totais desse complexo e apenas 5,6% do total da indústria de transformação. As exportações desse segmento foram capazes de gerar 474 mil empregos no ano, sendo que destes, 180 mil foram decorrentes dos efeitos inicial, diretos e indiretos e 294 mil do efeito renda. A remuneração mensal média por emprego gerado foi de R$ 2.136,75, valor 35,2% superior à média nacional em 2014.

**Tabela 12** – Máquinas e equipamentos mecânicos

| Exportação de R$ 16.300 milhões | | | | | |
|---|---|---|---|---|---|
| **Variável/Efeito – Valores** | **Inicial** | **Insumos Diretos** | **Insumos Indiretos** | **Renda** | **Total** |
| Valor da produção | 16.300 | 8.574 | 7.091 | 25.598 | 57.564 |
| Empregos | 58 | 70 | 52 | 294 | 474 |
| PIB setorial | 5.859 | 4.004 | 3.387 | 13.694 | 26.944 |
| Imposto Importação | 144 | 35 | 17 | 46 | 242 |
| PI | 65 | 21 | 11 | 42 | 140 |
| ICMS | 221 | 107 | 95 | 398 | 821 |
| Outros IIL | 401 | 185 | 168 | 514 | 1.269 |
| Intermediação Financeira | 0 | 272 | 382 | 1.791 | 2.445 |

*(Continua)*

**Tabela 12** – (*Continuação*)

| Variável/Efeito – Share | Inicial | Insumos Diretos | Insumos Indiretos | Renda | Total |
|---|---|---|---|---|---|
| Valor da produção | 28,3% | 14,9% | 12,3% | 44,5% | 100,0% |
| Empregos | 12,2% | 14,7% | 11,0% | 62,1% | 100,0% |
| PIB setorial | 21,7% | 14,9% | 12,6% | 50,8% | 100,0% |
| Imposto Importação | 59,5% | 14,3% | 7,1% | 19,1% | 100,0% |
| IPI | 46,7% | 14,7% | 8,2% | 30,4% | 100,0% |
| ICMS | 26,9% | 13,0% | 11,6% | 48,5% | 100,0% |
| Outros IIL | 31,6% | 14,6% | 13,3% | 40,5% | 100,0% |
| Intermediação Financeira | 0,0% | 11,1% | 15,6% | 73,3% | 100,0% |

Valores em R$ milhões e empregos em mil unidades.

**Fonte:** IBGE. Elaboração própria.

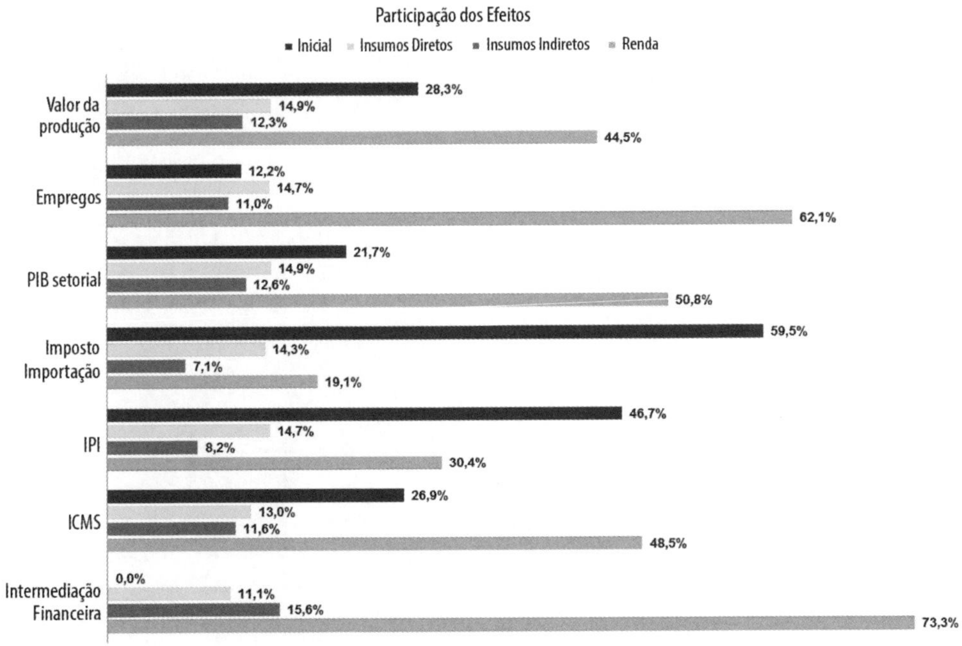


**Fonte:** IBGE. Elaboração própria.

**Figura 9** – Máquinas e equipamentos mecânicos

**Tabela 13** – Multiplicadores de máquinas e equipamentos mecânicos

| Variável | Inicial | Insumos Diretos | Insumos Indiretos | Renda | Total |
|---|---|---|---|---|---|
| Valor da produção | 1,000 | 0,526 | 0,435 | 1,570 | 3,532 |
| Empregos | 3,531 | 4,274 | 3,186 | 18,045 | 29,036 |
| PIB setorial | 0,359 | 0,246 | 0,208 | 0,840 | 1,653 |
| Imposto Importação | 0,009 | 0,002 | 0,001 | 0,003 | 0,015 |
| IPI | 0,004 | 0,001 | 0,001 | 0,003 | 0,009 |
| ICMS | 0,014 | 0,007 | 0,006 | 0,024 | 0,050 |
| Outros IIL | 0,025 | 0,011 | 0,010 | 0,032 | 0,078 |
| Intermediação Financeira | 0,000 | 0,017 | 0,023 | 0,110 | 0,150 |

**Fonte:** IBGE. Elaboração própria.

CAPÍTULO 4

# DESEMPENHO DE SETORES EXPORTADORES SELECIONADOS

O estudo procurou identificar dez setores-chaves da indústria de transformação (em um total de 37 setores[1]), cuja *performance* das exportações no período recente justificaria a existência de políticas governamentais voltadas à compensação dos créditos acumulados e de outras distorções da administração tributária.

Para a escolha desses setores, levou-se em consideração também a dinâmica intrínseca assentada nas suas relações inter e intrassetoriais e os impactos diretos e indiretos que as exportações teriam para o crescimento da economia brasileira. Foram identificados os principais produtos manufaturados que apresentaram, nos últimos anos, maior sustentação do fluxo de embarques, o que reflete a presença ativa do produto brasileiro nos mercados internacionais.

Por fim, é necessário ressaltar que se excluiu da lista aqueles setores que, embora pertençam à categoria da indústria de transformação, estão mais próximos das atividades primárias, em razão da natureza e características da produção, como, por exemplo, Abate e produtos de carne.

Desse modo, foram eleitos os seguintes setores[2]:

---

[1] Para o exercício de indicadores de impacto realizado neste capítulo levou-se em consideração 37 setores da Matriz Insumo-Produto. Assim, além das 30 atividades da indústria de transformação que estão sendo consideradas nesse estudo, tomou-se, em adição, sete outras que possuem forte relação com as cadeias produtivas dessa indústria. Nesse caso, foram agregados à análise: (1º) Extração de carvão mineral e de minerais não-metálicos; (2º) Extração de petróleo e gás, inclusive atividades de apoio; (3º) Extração de minério de ferro, inclusive beneficiamento e aglomeração; (4º) Extração de minerais metálicos não ferrosos, inclusive beneficiamentos; (5º) Energia elétrica, gás natural e outras utilidades; (6º) Água, esgoto e gestão de resíduos; e (7º) Construção.

[2] A partir das informações metodológicas da CNAE 2.0 e do tradutor desenvolvido para compatibilizar CNAEs e NCMs, ambos disponibilizados no *site* do IBGE, descreve-se, no anexo, as classes dos produtos que compõem cada um dos setores listados. No caso da atividade de outros

- produtos têxteis;
- calçados e artefatos de couro;
- químicos orgânicos e inorgânicos, resinas e elastômeros;
- celulose, papel e produtos de papel;
- ferro gusa/ferro ligas, siderurgia e tubos de aço sem costura;
- automóveis, caminhões e ônibus, exceto peças;
- outros equipamentos de transporte, exceto veículos automotores;
- peças e acessórios para veículos automotores;
- máquinas e equipamentos mecânicos;
- máquinas e equipamentos elétricos.

## 4.1 Setor têxtil e de confecção

A cadeia de produção têxtil, que abrange a fabricação de produtos têxteis, confecções e fibras e filamentos, é uma das mais intensivas em mão de obra no Brasil e no mundo. O mercado mundial de produtos têxteis e de confecção movimentou US$ 797,0 bilhões em 2014, dividido em US$ 314,0 bilhões para os têxteis e US$ 483,0 bilhões para as confecções. No plano internacional, o crescimento tem sido mais intenso no segmento de confecções (6,7% a.a. em média) do que nos têxteis (5,4% a.a. em média).

Em 2015, o complexo têxtil brasileiro faturou aproximadamente R$ 130,9 bilhões (US$ 39,3 bilhões)[3]. Desse total, o segmento têxtil representou 23%, cabendo à confecção uma participação de 75% e às fibras e filamentos, 2%, segundo informações das ABIT/IEMI[4].

Segundo a Pesquisa Industrial Anual (PIA/IBGE), a cadeia produtiva têxtil no Brasil foi responsável por 5,6% da produção total da indústria de transformação em 2014. No mesmo ano, foram identificadas 32.987 indústrias em operação nos segmentos têxteis e de confecção, gerando, em conjunto, mais de 1,6 milhão de empregos.

---

equipamentos de transporte, enfatizou-se o segmento de fabricação de aeronaves pela relevância das suas exportações no cômputo geral.

3 Dados disponíveis no *site* da ABIT na seção Perfil do Setor (<http://www.abit.org.br/cont/perfil-do-setor>). Utilizamos o dólar médio de 2015 (US$/R$ 3,33) para fazer a conversão.

4 IEMI. Brasil Têxtil 2016.

As exportações da cadeia têxtil brasileira alcançaram US$ 793,0 milhões em 2015, recuando 9,4% em relação ao ano anterior, em virtude não apenas da redução dos preços globais dos produtos, mas também da valorização do real principalmente no segundo semestre de 2015.

### 4.1.1 Indústria têxtil

**I. Condições de oferta e demanda**

Embora pequena, a participação do Brasil na produção têxtil mundial não é irrelevante. O país desponta na quarta posição entre os maiores fabricantes de artigos de confecção e na quinta de têxteis, com *share* de 2,5% e 2,7%, respectivamente. Além disso, desfruta de bom potencial de expansão, em função da grande disponibilidade de algodão no mercado doméstico.

A China ocupa o posto de maior fabricante têxtil do mundo, gerando cerca de 50% da oferta mundial. A indústria chinesa é extraordinariamente competitiva, devido à utilização de tecnologia moderna e de mão de obra barata, praticamente sem encargos trabalhistas. Índia, Estados Unidos e Paquistão aparecem na sequência, respondendo, conjuntamente, por 15% da produção mundial.

Do total do faturamento têxtil nacional, os tecidos respondem por aproximadamente 39%, enquanto que os fios representam 38%. Embora o segmento de fibras e filamentos tenha participação menor na receita desta indústria (17%), trata-se de um elo produtivo fundamental, pois se dedica à manufatura das matérias-primas essenciais às operações do setor, garantindo maior competitividade aos demais elos da cadeia produtiva.

Entre as fibras têxteis consumidas no país, cerca de 82% são naturais, sendo o algodão o principal destaque. O Brasil é o quinto maior produtor mundial desta oleaginosa. Na safra 2016/2017, a produção brasileira de algodão atingiu 1,47 milhão de t, crescendo 13,7% sobre a safra anterior. Desse total, aproximadamente 43% (632 mil/t) foram exportados. Portanto, uma vantagem comparativa importante da indústria têxtil nacional é contar com a oferta interna abundante desta matéria-prima, o que, no médio e longo prazo, poderia permitir crescimento expressivo da produção e exportação de seus produtos.

As importações de produtos têxteis atendem 26% do consumo interno do Brasil, sendo provenientes, sobretudo, de países do Leste Asiático, como China, Indonésia e Índia. Grande parte deles são fios e tecidos.

Os principais itens de custo da cadeia produtiva têxtil são matérias-primas, mão de obra e energia elétrica. Particularmente, no segmento têxtil, que é mais intensivo em capital e tecnologia (maior automatização dos processos produtivos), a participação da energia elétrica é mais relevante.

A estrutura de produção da indústria têxtil brasileira é bastante heterogênea, abrangendo empresas diversificadas, em termos de escala operacional e padrão tecnológico. Distribuídas por diversas regiões do país, a quase totalidade delas possui capital fechado, controlado preponderantemente por investidores locais.

A maior parte das indústrias têxteis e de confecção concentra-se no Sudeste Brasileiro, que é também o principal polo exportador do setor. Apenas o estado de São Paulo responde por um terço das vendas externas dessa cadeia.

O peso da Região Sul também é relevante, em função do bom dinamismo do estado de Santa Catarina, em particular do Vale do Itajaí, onde se localiza o segundo maior polo têxtil da América Latina, cuja excelente reputação internacional assenta-se na grande competitividade de seus produtos. Aproximadamente 20% da produção catarinense são exportados, com grande predomínio de itens da linha lar.

Por ser uma cadeia de produção em que há larga presença de empresas de pequeno e médio porte, que adotam políticas operacionais e comerciais muito heterogêneas, fortemente baseadas em modelos de gestão familiar, a adoção de práticas modernas e eficientes enfrenta muita resistência, impedindo maior avanço da atividade têxtil no Brasil. Outro problema que inibe o desempenho do setor é o alto índice de mercadoria contrabandeada e/ou falsificada, que compromete a geração de empregos e a receita pública.

A forte penetração de produtos chineses, desde a virada deste século, fragiliza a indústria nacional têxtil, que hoje se encontra num ambiente de desigual competição, devido às anomalias vigentes no sistema produtivo do gigante asiático, que acabam restringindo as margens operacionais das empresas brasileiras e limitando seus planos de investimentos.

Em 2016, a produção têxtil brasileira recuou 4,7%, resultado relativamente melhor que o verificado em 2015 (–15%). Neste ambiente de drástica recessão, o setor foi muito prejudicado, tendo seu número de empregados formais diminuído 7,4%, situando-se em 252,9 mil trabalhadores.

Com a aceleração das exportações, entretanto, alguns desses entraves poderiam ser mitigados, pelo menos no curto prazo, já que a diminuição da ociosidade permitiria maior diluição do custo fixo das empresas, melhorando sua rentabilidade.

### II. Impactos diretos, indiretos e induzidos

Para mensurar os efeitos do crescimento das exportações brasileiras, em especial dos setores selecionados, recorreu-se à utilização da Matriz Insumo-Produto, que relaciona as interações econômicas entre os diversos agentes ofertantes e demandantes do mercado.

A fabricação de produtos têxteis no Brasil possui coeficiente de multiplicação do valor da produção de 3,59, colocando-se como 19º melhor setor nesse quesito, entre 37 setores da Matriz. Cabe observar que o coeficiente médio das exportações totais dos demais setores é de 3,49 (ver Tabela 14).

Desse modo, no caso de um aumento de R$ 1,0 milhão das exportações deste setor, o resultado esperado, em função deste choque de demanda, é uma elevação do valor da produção em R$ 3,6 milhões, considerando-se os efeitos diretos, indiretos e induzidos.

**Tabela 14** – Multiplicadores da indústria têxtil por milhão de reais exportado

| Multiplicadores por milhão de reais exportados em 2014 – Efeitos diretos, indiretos e induzidos | | | | |
|---|---|---|---|---|
| | Média das Exportações Totais | | Produtos Têxteis | |
| | Coeficiente | Posição | Coeficiente | Posição |
| Valor da Produção (R$ milhão) | 3,49 | 25 | 3,59 | 19 |
| PIB Setorial (R$ milhão) | 1,74 | 15 | 1,67 | 20 |
| Empregos (Em unidades) | 35 | 12 | 43 | 5 |
| Remuneração mensal média por emprego (R$) | 1.579,7 | 27 | 1.389,2 | 35 |

**Fonte:** IBGE. Elaboração própria.

Além disso, o PIB setorial deverá se elevar em R$ 1,7 milhão, em função desse aumento das vendas externas de produtos têxteis. A geração de emprego deverá alcançar 43 pessoas, acima da média dos demais 37 setores (Tabela 15).

## 4.1.2 Indústria de confecção

### I. Condições de oferta e demanda

Assim como no segmento têxtil, a China também é líder mundial de produção do segmento de confecção, contando com uma participação de mercado de

**Tabela 15** – Impactos da indústria têxtil por milhão de reais exportado

| | Impactos | | |
|---|---|---|---|
| | Variável | Efeitos Diretos e Indiretos | Efeitos Diretos, Indiretos e Induzidos |
| Têxtil | Valor da produção (R$ milhão) | 2,0 | 3,6 |
| | PIB setorial (R$ milhão) | 0,8 | 1,7 |
| | Impostos Indiretos Líquidos (IIL) (R$ milhão) | 0,1 | 0,2 |
| | Empregos | 24 | 43 |
| | Remuneração mensal média por emprego (R$) | 1.318 | 1.389 |

**Fonte:** IBGE e RFB. Elaboração própria.

47%. Nesse *ranking*, o Brasil situa-se em quarto lugar, respondendo por 2,6% da produção total, atrás de Índia e Paquistão.

A participação do Brasil no comércio internacional de confeccionados é de apenas 0,3%, ocupando o inexpressivo 25º lugar na relação dos maiores exportadores.

A grande diferença de participação desta indústria na produção e nas exportações mundiais (2,6% e 0,3%, respectivamente), denota que há amplo espaço para que as vendas externas de produtos confeccionados brasileiros galguem posição melhor. Contribuem nesse sentido, além da acima referida abundância de algodão, o fato de já haver no Brasil mão de obra treinada.

Em 2015, os dois maiores destaques no faturamento da indústria brasileira de confecção foram artigos de vestuário, com participação de 65%; e produtos da linha lar, com 19%.

No caso de confeccionados, o Nordeste ganhou relevância na última década, em virtude da transferência de empresas das regiões Sul e Sudeste, que se deslocaram em busca de ambiente econômico mais competitivo, com menor custo de mão de obra. Como se sabe, a maior parcela dessas empresas é de pequeno e médio porte.

Em 2016, a produção desse segmento sofreu queda de 11,7% em comparação com 2015, acentuando a trajetória declinante já registrada no referido exercício (-7,5%). O setor empregava 612,3 mil pessoas no final de 2016.

No segmento de confecção, as importações apresentam menor grau de penetração no mercado interno, respondendo por apenas 6,4% do volume consumido. A China é o grande fornecedor de confecções para o Brasil. Os produtos voltados ao vestuário representam 76% das importações do segmento.

Os principais destinos de produtos confeccionados no país são Paraguai, Argentina e Estados Unidos. A linha lar é o destaque das exportações de confecções.

Infelizmente, no segmento de confecção ainda há grande quantidade de empresas operando na informalidade, que respondem aproximadamente por 50% da produção total do setor.

### II. Impactos diretos, indiretos e induzidos

O segmento de confecção no Brasil possui um coeficiente de multiplicação do valor da produção de 3,68, colocando-se como 5º melhor setor, entre os 30 setores da indústria de transformação. Como mencionado anteriormente, o coeficiente médio das exportações totais dos demais setores é de 3,49 (Tabela 16).

Dessa forma, se houver um incremento de R$ 1,0 milhão nas suas exportações, o resultado esperado, em função deste choque de demanda, é uma elevação do valor da produção em R$ 3,7 milhões, considerando-se os efeitos diretos, indiretos e induzidos (Tabela 17).

**Tabela 16** – Multiplicadores da indústria de confecção por milhão de reais exportado

| Multiplicadores por milhão de reais exportados em 2014 – Efeitos diretos, indiretos e induzidos | | | | |
|---|---|---|---|---|
| | Média das Exportações Totais | | Confecção de Artefatos do Vestuário e Acessórios | |
| | Coeficiente | Posição | Coeficiente | Posição |
| Valor da Produção (R$ milhão) | 3,49 | 25 | 3,68 | 6 |
| PIB Setorial (R$ milhão) | 1,74 | 15 | 1,86 | 4 |
| Empregos (Em unidades) | 35 | 12 | 60 | 1 |
| Remuneração mensal média por emprego (R$) | 1.579,7 | 27 | 1.167,0 | 37 |

**Fonte:** IBGE. Elaboração própria.

No caso de um choque de demanda dessa ordem (R$ 1,0 milhão), provocado pelas exportações, o PIB setorial tenderia a aumentar R$ 1,9 milhão. Além disso, a geração de emprego pode abranger 60 pessoas, confirmando que este setor é um dos que mais cria empregos em reflexo ao aumento das exportações; muito acima da média dos demais setores.

**Tabela 17** – Impactos da indústria de confecção por milhão de reais exportado

| | Impactos | | |
|---|---|---|---|
| | **Variável** | **Efeitos Diretos e Indiretos** | **Efeitos Diretos, Indiretos e Induzidos** |
| Confecção | Valor da produção (R$ milhão) | 1,8 | 3,7 |
| | PIB setorial (R$ milhão) | 0,9 | 1,9 |
| | Impostos Indiretos Líquidos (IIL) (R$ milhão) | 0,1 | 0,2 |
| | Empregos | 39 | 60 |
| | Remuneração mensal média por emprego (R$) | 996 | 1.167 |

**Fonte:** IBGE e RFB. Elaboração própria.

## 4.2 Indústria de calçados

### I. Condições de oferta e demanda

A indústria de calçados no mundo produziu cerca de 23,0 bilhões de pares em 2015[5], observando-se pequeno decréscimo de 0,4% em relação ao ano anterior. A Ásia segue como *hub* da produção mundial, respondendo por 87% do total. De cada 10 principais fabricantes, 7 estão localizados na região.

Assim como no caso dos têxteis e confecções, a maior parte da produção mundial tem origem chinesa (seis a cada dez pares de calçados vendidos no mundo saem daquele país), sendo que em 2015 a China respondeu sozinha por mais de 50% do total produzido no mundo. Ainda que a sua liderança seja inconteste, nos últimos anos o país perdeu posição no *ranking* global, retroagindo aos patamares de 2010.

A exemplo dos fabricantes de produtos têxteis e de confecção, a indústria de calçados é importante geradora de empregos no Brasil, ainda que estes sejam, em grande medida, de média e baixa qualificação.

5 Para maiores esclarecimentos, ver: <https://www.worldfootwear.com/news.asp?id=1809&World_Footwear_Yearbook_2016_edition_is_now_available___>.

O grande trunfo deste setor, que pode contribuir para incremento relevante de sua produção e exportação, reside na grande disponibilidade de couro existente no mercado doméstico. Este fator pode auxiliar no crescimento da produção e da exportação brasileira de calçados no médio e longo prazo.

Em 2015, o faturamento bruto da indústria calçadista brasileira totalizou R$ 27,7 bilhões, segundo a Abicalçados, o equivalente a um volume de produção de 855 milhões de pares.

Apesar de responder por somente 4,5% da produção mundial de calçados, o Brasil figura como terceiro maior país produtor, colocando-se atrás apenas de China e Índia. Como visto anteriormente, vale notar que a participação da Ásia na produção global é superior a 80%, em função, principalmente, da imensa capacidade de fabricação de calçados à base de material plástico.

No Brasil, a linha de calçados é bastante diversificada, abrangendo desde itens de menor valor agregado até artigos mais sofisticados, concentrando-se a maior parte da produção nas Regiões Sudeste, Sul e Nordeste. O setor é composto por um grande número de microempresas (até 49 empregados), que correspondem a 89% do total das unidades produtivas.

A oferta doméstica de couro é espacialmente bem distribuída, observando--se produção relevante em 11 dos 27 estados nacionais. Os maiores destaques são Mato Grosso, Mato Grosso do Sul, São Paulo, Paraná, Rio Grande do Sul, Goiás e Pará.

No tocante ao consumo, o Brasil ocupava a 4ª posição no *ranking* mundial em 2013. Nos três primeiros lugares estavam China, Estados Unidos e Índia. A indústria brasileira de calçados possui bom potencial de crescimento, tanto voltado para o atendimento do mercado interno, como dos países emergentes, em razão, nos próximos anos, da recuperação da renda *per capita* interna e do contínuo crescimento da sua participação no mercado mundial. Se devidamente impulsionado, esse grande universo de novos consumidores globais poderá ser acessado pelo calçado fabricado no Brasil.

No comércio internacional, entre os maiores exportadores estão China, Itália e Bélgica. O Brasil aparecia na 13ª posição em 2014 (ocupava a 16ª posição em 2013). No tocante à importação de calçados para o ano mencionado, os maiores *players* foram os Estados Unidos, França e Reino Unido.

O Brasil vem diversificando o destino de suas exportações. Em 1990, o país exportava para 78 países, passando a ter 158 parceiros comerciais em 2015. Os principais destinos dos calçados brasileiros têm sido Estados Unidos, Argentina,

França, Paraguai e Bolívia. Os Estados Unidos permanecem como os maiores compradores do produto brasileiro, porém, a participação das exportações para esse país apresenta tendência declinante.

Em 2016, os Estados Unidos compraram 13,2 milhões de pares, o equivalente a US$ 221,4 milhões e 15,4% a mais do que em 2015. Em seguida, aparece a Argentina, com 9,48 milhões de pares e US$ 111,6 milhões. A França adquiriu 9 milhões de pares, efetuando compras no total de US$ 56 milhões, enquanto o Paraguai somou 14,5 milhões de pares e dispêndio de US$ 47,4 milhões. Por fim, identifica-se a Bolívia como importante parceiro comercial deste setor (6,36 milhões de pares e US$ 45,5 milhões).

A Argentina, destino certo de boa parcela de nossas exportações, como visto acima, impôs obstáculos burocráticos à entrada do calçado brasileiro. Diante desse cenário, os fabricantes brasileiros têm buscado, cada vez mais, novos mercados para as suas vendas, obtendo êxito em países como Colômbia, Angola, México, Emirados Árabes e Austrália.

A parcela da produção destinada ao mercado externo corresponde aproximadamente a 15% da produção nacional e cerca de 5% da demanda interna são atendidos por calçados importados. Tais números demonstram, portanto, a grande importância do mercado doméstico para a indústria de calçados brasileira.

Nos últimos anos, o calçado brasileiro, principalmente o produzido com predominância de material plástico, vem enfrentando forte concorrência do produto asiático. Em razão da recessão e da maior disputa pelo mercado interno, a queda na utilização da capacidade instalada do setor atingiu a seu menor nível, 81,7%, em 2015.

Além da matéria-prima, outro importante custo de produção é a mão de obra. No Brasil, o setor calçadista é responsável por empregar, direta e indiretamente, 343 mil trabalhadores (2014). Além disso, é um dos que mais respondem pela geração de novos postos de trabalho com o crescimento da sua demanda, conforme pode se ser verificado na Tabela 18, a seguir.

Segundo o IBGE, em 2016, a produção do setor registrou queda de 7,7%, influenciada diretamente pela queda acentuada das vendas internas no varejo, que tombaram 10,9% no ano. A expectativa de queda da inflação em 2017 e 2018, acompanhada da redução dos juros reais, deverá impulsionar novamente a demanda interna, contribuindo para a retomada da produção do setor. Além disso, a expectativa é que a taxa de câmbio permaneça em patamar favorável às exportações, resguardando a competitividade do produto brasileiro no exterior.

**Tabela 18** – Multiplicadores da indústria de calçados por milhão de reais exportado

| Multiplicadores por milhão de reais exportados em 2014 – Efeitos diretos, indiretos e induzidos | | | | |
|---|---|---|---|---|
| | Média das Exportações Totais | | Confecção de Calçados e Artefatos de Couro | |
| | Coeficiente | Posição | Coeficiente | Posição |
| Valor da Produção (R$ milhão) | 3,49 | 25 | 3,66 | 10 |
| PIB Setorial (R$ milhão) | 1,74 | 15 | 1,76 | 13 |
| Empregos (Em unidades) | 35 | 12 | 43 | 6 |
| Remuneração mensal média por emprego (R$) | 1.579,70 | 27 | 1.511,00 | 30 |

**Fonte:** IBGE. Elaboração própria.

Por fim, cabe comentar que a balança comercial do setor melhorou ao longo de 2016, com superávit de R$ 654,3 milhões, influenciada diretamente pela desvalorização do real, que limitou a entrada de produtos importados no país. Destaque-se o volume exportado que voltou a crescer em 2016.

### II. Impactos diretos, indiretos e induzidos

Acompanhando a análise feita para o setor Têxtil e de Confecção, desenvolveu-se, a partir da Matriz Insumo-Produto, o cálculo dos impactos gerados pelo aumento das exportações desse setor.

O setor de calçados no Brasil possui um coeficiente de multiplicação do valor da produção da ordem de 3,66, equivalente ao 10º melhor setor. O coeficiente médio das exportações totais dos demais setores é de 3,49 (Tabela 18).

Dessa forma, quando se viabiliza o aumento de R$ 1,0 milhão nas exportações de calçados, o resultado esperado em função deste choque de demanda é uma elevação do valor da produção em R$ 3,7 milhões, considerando os efeitos diretos, indiretos e induzidos.

Além disso, o PIB setorial tenderia a subir R$ 1,8 milhão, em função do aumento das exportações. Não menos importante, a geração de postos de trabalho tem potencial para incorporar 43 pessoas para cada milha exportado, representando um dos setores que mais gera empregos como reflexo do maior volume de vendas para o exterior (Tabela 19).

**Tabela 19** – Impactos da indústria de calçados por milhão de reais exportado

| | Impactos | | |
|---|---|---|---|
| | Variável | Efeitos Diretos e Indiretos | Efeitos Diretos, Indiretos e Induzidos |
| Calçados | Valor da produção (R$ milhão) | 2,0 | 3,7 |
| | PIB setorial (R$ milhão) | 0,9 | 1,8 |
| | Impostos Indiretos Líquidos (IIL) (R$ milhão) | 0,1 | 0,2 |
| | Empregos | 24 | 43 |
| | Remuneração mensal média por emprego (R$) | 1.533 | 1.511 |

**Fonte:** IBGE e RFB. Elaboração própria.

## 4.3 Indústria química

### I. Condições de oferta e demanda

Em 2014, o faturamento da indústria química mundial somou US$ 5,4 trilhões, segundo a ABIQUIM (Associação Brasileira da Indústria Química). Por ser bastante intensivo em capital, o setor químico transformou-se em um dos setores mais consolidados do mundo, requerendo elevado nível de investimentos em P&D. Os países com maior potencial de investimento em infraestrutura e maior produtividade se destacam, como por exemplo, Alemanha, China, EUA e Japão. Dentre os maiores exportadores de produtos químicos e petroquímicos do mundo se destacam Alemanha, Estados Unidos e China.

O Brasil é o sexto maior fabricante de produtos químicos, representando, aproximadamente, 2,7% do faturamento global. A participação do país no comércio internacional ainda é baixa, respondendo por 0,7% das exportações e 2,3% das importações. No entanto, mesmo com a forte evolução da capacidade produtiva do setor no Brasil em anos recentes – com o faturamento crescendo 236% entre os anos de 2000 e 2014 –, a demanda gerada no período foi superior à produção, incentivando a entrada de produtos importados, que tiveram alta de 327%.

Em função da estrutura econômica no Brasil, grande parte das plantas do setor petroquímico se encontram nas regiões Sul e Sudeste, permitindo maior proximidade ao mercado consumidor, bem como melhor acesso à mão de obra especializada. Nos últimos anos, outros estados e regiões conseguiram atrair empresas do setor, sobretudo da região Nordeste, onde se destacam Bahia, Ceará e Pernambuco, que detêm um número relevante de unidades industriais.

Um fator que prejudica a eficiência do setor no Brasil é a falta de integração entre as empresas, reduzindo a escala e inibindo investimentos em P&D e a competitividade no longo prazo. Enquanto nos EUA, Europa Ocidental e Japão os gastos com P&D giram em torno de 5% do faturamento, no Brasil é inferior a 1%.

Até 1990, o setor petroquímico local era considerado parte de um plano de desenvolvimento nacional, estabelecido sob a égide de um modelo tripartite, que dependia de subsídios e mercado protegido para existir. Com o processo de privatizações, fusões e aquisições no setor, a partir da segunda metade dos anos 1990, as empresas se tornaram mais competitivas e eficientes.

Atualmente, a indústria química e petroquímica constitui o quarto maior setor industrial do Brasil, com respeito à participação no PIB industrial, pertencendo ao grupo dos dez maiores centros mundiais, além de possuir o sexto maior faturamento líquido em termos globais. Existe, no entanto, um grande potencial de elevação do nível de protagonismo do setor no Brasil, principalmente quando se considera a larga vantagem comparativa da produção química em razão da existência de matérias-primas renováveis. Entre os diversos setores da cadeia química, o país detém potencial de competitividade na produção de defensivos agrícolas, lubrificantes, oleoquímicos, químicos para minérios, entre outros.

A média de utilização da capacidade instalada do setor atingiu 80,1% nos primeiros nove meses de 2016, 1,0 p.p. acima da média (79,1%) alcançada nos primeiros nove meses de 2015. Essa melhora tem relação com o menor recuo da produção do setor químico que retraiu 1,1% em 2016, ante queda de 6,3% em 2015. A desvalorização do real impactou positivamente a competitividade da indústria local. No Brasil, o setor de fabricação de produtos químicos é responsável por empregar 282,8 mil pessoas diretamente.

Em um contexto de retomada da dinâmica econômica, as vendas internas devem apresentar crescimento nos próximos anos superior ao das exportações, explicado pelo movimento de recomposição das vendas internas. Favorecidas pela desvalorização do real, as exportações devem apresentar expansão nos próximos anos, associada a uma demanda externa em níveis satisfatórios. As importações deverão retomar a trajetória de crescimento no médio e longo prazo, demonstrando que esse setor ainda não reúne as condições para atender toda a demanda nacional por produtos químicos de uso industrial.

## II. Impactos diretos, indiretos e induzidos

A análise dos efeitos derivados do aumento das exportações foi estruturado nesse tópico, observando-se os dois principais segmentos do complexo químico brasileiro. Inicialmente, são tratados os efeitos derivados da expansão das exportações de produtos petroquímicos e em seguida de produtos químicos.

O setor de refino de petróleo no Brasil possui coeficiente de multiplicação do valor da produção da ordem de 3,46, equivalente ao 28º melhor setor, dentre os 37 utilizados para este exercício. O coeficiente do PIB setorial é de 1,20, o que coloca o setor na 37ª posição (Tabela 20).

Sendo assim, se for realizado o aumento de R$ 1,0 milhão nas exportações de produtos do setor, o resultado esperado em função deste choque de demanda é a elevação do valor da produção em R$ 3,5 milhões, considerando os efeitos diretos, indiretos e induzidos.

**Tabela 20** – Multiplicadores do setor de refino de petróleo por milhão de reais exportado

| Multiplicadores por milhão de reais exportados em 2014 – Efeitos diretos, indiretos e induzidos | | | | |
|---|---|---|---|---|
| | Média das Exportações Totais | | Refino de Petróleo e Coquerias | |
| | Coeficiente | Posição | Coeficiente | Posição |
| Valor da Produção (R$ milhão) | 3,49 | 25 | 3,46 | 28 |
| PIB Setorial (R$ milhão) | 1,74 | 15 | 1,20 | 37 |
| Empregos (Em unidades) | 35 | 12 | 17 | 38 |
| Remuneração mensal média por emprego (R$) | 1.579,7 | 27 | 1.978,5 | 16 |

**Fonte:** IBGE. Elaboração própria.

Por sua vez, o PIB setorial também sofrerá os impactos decorrentes dessa variação positiva das vendas ao exterior. Ele deve subir R$ 1,2 milhão por conta desse fenômeno e podem ser gerados 17 empregos para cada milhão exportado (Tabela 21).

**Tabela 21** – Impactos do setor de refino de petróleo por milhão de reais exportado

| Refino de Petróleo e Coquerias | Impactos | | |
|---|---|---|---|
| | Variável | Efeitos Diretos e Indiretos | Efeitos Diretos, Indiretos e Induzidos |
| | Valor da produção (R$ milhão) | 2,5 | 3,5 |
| | PIB setorial (R$ milhão) | 0,7 | 1,2 |
| | Impostos Indiretos Líquidos (IIL) (R$ milhão) | 0,2 | 0,2 |
| | Empregos | 6 | 17 |
| | Remuneração mensal média por emprego (R$) | 2.971 | 1.979 |

**Fonte:** IBGE e RFB. Elaboração própria.

O setor de fabricação de químicos orgânicos e inorgânicos, resinas e elastômeros no Brasil possui coeficiente de multiplicação do Valor da Produção da ordem de 3,15, o equivalente ao 35º melhor setor, dentre os 37 observados neste estudo (Tabela 22).

Dessa forma, se for gerado aumento de R$ 1,0 milhão nas exportações do setor, o resultado esperado em função deste choque de demanda é uma elevação do valor da produção em R$ 3,3 milhões, considerando os efeitos diretos, indiretos e induzidos.

**Tabela 22** – Multiplicadores da indústria química por milhão de reais exportado

| Multiplicadores por milhão de reais exportados em 2014 – Efeitos diretos, indiretos e induzidos | | | | |
|---|---|---|---|---|
| | Média das Exportações Totais | | Químicos Orgânicos, Inorgânicos, Resinas e Elastômeros | |
| | Coeficiente | Posição | Coeficiente | Posição |
| Valor da Produção (R$ milhão) | 3,49 | 25 | 3,15 | 35 |
| PIB Setorial (R$ milhão) | 1,74 | 15 | 1,17 | 38 |
| Empregos (Em unidades) | 35 | 12 | 19 | 37 |
| Remuneração mensal média por emprego (R$) | 1.579,7 | 27 | 2.070,3 | 9 |

**Fonte:** IBGE. Elaboração própria.

Além disso, o PIB setorial deverá se elevar em R$ 1,17 milhão em função do aumento das exportações do setor. Não menos importante, a geração de emprego deverá ser de 18,5 pessoas, abaixo da média dos demais setores (Tabela 23).

**Tabela 23** – Impactos da indústria química por milhão de reais exportado

| | Impactos | | |
|---|---|---|---|
| | Variável | Efeitos Diretos e Indiretos | Efeitos Diretos, Indiretos e Induzidos |
| Químicos | Valor da produção (R$ milhão) | 2,1 | 3,2 |
| | PIB setorial (R$ milhão) | 0,6 | 1,2 |
| | Impostos Indiretos Líquidos (IIL) (R$ milhão) | 0,1 | 0,1 |
| | Empregos | 6 | 19 |
| | Remuneração mensal média por emprego (R$) | 3.159 | 2.070 |

**Fonte:** IBGE e RFB. Elaboração própria.

## 4.4 Papel e celulose

### I. Condições de oferta e demanda

No *ranking* mundial de produção de celulose, o Brasil ocupa a quarta colocação, respondendo por 9% do total. Mas é líder de produção de celulose de fibra curta.

Isso porque, o clima no país favorece o plantio do eucalipto, em contraste com outros grandes produtores (EUA, China, Canadá etc.), onde a produção de fibra longa é mais destacada, por causa de condições climáticas que permitem melhor desenvolvimento de florestas de pinus.

Como a fibra curta possui maior capacidade absorvente, ela destina-se principalmente a fabricação de produtos menos rígidos, como papéis para impressão, para escrever e *tissue* (higiênicos). Em contrapartida, a fibra longa é mais resistente, sendo mais utilizada na produção de embalagens.

Cerca de 80% da produção brasileira de celulose de fibra curta são destinadas ao mercado externo, tendo proporcionado, no ano passado, uma receita de US$ 5,6 bilhões. Os principais compradores são Europa e China.

A oferta interna de celulose no Brasil está concentrada em grandes empresas, que operam com elevada capacidade de produção (em torno de 1,5 milhão t/ano). A maior parte das fábricas de celulose está localizada nos estados do Paraná, São Paulo e Santa Catarina.

Em 2016, as exportações de celulose atingiram 12,9 milhões de t, registrando crescimento de 2,7% a.a., no período 2010-2016, devendo manter esse ritmo de evolução até o início da próxima década, em face da perspectiva de realização de novos investimentos pelas empresas líderes do setor.

No mercado mundial de papel, a indústria brasileira é a 9ª colocada, dedicando-se à fabricação, sobretudo, de papel de imprimir e escrever, embalagens, sanitários e cartão.

No país, a produção de papel é realizada, em boa medida, por médias empresas, que operam nos estados do Paraná, São Paulo e Santa Catarina.

No ano passado, as exportações brasileiras de papel totalizaram US$ 1,9 bilhão, sendo destaque o embarque de papel de imprimir e escrever, papel de embalagens e cartão. Essas exportações representaram cerca de 20% da produção total.

## II. Impactos diretos, indiretos e induzidos

Para mensurar os efeitos do crescimento das exportações brasileiras, em especial dos principais setores da indústria de transformação, recorreu-se à utilização da matriz de Insumo-Produto, que relaciona as interações econômicas entre os diversos agentes ofertantes e demandantes do mercado.

Importante mencionar que para cada R$ 1,0 milhão exportado anualmente pelo setor de celulose e papel, os impactos sobre a economia sobre a economia brasileira serão os seguintes (Tabela 24):

**Tabela 24** – Multiplicadores da indústria de papel e celulose por R$ milhão exportado

| Multiplicadores por milhão de reais exportados em 2014 – Efeitos diretos, indiretos e induzidos | | | | |
|---|---|---|---|---|
| | Média das Exportações Totais | | Papel e Celulose | |
| | Coeficiente | Posição | Coeficiente | Posição |
| Valor da Produção (R$ milhão) | 3,49 | 25 | 3,60 | 18 |
| PIB Setorial (R$ milhão) | 1,74 | 15 | 1,64 | 25 |
| Empregos (Em unidades) | 35 | 12 | 29 | 22 |
| Remuneração mensal média por emprego (R$) | 1.579,7 | 27 | 1.894,9 | 18 |

**Fonte:** IBGE. Elaboração própria.

Além disso, o PIB setorial deve se elevar em R$ 1,17 milhão em função do aumento das exportações do setor. Não menos importante, a geração de emprego deverá ser de 18,5 pessoas, abaixo da média dos demais setores (Tabela 25).

**Tabela 25** – Impactos da indústria de papel e celulose por milhão de reais exportado

| | Impactos | | |
|---|---|---|---|
| | **Variável** | **Efeitos Diretos e Indiretos** | **Efeitos Diretos, Indiretos e Induzidos** |
| Papel e Celulose | Valor da produção (R$ milhão) | 2,1 | 3,6 |
| | PIB setorial (R$ milhão) | 0,8 | 1,6 |
| | Impostos Indiretos Líquidos (IIL) (R$ milhão) | 0,1 | 0,2 |
| | Empregos | 12 | 29 |
| | Remuneração mensal média por emprego (R$) | 2.506 | 1.895 |

**Fonte:** IBGE e RFB. Elaboração própria.

## 4.5 Indústria siderúrgica

### I. Condições de oferta e demanda

A indústria siderúrgica é vital para o bom desempenho econômico de diversos países, em virtude de sua estreita ligação com vários setores como construção, bens de capital e indústria, em que aços e produtos siderúrgicos, em suas diversas formas, são muito utilizados.

Nos últimos anos, a região asiática vem se destacando rapidamente na produção de aço bruto, passando de 40,1% do total produzido no mundo em 2000 para quase 70% em 2016. Nesse ano, a produção asiática atingiu mais de um bilhão de t, muito acima da segunda maior região produtora, a União Europeia, com 162,0 milhões de t. Na América Latina, o Brasil desponta como importante produtor de aço, com 31,3 milhões de t, produzidas no ano de 2016, mantendo a oitava posição, e, hospedando siderúrgicas de médio porte, tanto de capital nacional como estrangeiro.

O crescimento da capacidade produtiva na China, em ritmo muito acima da demanda mundial, gerou um excedente de mais de 500 milhões de t. Assim, a tendência é que o preço do aço nos próximos anos sofra pressão baixista, comprometendo a rentabilidade do setor. Por outro lado, o preço do aço também é diretamente influenciado pelo preço de sua principal matéria-prima – minério de ferro – que está sujeita à volatilidade no mercado internacional.

Nesse contexto, o setor siderúrgico brasileiro acabou se voltando ao mercado nacional, devido à perda de competitividade frente à indústria siderúrgica chinesa. Os setores da construção civil, da indústria automobilística e de bens de capital se caracterizam como os principais demandantes de produtos siderúrgicos no país.

A recessão no Brasil afetou diretamente o desempenho dos setores demandantes, comprometendo a capacidade de crescimento da demanda de aço, mesmo com os grandes investimentos gerados em função das obras em equipamentos esportivos e de infraestrutura para a Copa do Mundo em 2014 e para os jogos olímpicos no município do Rio de Janeiro em 2016.

A retração de importantes demandantes de produtos siderúrgicos no Brasil está impactando as perspectivas de investimentos das empresas do setor para os próximos anos. No médio e longo prazo, a retração dos investimentos comprometerá a competitividade do setor no país.

A indústria siderúrgica tem verticalizado sua produção nos últimos anos a fim de tentar diminuir a perda de competitividade frente ao crescimento da indústria chinesa. Dessa forma, a siderurgia vem transferindo parte de sua margem para o setor de mineração, com o objetivo de melhorar a competitividade da indústria nacional frente ao mercado internacional. Considerando as grandes reservas de minério de ferro já em exploração no país, essa tendência reforça o potencial de crescimento do setor ao longo dos próximos anos.

O minério de ferro é um dos principais produtos da pauta de exportações do Brasil. No ano de 2016, respondeu sozinho por 7,2% do valor total exportado. O patamar só não foi maior devido à queda dos preços internacionais. Em 2011, período em que a cotação do minério era favorável, respondeu por 16% do valor total exportado, alcançando US$ 41,0 bilhões.

O maior comprador do minério brasileiro é a China. Considerando-se a grande produção chinesa, fica claro que o país asiático compra a *commodity* brasileira como insumo para a indústria siderúrgica. Por seu turno, as mineradoras brasileiras encontram mais vantagens em exportar do que vendendo para a indústria nacional. O Brasil possui vantagem comparativa clara em relação aos demais competidores mundiais, tendo em vista sua grande oferta de minério de ferro. Solucionados entraves de custos de produção, como infraestrutura, energia elétrica e alto custo de capital, a siderurgia no Brasil pode desfrutar de posição de destaque no cenário mundial. A eficiência energética caracteriza importante oportunidade para maior competitividade ao setor siderúrgico nacional, uma vez que a energia elétrica é um insumo essencial no processo produtivo. A crise hídrica no país afetou diretamente as margens de empresas siderúrgicas no Brasil, incentivado o desenvolvimento de projetos internos para geração de energia elétrica.

Os Estados de Minas Gerais, Rio de Janeiro e São Paulo destacam-se no cenário nacional por concentrar as maiores usinas em tamanho e produção, tanto pela proximidade dos principais insumos dessa indústria, como pela maior demanda por produtos siderúrgicos.

A produção acumulada de aço bruto somou 30,2 milhões de t em 2016, o que representa uma redução de 9,2% na comparação com 2015. A produção de laminados somou 20,9 milhões de t, registrando queda de 7,7% para a mesma base de comparação.

Em 2016, o consumo aparente de produtos siderúrgicos alcançou 18,2 milhões de t, sendo 14,4% inferior ao registrado em todo o ano anterior. As vendas internas fecharam em 16,5 milhões de t, o que representou queda de 9,1% frente a 2015.

No mercado internacional, a desvalorização do real frente ao dólar em relação aos anos de supervalorização da moeda, tende a favorecer o setor, uma vez que muitas empresas visam ampliar as vendas externas dos aços nacionais, ao mesmo tempo em que diminui a competitividade dos produtos importados.

Mesmo assim, em 2016 as exportações mostraram queda de 2,1% em volume e de 15,0% em valor, representando 13,4 milhões de t e US$ 5,6 bilhões, respectivamente, no total do ano. Como esperado, em função da menor demanda interna e com o real em patamar mais desvalorizado frente ao dólar, as importações registraram queda de 41,4% do volume, somando 1,9 milhão de t. O valor importado sofreu também forte retração, de 45,9%, em 2016, atingindo um total de US$ 1,7 bilhão.

Estados Unidos e Argentina se destacaram nas compras de produtos laminados de aço do Brasil. As importações de aços apresentaram retração de 64,2% no acumulado do primeiro semestre do ano, somando 741,3 mil t, com redução nos segmentos de planos, longos e transformados (–73,3%; 61% e 39%, respectivamente) e aumento das importações de semiacabados.

### II. Impactos diretos, indiretos e induzidos

O setor siderúrgico no Brasil possui coeficiente de multiplicação do Valor da Produção de 3,53, equivalente à 22ª melhor posição entre os 37 setores elencados. Assim, havendo aumento de R$ 1,0 milhão nas exportações do setor, o resultado esperado em função deste choque de demanda é o incremento do valor da produção em R$ 3,5 milhões, considerando os efeitos diretos, indiretos e induzidos (Tabela 26).

Outro aspecto relevante é a posição (12ª) que o setor ocupa em termos da remuneração média gerada pelas exportações. Para cada milhão exportado, o setor é capaz de oferecer remuneração de R$ 2.046,8.

**Tabela 26** – Multiplicadores da indústria siderúrgica por milhão de reais exportado

| Multiplicadores por milhão de reais exportados em 2014 – Efeitos diretos, indiretos e induzidos | | | | |
|---|---|---|---|---|
| | Média das Exportações Totais | | Produção de Ferro-Gusa/ Ferroligas, Siderurgia e Tubos de Aço sem Costura | |
| | Coeficiente | Posição | Coeficiente | Posição |
| Valor da Produção (R$ milhão) | 3,49 | 25 | 3,53 | 22 |
| PIB Setorial (R$ milhão) | 1,74 | 15 | 1,62 | 26 |
| Empregos (Em unidades) | 35 | 12 | 25 | 31 |
| Remuneração mensal média por emprego (R$) | 1.579,7 | 27 | 2.046,8 | 12 |

**Fonte:** IBGE. Elaboração própria.

Ademais, o PIB setorial deverá se elevar em R$ 1,6 milhão em função do aumento das exportações do setor. Não menos importante, a geração de emprego deve ser de 25 pessoas para cada milhão de ligas de aço exportadas, abaixo, portanto, da média geral dos demais setores (Tabela 27).

**Tabela 27** – Impactos da indústria siderúrgica por milhão de reais exportado

| | Impactos | | |
|---|---|---|---|
| | Variável | Efeitos Diretos e Indiretos | Efeitos Diretos, Indiretos e Induzidos |
| Siderurgia | Valor da produção (R$ milhão) | 2,0 | 3,5 |
| | PIB setorial (R$ milhão) | 0,8 | 1,6 |
| | Impostos Indiretos Líquidos (IIL) (R$ milhão) | 0,1 | 0,1 |
| | Empregos | 8 | 25 |
| | Remuneração mensal média por emprego (R$) | 3.232 | 2.047 |

**Fonte:** IBGE e RFB. Elaboração própria.

## 4.6 Indústria automobilística

### I. Condições de oferta e demanda

A indústria automobilística brasileira é muito relevante para a o cômputo da indústria de transformação no país, representando cerca de 20% do PIB industrial. Estimulado por políticas de adensamento da cadeia, aumento das exportações e novas tecnologias, o setor ganhou relevância nas últimas décadas. Consequentemente, houve maior volume de contratações na produção de autoveículos, totalizando 104,4 mil trabalhadores em dezembro de 2016[6].

Com produção de cerca de 2,2 milhões de veículos em 2016, o recuo observado no setor foi de 11,2% e encerrou pelo terceiro ano consecutivo em contração. O alento para o setor foi, sem dúvida, o setor externo e o recorde de exportações. Apenas no mês de dezembro as vendas ao exterior atingiram 62,9 veículos leves, caminhões e ônibus, um incremento de 35,8% em comparação ao mesmo mês do ano anterior.

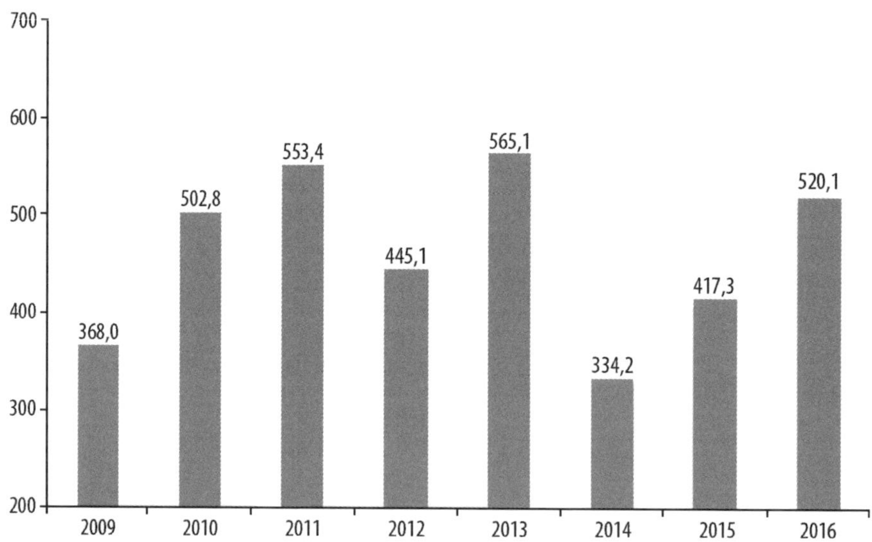


**Fonte:** Anfavea. Elaboração própria.

**Figura 10** – Exportações brasileiras de veículos (em mil unidades)

As exportações tiveram alta importante (24,6%) no último ano, mesmo num período de forte retração da atividade econômica. Influenciadas por um

[6] Os autoveículos representam os automóveis, comerciais leves, ônibus e caminhões.

câmbio mais favorável no período, as exportações ultrapassaram meio milhão de unidades. Dentre os principais destinos das exportações de automóveis de passageiros, por exemplo, encontram-se Argentina e México, que, em 2016, adquiriram US$ 3,3 bilhões e US$ 288 milhões respectivamente.

Juntos, os dois países adquiriram 78% das exportações brasileiras, resultado da vigência, há alguns anos, de acordos bilaterais no setor. A Tabela 28 consolida os principais destinos das exportações dos veículos fabricados no país.

**Tabela 28** – Exportações brasileiras de automóveis de passageiros

Milhões US$

| | 2013 | 2014 | 2015 | 2016 |
|---|---|---|---|---|
| Argentina | 4.799 | 2.624 | 2.541 | 3.357 |
| México | 316 | 228 | 281 | 288 |
| Estados Unidos | – | – | – | 243 |
| Chile | 47 | 24 | 43 | 133 |
| Uruguai | 95 | 89 | 106 | 126 |
| Colômbia | 95 | 105 | 64 | 123 |
| Catar | – | – | – | 104 |
| Arábia Saudita | – | – | – | 103 |
| Indonésia | – | 18 | 219 | 66 |
| Peru | 42 | 27 | 37 | 40 |
| Paraguai | 35 | 33 | 22 | – |
| Venezuela | 24 | – | – | – |
| Equador | 10 | 7 | – | – |
| Bolívia | 8 | 11 | 11 | – |
| Líbano | – | – | 14 | – |
| Demais países | 14 | 29 | 30 | 88 |
| **Total** | **5.485** | **3.195** | **3.366** | **4.671** |

**Fonte:** MDIC. Elaboração própria.

Destaca-se ainda o peso da produção nacional no cenário internacional. De acordo com a OICA *(International Organization of Motor Vehicle Manufactures)*, das 90,6 milhões de unidades produzidas no mundo em 2015, o Brasil foi responsável por 2,4 milhões, correspondendo a 2,7% do total. No *ranking* global o país ocupa a 9ª colocação, tendo perdido uma posição para a Espanha em 2015. Os 10 maiores produtores mundiais de veículos leves são responsáveis por 79% da produção total, com destaque para China, responsável por quase 1/3.

**Tabela 29** – Produção mundial de veículos (% mundial)

| Principais Produtores | 2011 | 2012 | 2013 | 2014 | 2015 |
|---|---|---|---|---|---|
| Alemanha | 7,7% | 6,7% | 6,5% | 6,6% | 6,6% |
| Espanha | 3,0% | 2,3% | 2,5% | 2,7% | 3,0% |
| Canadá | 2,7% | 2,9% | 2,7% | 2,7% | 2,5% |
| México | 3,4% | 3,6% | 3,5% | 3,8% | 3,9% |
| **Brasil** | **4,3%** | **4,0%** | **4,2%** | **3,5%** | **2,7%** |
| China | 23,1% | 22,9% | 25,2% | 26,4% | 27,0% |
| Índia | 4,9% | 5,0% | 4,5% | 4,3% | 4,5% |
| Japão | 10,5% | 11,8% | 11,0% | 10,9% | 10,2% |
| Coreia do Sul | 5,8% | 5,4% | 5,2% | 5,0% | 5,0% |
| EUA | 10,8% | 12,3% | 12,6% | 13,0% | 13,3% |

**Fonte:** OICA. Elaboração: MacroSector Consultores

O Brasil possui vantagens e desafios importantes para dar sequência ao processo de expansão da indústria automobilística. Proprietário de uma frota de aproximadamente 40 milhões de veículos, o país tende a vislumbrar no setor externo importante vetor de crescimento. A carga tributária sobre a cadeia produtiva, na faixa de 30% (quase o dobro da média mundial que é de 16%), somada aos problemas logísticos e de infraestrutura, freiam, no entanto, o melhor desempenho da produção.

Por outro lado, as reformas em discussão no Congresso Nacional, sobretudo a revisão da CLT, podem implicar em avanços para a competitividade da indústria automobilística no país. A taxa de câmbio mais equilibrada, como a observada ao longo de 2016, contribui positivamente para a indústria local. As vendas externas representam parcela importante da produção de veículos leves, evoluindo de 17% em 2015 para 24% no ano passado. A Tabela 30 resume os grandes números da indústria automobilística, reforçando o papel dinamizador do setor externo.

Assim, enxerga-se como vantagens à exportação do veículo brasileiro, em primeiro lugar, a posição que ocupa entre os maiores produtores globais. Em segundo lugar, é notória a ampla capacidade instalada no país (em torno de 4,5 milhões de veículos/ano), com engenharia técnica e *know how* especializado. Por fim, a ampla disponibilidade de matéria-prima e mão de obra a um custo menor, comparado ao que existem nos grandes mercados produtores, torna o Brasil um potencial exportador em nível global.

**Tabela 30** – Mercado brasileiro de autos (em mil unidades)

| Mercado Brasileiro de Autos (1.000 unidades) | | | | | |
|---|---|---|---|---|---|
| | Indústria Nacional | | | | |
| | Produção | Vendas Internas | Vendas Externas | Importação | Vendas Internas + Importação |
| 2012 | 3.403 | 3.014 | 445 | 788 | 3.802 |
| 2013 | 3.712 | 3.061 | 565 | 707 | 3.767 |
| 2014 | 3.146 | 2.881 | 334 | 617 | 3.498 |
| 2015 | 2.429 | 2.155 | 417 | 414 | 2.569 |
| 2016 | 2.156 | 1.783 | 520 | 267 | 2.050 |
| 2017 P | 2.451 | 1.827 | 624 | 273 | 2.100 |
| Variação | | | | | |
| 13/12 | 9,1% | 1,5% | 27,0% | –10,3% | –0,9% |
| 14/13 | –15,2% | –5,9% | –40,9% | –12,7% | –7,1% |
| 15/14 | –22,8% | –25,2% | 24,9% | –32,8% | –26,6% |
| 16/15 | –11,2% | –17,2% | 24,6% | –35,5% | –20,2% |
| 17/16 P | 13,7% | 2,5% | 20,0% | 2,0% | 2,4% |

**Fonte:** ANFAVEA. Elaboração e projeção: MacroSector Consultores.

## II. Impactos diretos, indiretos e induzidos

Para mensurar os efeitos do crescimento das exportações brasileiras, em especial dos principais setores da indústria de transformação, recorreu-se à utilização da Matriz de Insumo-Produto, que relaciona as interações econômicas entre os diversos agentes ofertantes e demandantes do mercado.

Pode-se fazer um exercício hipotético para oferecer a dimensão da capacidade do setor a partir do aumento de R$ 1 milhão nas exportações.

**Tabela 31** – Multiplicadores da indústria automotiva por milhão de reais exportado

| Multiplicadores por milhão de reais exportados em 2014 – Efeitos diretos, indiretos e induzidos | | | | |
|---|---|---|---|---|
| | Média das Exportações Totais | | Automóveis | |
| | Coeficiente | Posição | Coeficiente | Posição |
| Valor da Produção (R$ milhão) | 3,49 | 25 | 3,67 | 7 |
| PIB Setorial (R$ milhão) | 1,74 | 15 | 1,55 | 30 |
| Empregos (Em unidades) | 35 | 12 | 27 | 28 |
| Remuneração mensal média por emprego (R$) | 1.579,7 | 27 | 2.144,2 | 3 |

**Fonte:** IBGE. Elaboração própria.

**Tabela 32** – Impactos da indústria automobilística por milhão de reais exportado

| | Impactos | | |
|---|---|---|---|
| | Variável | Efeitos Diretos e Indiretos | Efeitos Diretos, Indiretos e Induzidos |
| Automóveis | Valor da produção (R$ milhão) | 2,2 | 3,7 |
| | PIB setorial (R$ milhão) | 0,8 | 1,6 |
| | Impostos Indiretos Líquidos (IIL) (R$ milhão) | 0,1 | 0,2 |
| | Empregos | 10 | 27 |
| | Remuneração mensal média por emprego (R$) | 3.241 | 2.144 |

**Fonte:** IBGE e RFB. Elaboração própria.

## 4.7 Outros equipamentos de transporte

### I. Condições de oferta e demanda

Como informado anteriormente, a ênfase nesse setor recairá sobre a produção de aeronaves, embora ele também esteja representado por outros bens. Essa opção foi admitida em razão da atuação em nível internacional dessa indústria. A atividade de produção de aeronaves é realizada por poucas empresas, já que um pequeno número de atores globais consegue arcar com os elevados custos de desenvolvimento de novas aeronaves. Trata-se de um oligopólio concentrado em nível mundial.

A concentração no setor visa não apenas a ampliação dos ganhos de escala, mas também a criação de importantes economias de escopo. O padrão de concorrência da indústria aeronáutica está centrado nas inovações tecnológicas e nas condições de financiamento destas inovações. Por sua vez, a crescente introdução de avanços tecnológicos e o consequente aumento da necessidade de financiamento têm elevado às necessidades de escala mínima para operação nesta indústria. Embora as técnicas, conhecimentos e tendências sejam comuns, não há caso de país ou região onde essa indústria se desenvolva de modo igual a outro. Cada região/país cria suas próprias soluções e vantagens competitivas, que variam de acordo com o grau de desenvolvimento econômico.

Os principais *players* do setor são: Boeing, Airbus, Bombardier, ATR, BAE/Avro, Fokker, Saab, Fairchild-Dornier e Embraer.

Com respeito às vantagens comparativas, além do possível e necessário apoio do Estado, identificam-se no âmbito das empresas os seguintes pontos: marca, capacitação em P&D, foco nas competências centrais, logística, marketing, qualificação de RH, suporte técnico, estrutura de financiamento. No tocante ao mercado, as vantagens podem advir do foco em nichos de mercado, segmentação por necessidades técnicas, atendimento a especificações dos clientes e visão global,

Principais características da indústria aeronáutica no Brasil:

1º) Existência de uma única empresa integradora de aviões e de uma única integradora de helicópteros, a partir das quais toda cadeia produtiva está estruturada.

2º) Integração apenas de aviões leves e de médio porte.

3º) Forte dependência de fornecedores externos.

4º) A escala de produção das empresas fornecedoras nacionais depende muito da principal fabricante e integradora.

Pouco mais de 24 mil pessoas são empregadas pelo setor e somente a Embraer responde por cerca de 80% do total de empregos. Desse modo, o tamanho e a influência da Embraer acabam por definir os rumos do setor e conferem grande dependência dos outros elos da cadeia a ela.

A Embraer faturou R$ 12,3 bilhões em 2015[7], sendo 58% de sua receita proveniente do segmento de aviação comercial, 25% da aviação executiva e 16% de defesa e segurança. A evolução da entrega dos jatos produzidos revela um total de 208 unidades entregues em 2014, sendo que os melhores anos foram 2009 e 2010 quando a Embraer comercializou quase 250 unidades.

Em termos geográficos, a receitas da Embraer têm origem principalmente na América do Norte (48%), seguida do Brasil (21%), Europa (14%) e África e Oriente Médio (4%). A China contribui apenas com 4% da receita total e os demais países da Ásia/Pacífico com outros 4%.

## II. Impactos diretos, indiretos e induzidos

O setor de outros equipamentos de transporte possui coeficiente de multiplicação do valor da produção de 3,41, colocando-se como 30º melhor setor nesse quesito, entre os 37 analisados neste estudo. Cabe observar que o coeficiente médio das exportações totais dos demais setores é de 3,49 (ver Tabela 33).

**Tabela 33** – Multiplicadores da indústria de outros equipamentos de transporte por milhão de reais exportado

| Multiplicadores por milhão de reais exportados em 2014 – Efeitos diretos, indiretos e induzidos | | | | |
|---|---|---|---|---|
| | Média das Exportações Totais | | Outros Equipamentos de Transporte | |
| | Coeficiente | Posição | Coeficiente | Posição |
| Valor da Produção (R$ milhão) | 3,49 | 25 | 3,41 | 30 |
| PIB Setorial (R$ milhão) | 1,74 | 15 | 1,52 | 33 |
| Empregos (Em unidades) | 35 | 12 | 26 | 29 |
| Remuneração mensal média por emprego (R$) | 1.579,7 | 27 | 2.222,0 | 1 |

**Fonte:** IBGE. Elaboração própria.

[7] Para maiores informações, ver: <http://www.embraer.com/pt-BR/ConhecaEmbraer /Embraer-Numeros/Paginas/Home.aspx>.

Desse modo, no caso de um aumento de R$ 1 milhão das exportações deste setor, o resultado esperado, em função deste choque de demanda, é uma elevação do valor da produção em R$ 3,4 milhões, considerando-se os efeitos diretos, indiretos e induzidos.

Outro aspecto a ser destacado é que esse setor apresenta o valor mais alto de remuneração gerado por milhão exportado (R$ 2.222,0). Supera, inclusive, as atividades ligadas aos veículos automotores.

Além disso, o coeficiente do PIB setorial é de 1,52, o que significa que o produto do setor tende a crescer R$ 1,5 milhão em função do aumento das suas exportações. Não menos importante, a geração de emprego deve alcançar 26 pessoas, um pouco abaixo da média geral, que é de 35 empregos para cada milhão exportado (Tabela 34).

**Tabela 34** – Impactos da indústria de outros equipamentos de transporte por milhão de reais exportado

| | Impactos | | |
|---|---|---|---|
| | **Variável** | **Efeitos Diretos e Indiretos** | **Efeitos Diretos, Indiretos e Induzidos** |
| **Outros Equipamentos de Transporte** | Valor da produção (R$ milhão) | 2,0 | 3,4 |
| | PIB setorial (R$ milhão) | 0,8 | 1,5 |
| | Impostos Indiretos Líquidos (IIL) (R$ milhão) | 0,1 | 0,2 |
| | Empregos | 10 | 26 |
| | Remuneração mensal média por emprego (R$) | 3.460 | 2.222 |

**Fonte:** IBGE e RFB. Elaboração própria.

## 4.8 Peças e acessórios para veículos automotores

### I. Condições de oferta e demanda

Nos últimos 20 anos, diversas empresas americanas e europeias deslocaram unidades produtivas para China em busca de menor custo da mão de obra, reduzida tributação e estímulos às exportações, tornando aquele país o mais importante centro fornecedor de autopeças automotivas. Além da produção em território chinês, destacam-se também como importantes fornecedores de autopeças Alemanha, França, Coreia do Sul, Taiwan e EUA.

Estima-se que o setor de autopeças movimente cerca de US$ 1,2 trilhão por ano em todo o mundo. Cabe ressaltar que a indústria de autopeças, independentemente do segmento, é dominada por sistemistas europeus, norte-americanos e asiáticos de grande porte.

No Brasil, a indústria de autopeças produz uma miríade de peças e componentes utilizados pela cadeia automotiva (automóveis, comerciais leves, caminhões e ônibus), pela indústria de tratores e máquinas agrícolas e pelo segmento de motocicletas. Os produtos fabricados podem ser distribuídos em: (i) motores e seus componentes; (ii) peças para câmbio e transmissão; (iii) peças para suspensão e sistema rodante; (iv) peças para carrocerias; e (v) peças para acabamentos e acessórios.

A estruturação do setor no Brasil e no mundo se divide em dois grandes grupos de empresas:

- Sistemistas (Tier 1): localizados no chão de fábrica das montadoras ou nas proximidades, são responsáveis por fornecer sistemas completos de peças para montagem do veículo. Essas empresas detêm elevado nível de conhecimento tecnológico e realizam desenvolvimento de produtos. Além disso, assumem os custos do projeto, gerenciam suprimento de partes e peças (o estoque é delas) e fornecem subconjuntos testados e prontos para serem instalados. São exemplos de sistemistas: Bosch, Delphi, Magneti Marelli, Mahle, Zr, Visteon, Valeo, Dana, Siemens, Sabó, Plascar etc.
- Empresas de segundo nível (Tiers 2 e 3): fornecem componentes e peças isoladas e materiais para as empresas de primeiro nível. Em geral, cooperam com no desenvolvimento de produtos, sendo responsáveis pela formação de parcerias com outras empresas, que vão responder pelo suprimento de peças e materiais isolados. A maior parte dos Tiers 2 e 3 abastecem o mercado de reposição. São exemplos de empresas do segundo nível: Acumuladores Moura, Quinelato, Metisa, Big Rodas, Nakayone, Metalpó, Kostal etc.

O faturamento do setor de autopeças foi de 63,1 bilhões em 2016, situando-se bem abaixo de seu ápice em 2011, quando totalizou R$ 91,3 bilhões. Em comparação a 2015, o faturamento prosseguiu em queda, refletindo a grave crise que assola o setor automotivo no país. No período entre 2014 e 2016, o faturamento do setor se reduziu, em média, 10,4%.

Outra importante característica do setor é que cerca de 62% das empresas têm faturamento anual de até R$ 100,0 milhões, respondendo por 11% do

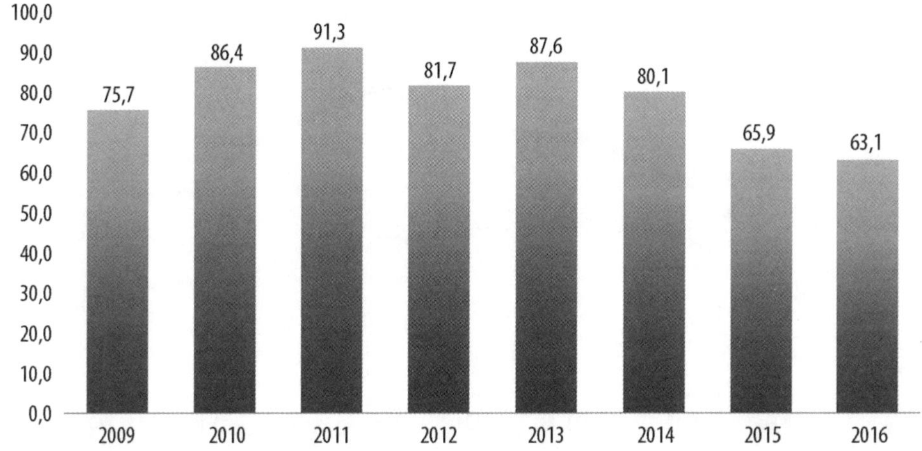


**Fonte:** Sindipeças. Elaboração própria.

**Figura 11** – Faturamento bruto do setor de autopeças (em R$ bilhões)

faturamento total. De outra parte, as demais (38%) apresentam receita bruta anual acima de R$ 100 milhões, o que corresponde a 89% do total.

Acerca da estrutura de custos verifica-se que as matérias-primas respondem, em média, por 58% dos custos de produção, mão de obra por 21% e energia elétrica, 10%. No tocante às matérias-primas, é relevante a presença de insumos cujos preços são influenciados pela taxa de câmbio, tais como: alumínio, cobre, aço, plásticos, borracha, vidro e componentes eletrônicos.

Em 2016, as exportações de autopeças somaram US$ 6,6 bilhões para um total de US$ 11,8 bilhões de itens importados. O déficit de US$ 5,3 bilhões reforça a evolução negativa das transações externas do setor, que haviam sido superavitárias até 2006 e se tornaram cronicamente deficitárias a partir desta data.

Respondendo por cerca de 30% das exportações de autopeças, a Argentina é o nosso principal parceiro comercial. Em seguida, surgem como principal destino das exportações do setor, EUA, México, Alemanha e Holanda. Do lado das importações, China, EUA, Alemanha, Coreia do Sul e México representam os principais centros de onde provêm os componentes, partes e peças adquiridos pelas empresas autopartistas.

### II. Impactos diretos, indiretos e induzidos

Como a Matriz Insumo-Produto relaciona as interações econômicas entre os diversos agentes ofertantes e demandantes do mercado, fez-se uso dela para mensurar os efeitos do crescimento das exportações brasileiras.

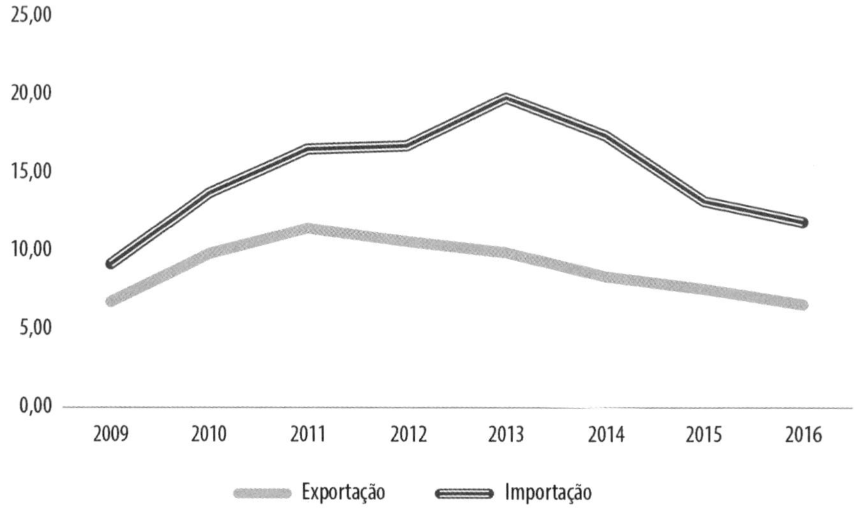


**Fonte:** Sindipeças. Elaboração própria.

**Figura 12** – Exportações e importações do setor de autopeças (em US$ bilhões)

O segmento de autopeças possui coeficiente de multiplicação do valor da produção de 3,64, colocando-se como 15º melhor entre os 37 setores analisados neste estudo. Cabe observar que o coeficiente médio das exportações totais dos demais setores é de 3,49 (ver Tabela 35).

**Tabela 35** – Multiplicadores da indústria de partes e acessórios automotivos por milhão de reais exportado

| Multiplicadores por milhão de reais exportados em 2014 – Efeitos diretos, indiretos e induzidos | | | | |
|---|---|---|---|---|
| | Média das Exportações Totais | | Partes e Acessórios para Veículos | |
| | Coeficiente | Posição | Coeficiente | Posição |
| Valor da Produção (R$ milhão) | 3,49 | 25 | 3,64 | 15 |
| PIB Setorial (R$ milhão) | 1,74 | 15 | 1,66 | 23 |
| Empregos (Em unidades) | 35 | 12 | 29 | 21 |
| Remuneração mensal média por emprego (R$) | 1.579,7 | 27 | 2.210,0 | 2 |

**Fonte:** IBGE. Elaboração própria.

Para o aumento de R$ 1,0 milhão das exportações deste setor, o resultado esperado, em função deste choque de demanda, é uma elevação do valor da produção de R$ 3,6 milhões, considerando-se os efeitos diretos, indiretos e induzidos.

O setor de autopeças desponta como o segundo melhor em termos da remuneração gerada por milhão exportado (R$ 2.210,0). Supera, inclusive, as demais atividades ligadas ao setor automotivo.

Haveria ainda elevação de R$ 1,7 milhão do PIB setorial, cujo coeficiente é de 1,66, em função do aumento das exportações do setor. Embora abaixo da média global, a geração de empregos poderia atingir 29 pessoas para cada milhão adicional exportado por esse segmento (Tabela 36).

**Tabela 36** – Impactos da indústria de partes e acessórios automotivos por milhão de reais exportado

| Partes e Acessórios para Veículos | Impactos | | |
|---|---|---|---|
| | **Variável** | **Efeitos Diretos e Indiretos** | **Efeitos Diretos, Indiretos e Induzidos** |
| | Valor da produção (R$ milhão) | 2,1 | 3,6 |
| | PIB setorial (R$ milhão) | 0,8 | 1,7 |
| | Impostos Indiretos Líquidos (IIL) (R$ milhão) | 0,1 | 0,2 |
| | Empregos | 11 | 29 |
| | Remuneração mensal média por emprego (R$) | 3.402 | 2.210 |

**Fonte:** IBGE e RFB. Elaboração própria.

## 4.9 Máquinas e equipamentos

### I. Condições de oferta e demanda

Além da China, o setor de máquinas e equipamentos (BK) se apresenta forte nos principais países desenvolvidos, que controlam o fluxo internacional de comércio desses produtos. De acordo com a Gardner Research, a China é atualmente a maior fabricante de bens de capital, detendo 27,6% da produção mundial. Em seguida se encontra o Japão (16,8%), acompanhado de perto pela Alemanha (15,5%). Em posições inferiores no *ranking* aparecem Itália (6,6%),

Coreia do Sul (5,9%) e Estados Unidos (5,7%). O Brasil está na décima-primeira colocação, representando apenas 0,3% da produção mundial.

Apesar da diminuta participação brasileira no cenário internacional, resultado da fragilização do setor ocorrida no decorrer dos anos 1980 e 1990, a abertura da economia no início da década de 1990 estimulou que empresas multinacionais procurassem aumentar a presença em território nacional, elegendo o Brasil como base produtiva para atender o mercado sul-americano. As multinacionais estabelecidas e aquelas que para cá vieram aproveitaram vantagens locais, como baixo custo da mão de obra e mediana qualificação, disponibilidade de matérias-primas e isenções tributárias oferecidas principalmente pelos Governos estaduais. Vantagens comparativas que dificilmente encontrariam em outros países da região.

O setor de máquinas e equipamentos está dividido em duas categorias: (1º) bens de capital seriados; e (2º) bens de capital sob encomenda.

Os bens seriados são produzidos em larga escala e representam 80% do mercado no Brasil. Atendem aos setores têxtil, agropecuário, de artefatos plásticos, gráfico, para instalações elétricas, hidráulicas, térmicas, refrigeração e ventilação, entre outros.

Já os bens sob encomenda respondem por 20% do mercado, normalmente apresentam processos longos de fabricação e atendem segmentos como óleo e gás, caldeiraria, turbinas hidráulicas, fornos industriais, equipamentos de geração de energia, equipamentos ferroviários e navais.

Como reflexo da grave crise que afeta o setor de bens de capital, a receita líquida total alcançou R$ 66,2 bilhões em 2016, revelando queda nominal de 22,0% em comparação à receita líquida registrada em 2015 (R$ 84,9 bilhões). A Figura 13 identifica o faturamento bruto do setor (e não a receita líquida – ver nota) entre 2009 e 2014[8].

[8] É necessário alertar para a mudança metodológica realizada pela ABIMAQ a partir do ano de 2015. Até 2014, a entidade divulgava informações referentes ao faturamento bruto. A partir de 2015, essa informação foi modificada para receita líquida, implicando na exclusão de alguns itens do faturamento, como impostos, vendas canceladas, devoluções etc. Desse modo, houve a descontinuidade da série antiga.

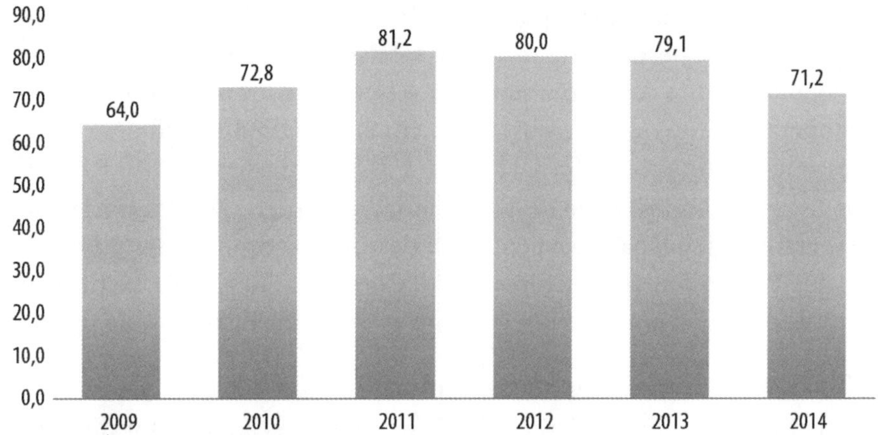


**Fonte:** ABIMAQ. Elaboração própria.

**Figura 13** – Faturamento bruto de máquinas e equipamentos (em R$ bilhões)

O setor de BK brasileiro teve atuação marcante no comércio exterior durante as décadas de 1980 e 1990. A progressiva perda de competitividade e o ingresso de novos *players* no mercado internacional impuseram severo retrocesso à participação no mercado internacional de bens de capital, em que pese o conhecimento acumulado, a engenharia mecânica evoluída e outras vantagens observadas.

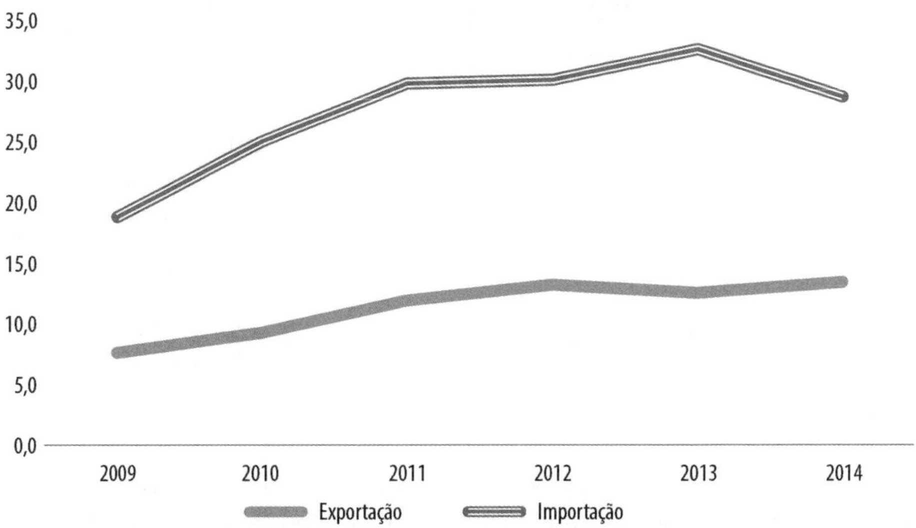


**Fonte:** ABIMAQ. Elaboração própria.

**Figura 14** – Exportações e importações de máquinas e equipamentos (em US$ bilhões)

No último ano (2016), as exportações alcançaram US$ 7,8 bilhões, enquanto as importações, a despeito da recessão, totalizaram US$ 15,4 bilhões. Nesse cenário, o déficit do setor somou US$ 7,6 bilhões, sofrendo redução de US$ 3,0 bilhões frente ao que fora observado em 2015 (US$ 10,8 bilhões), quando as exportações atingiram US$ 8,0 bilhões e as importações, US$ 18,8 bilhões.

Os Estados Unidos, Argentina, Holanda, Venezuela, México e Alemanha representam as principais localidades de destino das exportações do setor, ao passo que EUA, Alemanha, China, Japão, Coreia do Sul e Índia, os principais centros de origem das aquisições feitas pelas empresas instaladas no país.

### II. Impactos diretos, indiretos e induzidos

O coeficiente de multiplicação do Valor da Produção do setor de bens de capital, derivado da Matriz Insumo-Produto, é da ordem de 3,53, equivalendo à 23ª melhor posição entre todos os outros. Dessa forma, quando ocorre o aumento de R$ 1 milhão nas exportações do setor, o resultado esperado em função deste choque de demanda é uma elevação do valor da produção em R$ 3,53 milhões, considerando os efeitos diretos, indiretos e induzidos (Tabela 37).

**Tabela 37** – Multiplicadores da indústria de máquinas e equipamentos por milhão de reais exportado

| Multiplicadores por milhão de reais exportado em 2014 – Efeitos diretos, indiretos e induzidos | | | | |
|---|---|---|---|---|
| | Média das Exportações Totais | | Máquinas e Equipamentos | |
| | Coeficiente | Posição | Coeficiente | Posição |
| Valor da Produção (R$ milhão) | 3,49 | 25 | 3,53 | 23 |
| PIB Setorial (R$ milhão) | 1,74 | 15 | 1,65 | 24 |
| Empregos (Em unidades) | 35 | 12 | 29 | 23 |
| Remuneração mensal média por emprego (R$) | 1.579,7 | 27 | 2.136,0 | 4 |

**Fonte:** IBGE. Elaboração própria.

Com o choque de demanda gerado pelo aumento das exportações, o PIB setorial deve crescer R$ 1,7 milhão. Não menos importante, a quantidade de empregos gerados pelo setor nessas circunstâncias pode abarcar 29 postos de trabalhos (Tabela 38).

**Tabela 38** – Impactos da indústria de máquinas e equipamentos por milhão de reais exportado

| Máquinas e Equipamentos | Impactos | | |
|---|---|---|---|
| | Variável | Efeitos Diretos e Indiretos | Efeitos Diretos, Indiretos e Induzidos |
| | Valor da produção (R$ milhão) | 2,0 | 3,5 |
| | PIB setorial (R$ milhão) | 0,8 | 1,7 |
| | Impostos Indiretos Líquidos (IIL) (R$ milhão) | 0,1 | 0,2 |
| | Empregos | 11 | 29 |
| | Remuneração mensal média por emprego (R$) | 3.206 | 2.136 |

**Fonte:** IBGE e RFB. Elaboração própria.

## 4.10 Máquinas e equipamentos elétricos

### I. Condições de oferta e demanda

A indústria de equipamentos para geração, transmissão e distribuição de energia (GTD) se manteve em destaque no seio da indústria de transformação durante as últimas décadas. A realização de grandes obras hidrelétricas nas décadas de 1970 e 1980 permitiram que empresas dessa cadeia incorporassem *know how* técnico e conhecimentos tecnológicos e de engenharia elétrica e civil inigualáveis. As conquistas obtidas estimularam que o setor fosse um

O faturamento nominal de máquinas e equipamentos elétricos avançou 5,7% entre 2014 e 2016, evoluindo de R$ 15,7 bilhões para R$ 16,6 bilhões nos anos em tela (Figura 15). A razão para esse crescimento, apesar da crise, reside no fato de se tratar de um regime de produção sob encomenda. Portanto, a formação da carteira de pedidos hoje representa a receita futura. Assim, como ocorreram pesados investimentos no setor elétrico na última década (Belo Monte, Jirau, Teles Pires, Santo Antônio etc.) e vários leilões relacionados às áreas de transmissão e distribuição, a receita do setor esteve garantida por isso. Coloca-se uma ameaça daqui para frente, quando os investimentos e encomendas no setor hidrelétrico deverão se reduzir, embora tendam a aumentar nas áreas de eólica, nuclear e fotovoltaica.

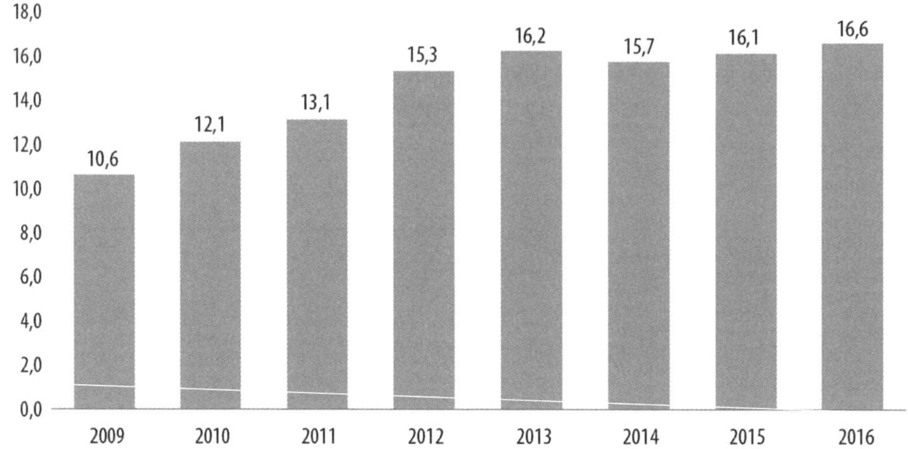


**Fonte:** ABINEE. Elaboração própria.

**Figura 15** – Faturamento bruto da área de GTD (em R$ bilhões)

As exportações de máquinas e equipamentos elétricos, conforme a Figura 16, mantiveram-se razoavelmente constantes entre os anos de 2009 e 2014, apesar da valorização do câmbio em determinados momentos desse período. Nos anos mais recentes, nota-se queda das exportações, o que pode ser atribuído à perda de competitividade da indústria local e ao acirramento da concorrência internacional gerando, consequentemente, redução de *share* no mercado externo.

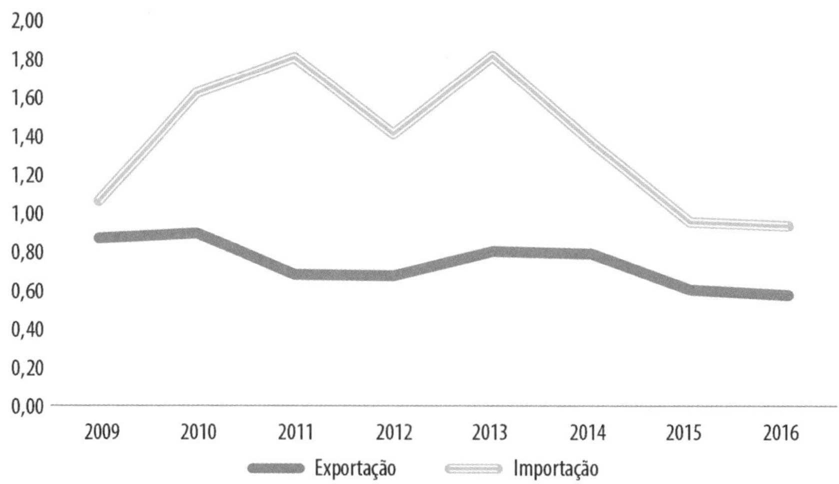


**Fonte:** ABINEE. Elaboração própria.

**Figura 16** – Exportações e importações de GTD (em R$ bilhões)

Em 2016, as exportações totalizaram US$ 580 milhões (valor mais baixo da série histórica desde 2005), enquanto as importações ficaram em US$ 900 milhões. Frente à 2015, as exportações tiveram retração de 4,8% e as importações, 2,0%.

Os países vizinhos e, em alguma medida, o continente africano seguem como principais destinos das exportações desse setor.

## II. Impactos diretos, indiretos e induzidos

Ocupando a 21ª posição no *ranking* de 37 setores, o coeficiente de multiplicação do Valor da Produção da indústria de equipamentos elétricos é de 3,54. Dessa forma, se houver aumento de R$ 1 milhão nas exportações do setor, o resultado esperado em função deste choque de demanda é uma elevação do valor da produção de R$ 3,5 milhões, considerando os efeitos diretos, indiretos e induzidos.

**Tabela 39** – Multiplicadores da indústria de máquinas e equipamentos elétricos por milhão de reais exportado

| Multiplicadores por milhão de reais exportados em 2014 – Efeitos diretos, indiretos e induzidos | | | | |
|---|---|---|---|---|
| | Média das Exportações Totais | | Máquinas e Equipamentos Elétricos | |
| | Coeficiente | Posição | Coeficiente | Posição |
| Valor da Produção (R$ milhão) | 3,49 | 25 | 3,54 | 21 |
| PIB Setorial (R$ milhão) | 1,74 | 15 | 1,57 | 29 |
| Empregos (Em unidades) | 35 | 12 | 28 | 26 |
| Remuneração mensal média por emprego (R$) | 1.579,7 | 27 | 2.125,0 | 5 |

**Fonte:** IBGE. Elaboração própria.

O crescimento das exportações pode elevar o PIB setorial em R$ 1,6 milhão e gerar 28 novos postos de trabalho, o que estaria abaixo da média geral, considerando todos os setores da indústria de transformação.

**Tabela 40** – Impactos da indústria de máquinas e equipamentos elétricos por milhão de reais exportado

| Máquinas e Equipamentos Elétricos | Impactos | | |
|---|---|---|---|
| | **Variável** | **Efeitos Diretos e Indiretos** | **Efeitos Diretos, Indiretos e Induzidos** |
| | Valor da produção (R$ milhão) | 2,1 | 3,5 |
| | PIB setorial (R$ milhão) | 0,8 | 1,6 |
| | Impostos Indiretos Líquidos (IIL) (R$ milhão) | 0,1 | 0,2 |
| | Empregos | 11 | 28 |
| | Remuneração mensal média por emprego (R$) | 3.125 | 2.125 |

**Fonte:** IBGE e RFB. Elaboração própria.

CAPÍTULO 5

# ASPECTOS JURÍDICOS-TRIBUTÁRIOS DA EXPORTAÇÃO

## 5.1 Tratamento tributário das exportações

A Constituição Federal (CF) vigente confere **às** exportações brasileiras um regime de imunidade, o que garante a não incidência dos tributos indiretos sobre as vendas para o exterior. Essa previsão segue as práticas internacionais de tributação no destino e de não exportação de tributos. Dessa forma, a Constituição Federal define que não incidem sobre as operações de exportações o IPI (art. 153, § 3º, III), o ICMS (art. 155, § 2º, X, "a"), o ISS (art. 156, § 3º, II) e, sobre as receitas decorrentes de exportações, as Contribuições para o Programa de Integração Social e o Programa de Formação do Patrimônio do Servidor Público - PIS/PASEP e a Contribuição para o Financiamento da Seguridade Social - COFINS (art. 149, § 2º, I). Além de esses tributos não incidirem na operação de saída do produto a ser exportado nem sobre a receita das exportações, o exportador mantém o direito ao crédito gerado pela incidência desses tributos sobre a aquisição dos produtos ou dos insumos empregados nos produtos exportados (ICMS, art. 20, § 3º, da LC 87/96; IPI, art. 238 RIPI; PIS-PASEP, art. 5º da Lei 10.637/2002; COFINS, art. 6º Lei 10.833/2003). As empresas optantes do Simples Nacional deverão considerar, destacadamente, mensalmente e por estabelecimento, para fim de pagamento, as receitas decorrentes da exportação de mercadorias para o exterior, inclusive as vendas realizadas por meio de comercial exportadora ou da sociedade de propósito específico.

## 5.2 A imunidade do ICMS e o problema dos créditos acumulados

A redação original da Constituição Federal previa que o ICMS não incidiria *"sobre operações que destinem ao exterior produtos industrializados, excluídos os semielaborados definidos em lei complementar"*. Ou seja, originalmente, a

**Imunidades Constitucionais às Exportações**

| Tributo | Dispositivo | Redação Constituição Federal de 1988 |
|---|---|---|
| IPI | Art. 153, § 3º, III | Art. 153. Compete à União instituir impostos sobre:<br>(...)<br>IV – produtos industrializados;<br>(...)<br>§ 3º O imposto previsto no inciso IV:<br>(...)<br>III – não incidirá sobre produtos industrializados destinados ao exterior. |
| ICMS | Art. 155, § 2º, X, "a" | Art. 155. Compete aos Estados e ao Distrito Federal instituir impostos sobre: (Redação dada pela Emenda Constitucional nº 3, de 1993)<br>(...)<br>II – operações relativas à circulação de mercadorias e sobre prestações de serviços de transporte interestadual e intermunicipal e de comunicação, ainda que as operações e as prestações se iniciem no exterior; (Redação dada pela Emenda Constitucional nº 3, de 1993)<br>(...)<br>§ 2º O imposto previsto no inciso II atenderá ao seguinte: (Redação dada pela Emenda Constitucional nº 3, de 1993)<br>(...)<br>X – não incidirá:<br>a) sobre operações que destinem mercadorias para o exterior, nem sobre serviços prestados a destinatários no exterior, assegurada a manutenção e o aproveitamento do montante do imposto cobrado nas operações e prestações anteriores; (Redação dada pela Emenda Constitucional nº 42, de 19.12.2003) |
| ISS | Art. 156, § 3º, II | Art. 156. Compete aos Municípios instituir impostos sobre:<br>(...)<br>III – serviços de qualquer natureza, não compreendidos no art. 155, II, definidos em lei complementar. (Redação dada pela Emenda Constitucional nº 3, de 1993)<br>(...)<br>§ 3º Em relação ao imposto previsto no inciso III do caput deste artigo, cabe à lei complementar: (Redação dada pela Emenda Constitucional nº 37, de 2002)<br>(...)<br>II – excluir da sua incidência exportações de serviços para o exterior. (Incluído pela Emenda Constitucional nº 3, de 1993) |
| Contribuições Especiais | Art. 149, § 2º, I | Art. 149. Compete exclusivamente à União instituir contribuições sociais, de intervenção no domínio econômico e de interesse das categorias profissionais ou econômicas, como instrumento de sua atuação nas respectivas áreas, observado o disposto nos arts. 146, III, e 150, I e III, e sem prejuízo do previsto no art. 195, § 6º, relativamente às contribuições a que alude o dispositivo.<br>§ 2º As contribuições sociais e de intervenção no domínio econômico de que trata o caput deste artigo: (Incluído pela Emenda Constitucional nº 33, de 2001)<br>I – não incidirão sobre as receitas decorrentes de exportação; (Incluído pela Emenda Constitucional nº 33, de 2001) |

CF havia estabelecido a imunidade do ICMS somente para as exportações de produtos industrializados e havia delegado à lei a possibilidade de isentar o imposto sobre outros produtos semielaborados. A Lei Complementar (LC) nº 65/1991 trazia a definição dos produtos semielaborados sujeitos ao ICMS nas operações de exportação. Dessa forma, a exportação de muitos produtos ainda era tributada pelo ICMS. No entanto, quando o país entrou em um processo de abertura econômica na década de 1990, esta disposição causaria diminuição da competitividade dos produtos brasileiros mundo afora. Por essa razão, devido à possibilidade de incidência do ICMS – fruto da ausência de uma definição jurídica para os produtos semielaborados –, os Estados passaram a tributar excessivamente a exportação dos mesmos. A polêmica gerada chegou ao Supremo Tribunal Federal (STF), que declarou tal prática inconstitucional. Estabeleceu-se, então, ampla insegurança jurídica e forte incerteza da parte dos Estados. Nesse contexto, assistimos a edição da chamada Lei Kandir (Lei Complementar nº 87/1996), que firmou regulamentação da matéria e estabeleceu sistema de compensação das perdas sofridas pelos Estados, decorrentes da desoneração das exportações. O art. 3º, II, da Lei Complementar nº 87/96, passou a dispor que *"o imposto não incide sobre operações e prestações que destinem ao exterior mercadorias, inclusive produtos primários e produtos industrializados semielaborados ou serviços"*[1].

O pressuposto central da Lei Kandir era desonerar todo o processo de exportação, sem se limitar ao valor agregado da última operação antes da exportação, como era a prática até então. Ou seja, a proposta era estender a desoneração do ICMS para produtos primários e semielaborados destinados à exportação. Segundo Kume e Piani: *"do ponto de vista econômico, a desoneração das exportações de produtos primários e semielaborados já significaria o fim de uma séria distorção resultante da tributação de importantes segmentos produtivos, que contribui para a redução da competitividade de produtos brasileiros no mercado internacional"*. A constitucionalização da retirada do ICMS sobre as exportações ocorreu com a Emenda à Constituição nº 42/2003, que modificou o art. 155, § 2º, X, da CF, determinando que o ICMS não incidirá *"sobre operações que destinem mercadorias para o exterior, nem sobre serviços prestados a destinatários no exterior,*

---

[1] O parágrafo único, art. 3º, da LC nº 87/1996, dispõe que se equiparam às operações de exportação as saídas de mercadorias realizadas com o fim específico de exportação para o exterior, destinada a: (i) empresa comercial exportadora, inclusive *tradings* ou outro estabelecimento da mesma empresa; e (ii) armazém alfandegado ou entreposto aduaneiro.

*assegurada a manutenção e o aproveitamento do montante do imposto cobrado nas operações e prestações anteriores*"[2].

Levando-se em conta, porém, a redução progressiva das transferências de receitas aos Estados a título de compensação e o aumento significativo das exportações, as unidades estaduais impuseram a transferência das perdas para os exportadores, por meio da criação de obstáculos à efetiva implementação da desoneração e à devolução dos créditos acumulados[3]. Os Estados exportadores adotaram tais práticas de forma coordenada, o que seria mais eficaz para fazer pressão a fim de que a União aumentasse a compensação. Segundo Jabour: "*são conhecidas as dificuldades impostas pela fiscalização dos Estados: morosos processos administrativos para validação dos créditos, estabelecimento de limites mensais de transferências a terceiros interessados, restrições de utilização de créditos pelos adquirentes, exigência de aval do Secretário de Estado da Fazenda, mediante prévia consulta à situação financeira do Estado, entre outras*"[4].

O efeito das restrições à desoneração do ICMS para as exportações reduz a competitividade e, por conseguinte, as próprias exportações, devido ao efeito cumulativo ao longo da cadeia exportadora. Quanto mais longa for a cadeia, pior se torna. Há também efeitos no longo prazo, particularmente sobre o investimento na produção para mercados externos, cujos lucros são afetados negativamente em decorrência da falta de interesse dos Estados em atrair atividades de exportação.

Cabe ressaltar que o art. 91 do ADCT[5] prevê a edição de uma lei complementar para definir os critérios, prazos e condições do montante a ser entregue pela

---

[2] KUME, H.; PIANI, G. *O ICMS sobre as exportações brasileiras*: uma estimativa da perda fiscal e do impacto sobre as vendas externas. Rio de Janeiro: IPEA, 1997. Texto para discussão, 465.

[3] PELLEGRINI, J. A. *Dez anos da compensação prevista na Lei Kandir*: conflito insolúvel entre os entes federados? Monografia premiada no XI Prêmio Tesouro Nacional – 2006. Brasília: ESAF, 2006.

[4] JABOUR, Marcelo. Exportar é preciso, *Valor Econômico*, 28 jan. 2014.

[5] ADCT: "Art. 91. A União entregará aos Estados e ao Distrito Federal o montante definido em lei complementar, de acordo com critérios, prazos e condições nela determinados, podendo considerar as exportações para o exterior de produtos primários e semielaborados, a relação entre as exportações e as importações, os créditos decorrentes de aquisições destinadas ao ativo permanente e a efetiva manutenção e aproveitamento do crédito do imposto a que se refere o art. 155, § 2º, X, *a*. (Incluído pela Emenda Constitucional nº 42, de 19.12.2003)

§ 1º Do montante de recursos que cabe a cada Estado, 75% (setenta e cinco por cento) pertencem ao próprio Estado, e 25% (vinte e cinco por cento) aos seus Municípios, distribuídos segundo

União aos Estados a título de compensação pela desoneração das exportações do ICMS. O STF, ao julgar a Ação Direta de Inconstitucionalidade por Omissão (ADO) 25[6] determinou o prazo de 12 meses para que o Congresso Nacional edite tal lei complementar, cabendo ao Tribunal de Contas da União (TCU) fixar regras de repasse e calcular as cotas de cada um dos Estados se ainda não houver lei regulando a matéria quando esgotado o prazo[7].

---

os critérios a que se refere o art. 158, parágrafo único, da Constituição. (Incluído pela Emenda Constitucional nº 42, de 19.12.2003)

§ 2º A entrega prevista neste artigo perdurará, conforme definido em lei complementar, até que o imposto a que se refere o art. 155, II, tenha o produto de sua arrecadação destinado predominantemente, em proporção não inferior a oitenta por cento, ao Estado onde ocorrer o consumo das mercadorias, bens ou serviços. (Incluído pela Emenda Constitucional nº 42, de 19.12.2003)

§ 3º Enquanto não for editada a lei complementar de que trata o caput, em substituição ao sistema de entrega de recursos nele previsto, permanecerá vigente o sistema de entrega de recursos previsto no art. 31 e Anexo da Lei Complementar nº 87, de 13 de setembro de 1996, com a redação dada pela Lei Complementar nº 115, de 26 de dezembro de 2002. (Incluído pela Emenda Constitucional nº 42, de 19.12.2003)

§ 4º Os Estados e o Distrito Federal deverão apresentar à União, nos termos das instruções baixadas pelo Ministério da Fazenda, as informações relativas ao imposto de que trata o art. 155, II, declaradas pelos contribuintes que realizarem operações ou prestações com destino ao exterior. (Incluído pela Emenda Constitucional nº 42, de 19.12.2003)."

6 Decisão ADO 25: "O Tribunal, por unanimidade e nos termos do voto do Relator, julgou procedente a ação para declarar a mora do Congresso Nacional quanto à edição da Lei Complementar prevista no art. 91 do ADCT, fixando o prazo de 12 meses para que seja sanada a omissão, vencido, no ponto, o Ministro Marco Aurélio. Na hipótese de transcorrer *in albis* o mencionado prazo, o Tribunal, por maioria, deliberou que caberá ao Tribunal de Contas da União: a) fixar o valor do montante total a ser transferido aos Estados-membros e ao DF, considerando os critérios dispostos no art. 91 do ADCT para fixação do montante a ser transferido anualmente, a saber, as exportações para o exterior de produtos primários e semielaborados, a relação entre as exportações e as importações, os créditos decorrentes de aquisições destinadas ao ativo permanente e a efetiva manutenção e aproveitamento do crédito do imposto a que se refere o art. 155, § 2º, X, a, do texto constitucional; b) calcular o valor das quotas a que cada um deles fará jus, considerando os entendimentos entre os Estados-membros e o Distrito Federal realizados no âmbito do Conselho Nacional de Política Fazendária – CONFAZ; e que se comunique ao Tribunal de Contas da União, ao Ministério da Fazenda, para os fins do disposto no § 4º do art. 91 do ADCT, e ao Ministério do Planejamento, Desenvolvimento e Gestão, para adoção dos procedimentos orçamentários necessários para o cumprimento da presente decisão, notadamente no que se refere à oportuna inclusão dos montes definidos pelo TCU na proposta de lei orçamentária anual da União, vencidos os Ministros Marco Aurélio, Teori Zavascki e Cármen Lúcia (Presidente), que, no ponto, não acompanharam o Relator. Plenário, 30.11.2016."

7 O Protocolo ICMS nº 69/2008 dispôs sobre os critérios para partilha de recursos entregues aos Estados e Distrito Federal pela União a título de compensação do ICMS desonerado nas

### 5.3 Da manutenção e devolução do crédito de ICMS nas operações destinadas ao exterior

Ao contrário do entendimento que alguns Estados praticaram ao longo dos anos, no regime da imunidade da exportação previsto pela CF de 1988, há a manutenção e aproveitamento do crédito em virtude do princípio da não cumulatividade. Pela redação original da Constituição, não havia disposição expressa de manutenção e aproveitamento do crédito das operações anteriores à exportação. A CF somente dispunha, no art. 155, § 2º, que o ICMS *"será não cumulativo, compensando-se o que for devido em cada operação relativa à circulação de mercadorias ou prestação de serviços com o montante cobrado nas anteriores pelo mesmo ou outro Estado ou pelo Distrito Federal"*. No inciso II do mesmo artigo estipulava ainda que *"a isenção ou não incidência, salvo determinação em contrário da legislação: não implicará crédito para compensação com o montante devido nas operações ou prestações seguintes; acarretará a anulação do crédito relativo às operações anteriores; e no inciso XII, que "cabe à lei complementar: disciplinar o regime de compensação do imposto"*.

Mesmo sem disposição expressa, ressalta-se que, já pela redação original da Constituição, somente os casos de isenção ou não incidência é que poderia acarretar a anulação do crédito relativo às operações anteriores. Ou seja, a redação constitucional já não contemplava os casos de imunidade em razão de operações de exportação, o que tinha por consequência a obrigatoriedade de manutenção e aproveitamento do crédito em respeito ao princípio da não cumulatividade[8].

---

exportações de produtos primários e semielaborados e nos créditos de ICMS decorrentes de aquisições destinadas ao ativo permanente, e de fomento às exportações, mas nem todos os Estados aderiram.

[8] Ives Gandra da Silva Martins igualmente afirmou em parecer que *"até mesmo a observação de que o ICMS, no sistema brasileiro, admite a cumulatividade nos casos de não-incidência e isenção, não prevalece em se tratando de saída para exportação, na medida em que nessa hipótese não pode haver qualquer incidência, configurando caso de imunidade. Como se percebe, a cumulatividade admitida pelo inciso II (não incidência e isenção), não se aplica às imunidades (inciso X), visto que nesta a vedação absoluta ao poder de tributar por imposição constitucional, enquanto a isenção implica, apenas, por via legal o afastamento do crédito tributário, e não a eliminação da obrigação, e, na 'não incidência' não nascem nem crédito, nem obrigação tributária, por opção do legislador"*. O argumento de que a "cumulatividade" aplicar-se-ia, também, a desonerações decorrentes da imunidade, não prevalece, pois o constituinte claramente restringe-a às hipóteses de "isenção" e "não incidência", jamais às hipóteses de "imunidades". MARTINS, Ives Gandra da Silva. *O princípio da não cumulatividade na Constituição*: impossibilidade de seu afastamento por legislação

Nessa linha, a Lei Complementar nº 87/96, no art. 25, § 1º, veio dispor expressamente que os saldos credores acumulados por estabelecimentos que realizem operações e prestações de exportação podem ser, na proporção que estas saídas representem do total das saídas realizadas pelo estabelecimento: "*I – imputados pelo sujeito passivo a qualquer estabelecimento seu no Estado; II – havendo saldo remanescente, transferidos pelo sujeito passivo a outros contribuintes do mesmo Estado, mediante a emissão pela autoridade competente de documento que reconheça o crédito*"[9]. O § 2º trata de outros saldos credores, dispondo que "*Lei estadual poderá, nos demais casos de saldos credores acumulados a partir da vigência desta Lei Complementar, permitir que: I – sejam imputados pelo sujeito passivo a qualquer estabelecimento seu no Estado; II – sejam transferidos, nas condições que definir, a outros contribuintes do mesmo Estado*".

Importante ressaltar a diferença da redação dos dois parágrafos referentes aos tipos de saldos credores acumulados. Enquanto o § 2º, referente a outros saldos, dá a prerrogativa à Lei Estadual permitir a imputação a qualquer estabelecimento ou transferência a outros contribuintes; no caso do § 1º, referente às operações de exportações, o dispositivo já define o tratamento que deverá ser dado, sem conceder qualquer prerrogativa às Leis Estaduais. Os únicos requisitos a serem cumpridos são que o crédito de ICMS a ser transferido deve se limitar à proporção das saídas para exportação no total das saídas do estabelecimento (inciso II, art. 3º, LC nº 87/1996) e que a transferência se dará mediante a emissão pela autoridade competente de documento que reconheça o crédito. Ou seja, o regime dado aos créditos acumulados em virtude das exportações pela LC nº 87/96 seria autoaplicável, não cabendo aos Estados, através de suas legislações ou atos administrativos, estabelecer requisitos ou impor qualquer tipo de restrição ao seu aproveitamento[10], devendo somente se limitar à emissão do documento que reconheça a existência do crédito acumulado.

---

infraconstitucional. Parecer, 2000. Disponível em: <www.gandramartins.com.br/project/ives-gandra/.../0444-00.doc>.

[9] O § 2º do art. 21 da LC nº 87/96 ainda reforça a ideia de manutenção do crédito ao estabelecer que "*não se estornam créditos referentes a mercadorias e serviços que venham a ser objeto de operações ou prestações destinadas ao exterior*".

[10] A Lei Complementar nº 102/2000 alterou a redação do *caput* do art. 25 da Lei Complementar nº 87/1996, passando a permitir a compensação dos saldos credores e devedores entre os estabelecimentos do mesmo sujeito passivo localizados no Estado. Ao contrário da redação original, que exigia lei estadual para determinar que se levasse em conta o conjunto dos débitos e créditos de todos os estabelecimentos do sujeito passivo no Estado, o novo dispositivo legal não estabelece

Mesmo diante desses dispositivos, os Estados questionavam que a manutenção e o aproveitamento dos créditos nas operações de exportação seriam uma faculdade, tendo em vista que a LC nº 87/96 utilizava-se da expressão "podem ser", o que não se configuraria em um dever a ser observado pelas legislações estaduais. A questão foi então definida com a Emenda Constitucional nº 42, de 19 de dezembro de 2003, que modificou a redação do art. 155, § 2º, X, *a*, da CF/88, que passou a expressamente determinar que o ICMS não incidirá "*sobre operações que destinem mercadorias para o exterior, nem sobre serviços prestados a destinatários no exterior, assegurada a manutenção e o aproveitamento do montante do imposto cobrado nas operações e prestações anteriores*".

O Superior Tribunal de Justiça (STJ) igualmente já pacificou a matéria, adotando o seguinte entendimento: "*por ser autoaplicável o § 1º do art. 25 da Lei Complementar n. 87/96, e sendo os créditos oriundos de operações disciplinadas no art. 3º, inciso II, do mesmo normativo, não é dado ao legislador estadual qualquer vedação ao aproveitamento dos créditos do ICMS, sob pena de infringir o princípio da não cumulatividade, quando este aproveitamento se fizer em benefício de qualquer outro estabelecimento seu, no mesmo Estado, ou de terceiras pessoas, observando-se para tanto a origem no art. 3º*"[11].

---

mais qualquer condicionamento. Na prática, esta modificação esvaziou a aplicação dos incisos I dos § 1º e § 2º do art. 25, pois a partir de então não é mais preciso se submeter aos condicionamentos destes parágrafos, já que passou a ser possível fazer a compensação automática do ICMS entre os estabelecimentos de mesma titularidade localizados no Estado.

[11] Nesse sentido: AgRg no AREsp 187.884/RS, Rel. Ministro ARNALDO ESTEVES LIMA, Primeira Turma, *DJe* 18/6/2014; AgRg no AREsp 151.708/RS, Rel. Ministro HUMBERTO MARTINS, Segunda Turma, *DJe* 14/6/2012; AgRg no REsp 1.247.425/MA, Rel. Ministro HERMAN BENJAMIN, Segunda Turma, *DJe* 16/9/2011; RMS 13.969/PA, Primeira Turma, Rel. Min. Francisco Falcão, *DJ* de 4.4.2005; RMS 13544/PA, Rel. Min. Eliana Calmon, Segunda Turma, julgado em 19.11.2002, *DJ* 2/6/2003, p. 229.

"TRIBUTÁRIO – ICMS – CRÉDITOS ACUMULADOS – TRANSFERÊNCIA A TERCEIROS (CF/88, ART. 155, § 2º, XII e ART. 25, § 1º, II, LC 87/96) 1. O legislador constitucional estabeleceu hipótese de transferência de crédito acumulado, mas delegou à lei complementar a disciplina desta imunidade ou isenção heterônoma. 2. A LC nº 87/96 estabeleceu no art. 25 duas hipóteses de transferência de crédito acumulado do ICMS. No § 1º, os créditos oriundos de operações de exploração de matéria-prima ou produtos industrializados, como previsto no art. 3º inciso II. No § 2º, delegou ao legislador estadual a escolha das hipóteses, quando pretendesse o contribuinte transferir o seu crédito a terceiro. 3. Hipótese dos autos em que a transferência a terceiros refere-se a créditos oriundos de operações disciplinadas no art. 3º, II, da LC 87/96. 4. Recurso provido" (RMS 13.544/PA, Rel. Ministra ELIANA CALMON, SEGUNDA TURMA, julgado em 19/11/2002, *DJ* 02/06/2003, p. 229).

Além de autorizar a transferência sem limitações dos créditos de exportação e entender indevidas as disposições constantes nas legislações estaduais que estabelecem condições para o aproveitamento de crédito nas exportações (como foi o caso, por exemplo, da Lei Estadual do Rio Grande do Sul – no julgamento dos Recursos Especiais n^os^ 1.048.049 e 1.009.327)[12]; o STJ igualmente determina que Estados, mesmo sem legislação própria, procedam à transferência de créditos do ICMS (como ocorreu com os Estados do Maranhão[13] e do Pará).

Quanto à jurisprudência do STF, encontra-se pendente de julgamento o RE 704815 em regime de Repercussão Geral, que analisa a questão de ser possível o direito ao aproveitamento de crédito na aquisição de insumos e bens de uso e consumo empregados na elaboração de produtos destinados à exportação[14]. Por fim, uma última discussão envolvendo o crédito acumulado do ICMS diz respeito à possibilidade de sua tributação, quando transferidos a terceiros, pelo

---

[12] "TRIBUTÁRIO. ICMS. CRÉDITOS ACUMULADOS DE ICMS SOBRE MATÉRIA-PRIMA DESTINADA A EXPORTAÇÃO. TRANSFERÊNCIA A TERCEIROS. AUTO-APLICABILIDADE DO ART. 25, § 1º, II, LC 87/96.

I – 'A LC 87/96 estabeleceu no art. 25 duas hipóteses de transferência de crédito acumulado do ICMS. No § 1º, os créditos oriundos de operações de exploração de matéria-prima ou produtos industrializados, como previsto no art. 3º inciso II. No § 2º, delegou ao legislador estadual a escolha das hipóteses, quando pretendesse o contribuinte transferir o seu crédito a terceiro' (RMS nº 13.544, Rel. Min. ELIANA CALMON, *DJ* de 02/06/2003, p. 229).

II – Tratando-se a hipótese dos autos da espécie do art. 3º, II, da LC nº 87/96, vez que se trata de exportação de madeira, é de se dar provimento ao recurso ordinário."

(RMS 13.969/PA, Rel. Ministro FRANCISCO FALCÃO, PRIMEIRA TURMA, julgado em 24/11/2004, *DJ* 04/04/2005, p. 167)

[13] "é possível a transferência a contribuintes do mesmo estado de créditos de ICMS acumulados por empresas que se dedicam a operações de exportação de produtos primários e industrializados, mesmo que não exista lei estadual prevendo a forma de transferência dos créditos, pois não é dado ao legislador estadual qualquer vedação ao aproveitamento dos créditos previstos na Lei Complementar nº 87/1996, sob pena de violar o princípio da não cumulatividade" (AgRg no REsp 1247425/MA, Rel. Ministro Herman Benjamin, Segunda Turma, julgado em 13/09/2011, *DJe* 16/09/2011).

[14] "RECURSO EXTRAORDINÁRIO. TRIBUTÁRIO. ICMS. AQUISIÇÃO DE BEM DE USO E CONSUMO. CADEIA PRODUTIVA. CREDITAMENTO. OPERAÇÃO DE EXPORTAÇÃO. IMUNIDADE. APROVEITAMENTO DOS CRÉDITOS DAS ETAPAS ANTERIORES. CRITÉRIO MATERIAL OU FINANCEIRO. INTELIGÊNCIA DO ART. 155, § 2º, INCISO X, ALÍNEA A, E INCISO XII, ALÍNEA C, CF/88. ARTIGO 33 DA LEI COMPLEMENTAR Nº 87/96. REPERCUSSÃO GERAL RECONHECIDA" (RE 704815 RG, Relator(a): Min. LUIZ FUX, julgado em 14/02/2013, PROCESSO ELETRÔNICO DJe-051 DIVULG 15-03-2013 PUBLIC 18-03-2013).

IRPJ, CSLL e PIS e COFINS. O STF já decidiu em repercussão geral que *"o art. 155, § 2º, X, 'a', da CF – cuja finalidade é o incentivo às exportações, desonerando as mercadorias nacionais do seu ônus econômico, de modo a permitir que as empresas brasileiras exportem produtos, e não tributos –, imuniza as operações de exportação e assegura 'a manutenção e o aproveitamento do montante do imposto cobrado nas operações e prestações anteriores'. Não incidem, pois, a COFINS e a contribuição ao PIS sobre os créditos de ICMS cedidos a terceiros, sob pena de frontal violação do preceito constitucional (...) aproveitamento dos créditos de ICMS por ocasião da saída imune para o exterior não gera receita tributável. Cuida-se de mera recuperação do ônus econômico advindo do ICMS, assegurada expressamente pelo art. 155, § 2º, X, 'a', da Constituição Federal"*[15].

---

[15] "RECURSO EXTRAORDINÁRIO. CONSTITUCIONAL. TRIBUTÁRIO. IMUNIDADE. HERMENÊUTICA. CONTRIBUIÇÃO AO PIS E COFINS. NÃO INCIDÊNCIA. TELEOLOGIA DA NORMA. EMPRESA EXPORTADORA. CRÉDITOS DE ICMS TRANSFERIDOS A TERCEIROS. I – Esta Suprema Corte, nas inúmeras oportunidades em que debatida a questão da hermenêutica constitucional aplicada ao tema das imunidades, adotou a interpretação teleológica do instituto, a emprestar-lhe abrangência maior, com escopo de assegurar à norma supralegal máxima efetividade. II – A interpretação dos conceitos utilizados pela Carta da República para outorgar competências impositivas (entre os quais se insere o conceito de 'receita' constante do seu art. 195, I, 'b') não está sujeita, por óbvio, à prévia edição de lei. Tampouco está condicionada à lei a exegese dos dispositivos que estabelecem imunidades tributárias, como aqueles que fundamentaram o acórdão de origem (arts. 149, § 2º, I, e 155, § 2º, X, 'a', da CF). Em ambos os casos, trata-se de interpretação da Lei Maior voltada a desvelar o alcance de regras tipicamente constitucionais, com absoluta independência da atuação do legislador tributário. III – A apropriação de créditos de ICMS na aquisição de mercadorias tem suporte na técnica da não cumulatividade, imposta para tal tributo pelo art. 155, § 2º, I, da Lei Maior, a fim de evitar que a sua incidência em cascata onere demasiadamente a atividade econômica e gere distorções concorrenciais. IV – O art. 155, § 2º, X, 'a', da CF – cuja finalidade é o incentivo às exportações, desonerando as mercadorias nacionais do seu ônus econômico, de modo a permitir que as empresas brasileiras exportem produtos, e não tributos -, imuniza as operações de exportação e assegura 'a manutenção e o aproveitamento do montante do imposto cobrado nas operações e prestações anteriores'. Não incidem, pois, a COFINS e a contribuição ao PIS sobre os créditos de ICMS cedidos a terceiros, sob pena de frontal violação do preceito constitucional. V – O conceito de receita, acolhido pelo art. 195, I, 'b', da Constituição Federal, não se confunde com o conceito contábil. Entendimento, aliás, expresso nas Leis 10.637/02 (art. 1º) e Lei 10.833/03 (art. 1º), que determinam a incidência da contribuição ao PIS/PASEP e da COFINS não cumulativas sobre o total das receitas, 'independentemente de sua denominação ou classificação contábil'. Ainda que a contabilidade elaborada para fins de informação ao mercado, gestão e planejamento das empresas possa ser tomada pela lei como ponto de partida para a determinação das bases de cálculo de diversos tributos, de modo algum subordina a tributação. A contabilidade constitui ferramenta utilizada também para fins tributários, mas moldada nesta seara pelos princípios e

## 5.4 O problema dos créditos acumulados do ICMS

A desoneração das exportações por meio da imunidade tributária do ICMS faz com que não tenha a incidência do imposto nas operações para o exterior. Este benefício acaba, assim, se constituindo em um problema, tendo em vista que as empresas pagam o imposto na entrada, sem ter como compensá-lo por ocasião das saídas. Este fato faz com que se rompa o sistema da não cumulatividade da cadeia produtiva e o elo onde o sistema é rompido acaba com o ônus do imposto pago e não compensado – o chamado acúmulo de saldo credor de ICMS – em sua escrita fiscal.

A possibilidade de acúmulo dos créditos de ICMS traz grande preocupação ao setor privado, principalmente porque não existem mecanismos de ressarcimento claros e efetivos, tanto nas legislações estaduais como na própria legislação complementar federal que regulamenta o ICMS. Segundo estudo elaborado pela FIESP[16], as principais dificuldades relacionadas às compensações dos créditos de ICMS são:

- Fazendas Estaduais dificilmente pagam esses créditos em espécie.

---

regras próprios do Direito Tributário. Sob o específico prisma constitucional, receita bruta pode ser definida como o ingresso financeiro que se integra no patrimônio na condição de elemento novo e positivo, sem reservas ou condições. VI – O aproveitamento dos créditos de ICMS por ocasião da saída imune para o exterior não gera receita tributável. Cuida-se de mera recuperação do ônus econômico advindo do ICMS, assegurada expressamente pelo art. 155, § 2º, X, 'a', da Constituição Federal. VII – Adquirida a mercadoria, a empresa exportadora pode creditar-se do ICMS anteriormente pago, mas somente poderá transferir a terceiros o saldo credor acumulado após a saída da mercadoria com destino ao exterior (art. 25, § 1º, da LC 87/1996). Porquanto só se viabiliza a cessão do crédito em função da exportação, além de vocacionada a desonerar as empresas exportadoras do ônus econômico do ICMS, as verbas respectivas qualificam-se como decorrentes da exportação para efeito da imunidade do art. 149, § 2º, I, da Constituição Federal. VIII – Assenta esta Suprema Corte a tese da inconstitucionalidade da incidência da contribuição ao PIS e da COFINS não cumulativas sobre os valores auferidos por empresa exportadora em razão da transferência a terceiros de créditos de ICMS. IX – Ausência de afronta aos arts. 155, § 2º, X, 149, § 2º, I, 150, § 6º, e 195, caput e inciso I, 'b', da Constituição Federal. Recurso extraordinário conhecido e não provido, aplicando-se aos recursos sobrestados, que versem sobre o tema decidido, o art. 543-B, § 3º, do CPC" (RE 606107, Relator(a): Min. ROSA WEBER, Tribunal Pleno, julgado em 22/05/2013, ACÓRDÃO ELETRÔNICO REPERCUSSÃO GERAL – MÉRITO DJe-231 DIVULG 22-11-2013 PUBLIC 25-11-2013).

[16] FIESP, Incidência de Tributos nas Exportações Brasileiras. Out. 2009.

- Dificuldade adicional surge no caso de cobrança de ICMS nas saídas interestaduais, pois a Fazenda de determinado Estado terá que restituir um valor de imposto que não recebeu, pois foi recolhida em outro Estado.
- Dificuldade em se estimar o valor total de crédito de ICMS acumulado pelas empresas exportadoras.
- As Fazendas Estaduais não contabilizam esses créditos em seus balancetes, portanto, essas informações são de difícil acesso, tornando-se praticamente impossível uma correta avaliação desses valores. Além disso, a compensação de créditos acumulados por exportadores é utilizada para pressionar Governo Federal a elevar compensações referentes à Lei Kandir.

Algumas alternativas para solução destes problemas envolvem a criação de mecanismo eficiente de ressarcimento tempestivo dos créditos tributários. As propostas debatidas envolvem: (1º) incluir, com base na Lei de Responsabilidade Fiscal (LC nº 101/2000), o crédito acumulado como componente do índice de endividamento dos estados; (2º) habilitar o saldo credor para ressarcimento em dinheiro diretamente pela União ao contribuinte através do fundo de compensação; (3º) securitização do saldo com o setor financeiro, através de bancos privados e públicos; (4º) criação de regime diferenciado de autorização de transferência/venda dos créditos tais como o de leilão de créditos de ICMS; (5º) uniformização para todos os Estados dos mecanismos de compensação de crédito existentes: venda para terceiros, pagamento de débitos existentes, transferência na cadeira produtiva, para terceiros e para empresas do mesmo grupo econômico, compensação do saldo credor de ICMS com débitos de ICMS-ST; (6º) compensação do ICMS com tributos federais (GETAP, 2015).

## 5.5 Regime Especial de Reintegração de Valores Tributários para as Empresas Exportadoras – REINTEGRA

O REINTEGRA – Regime Especial de Reintegração de Valores Tributários para as Empresas Exportadoras – foi criado inicialmente pela MP nº 540 em 2 de agosto de 2011, com previsão de duração até 31 de dezembro de 2012. Posteriormente, a MP foi convertida na Lei nº 12.546, de 14 de dezembro de 2011[17]. Tal programa foi criado no âmbito do Plano Brasil Maior, lançado pelo

[17] As normas relativas ao primeiro período do REINTEGRA são: Medida Provisória nº 540, de 2 de agosto de 2011, Decreto nº 7.633, de 1º de dezembro de 2011, Lei nº 12.546, de 14 de

governo federal, que previa inúmeras medidas envolvendo política industrial, tecnológica e de comércio exterior com a finalidade de possibilitar maior competitividade das empresas brasileiras no cenário internacional.

Segundo a Exposição de Motivos Interministerial nº 122/2011, encaminhada com a Medida Provisória, o contexto que fundamenta a criação do Plano Brasil Maior, dentro do qual foi previsto o REINTEGRA, era o de redução da demanda externa por parte dos países desenvolvidos em virtude da crise financeira internacional de 2008, que teria desestimulado as exportações do País. Além disso, ressalta a EM que *"esse efeito aliado ao forte ciclo dos preços das commodities e de redirecionamento dos fluxos de capitais em direção aos países emergentes, que tem causado forte valorização da taxa de câmbio, acaba por reduzir a competitividade da indústria nacional e deteriora o saldo comercial brasileiro"*.

Diante desse contexto, de acordo com a exposição de motivos, a carga tributária seria uma das principais dificuldades para as empresas domésticas acessarem o mercado internacional, posto que elevaria o custo de produção no mercado doméstico. Por isso, a redução dos custos tributários na produção seria "um dos principais mecanismos para garantir a competitividade da indústria doméstica e a geração de emprego e renda". A finalidade última do REINTEGRA era, portanto, segundo a EM, *"contornar as dificuldades encontradas pelas empresas brasileiras exportadoras de competir em igualdade de condições em um ambiente de competição cada vez mais acirrado"*.

A instituição do REINTEGRA tinha por objetivo compensar os exportadores pelos valores referentes a custos tributários residuais, ou seja, pelos tributos pagos ao longo da cadeia produtiva e que não foram compensados. Na linha da proposta do Executivo, a Lei nº 12.546/11 prevê em seu art. 1º que o Regime Especial de Reintegração de Valores Tributários para as Empresas Exportadoras (REINTEGRA) tem o *"objetivo de reintegrar valores referentes a custos tributários federais residuais existentes nas suas cadeias de produção"*. O art. 2º afirma que *"no âmbito do REINTEGRA, a pessoa jurídica produtora que efetue exportação de bens manufaturados no País poderá apurar valor para fins de ressarcir parcial ou integralmente o resíduo tributário federal existente na sua cadeia de produção"*. O valor será calculado mediante a aplicação de percentual estabelecido pelo Poder

---

dezembro de 2011 (conversão da MP nº 540/2011) e Lei nº 12.844/2013 (que amplia vigência de 04/06/2013 até 31/12/2013), IN/RFB nº 900/2008 e IN/RFB nº 1.300/2012 (regulamentam o pedido de ressarcimento), ADE RFB nº 19/2011 e ADE RFB nº 7/2013 (códigos de operações de exportação).

Executivo sobre a receita decorrente da exportação de bens produzidos pela pessoa jurídica. Este percentual poderá ser fixado pelo Poder Executivo entre zero e 3% (três por cento), bem como poderá diferenciar o percentual aplicável por setor econômico e tipo de atividade exercida (art. 2º, § 1º). O Decreto nº 7.633/2011 fixou em 3% o valor até 31/12/2013.

Para fins de cálculo do benefício, considera-se bem manufaturado no país aquele classificado em código da Tabela de Incidência do Imposto sobre Produtos Industrializados (TIPI) relacionado em ato do Poder Executivo; e cujo custo dos insumos importados[18] não ultrapasse o limite percentual do preço de exportação, conforme definido em relação discriminada por tipo de bem (art. 2º, § 3º). Assim, não são todas as mercadorias que dão direito ao crédito, mas somente aquelas relacionadas em ato do Poder Executivo, que estabelecerá os enquadramentos das operações de exportação passíveis de ressarcimento do REINTEGRA. Tal relação de códigos da TIPI foi trazida pelo Decreto nº 7.633/2011, que também estabeleceu o limite de 40% dos custos dos insumos importados e, para alguns casos de produtos de alta tecnologia, este índice é elevado para 65%. Ressalta-se também que no momento da compensação ou o ressarcimento do valor, o exportador deverá declarar que o percentual de insumos importados não ultrapassou o limite imposto no anexo do Decreto regulamentador.

O valor apurado poderá ser utilizado para efetuar compensação com débitos próprios, vencidos ou vincendos, relativos a tributos administrados pela Secretaria da Receita Federal do Brasil ou para solicitar seu ressarcimento em espécie, nos termos e condições estabelecidos pela Secretaria da Receita Federal do Brasil (art. 2º, § 4º).

A Lei ainda traz a definição de exportação como a venda direta ao exterior ou à empresa comercial exportadora com o fim específico de exportação para o exterior (art. 2º, § 5º), não se aplicando o regime para a empresa comercial exportadora e para bens que tenham sido importados.

A Lei nº 12.688, de 18 de julho de 2012, incluiu o § 11 no art. 2º da Lei nº 12.546, de 2011, que determinou que, do valor apurado no REINTEGRA, 17,84% corresponderiam a crédito da Contribuição para o PIS/Pasep e 82,16%

---

[18] Conforme dispõe o § 4º do art. 2º do Decreto nº 7.633/2011 "(...) os insumos originários dos demais países integrantes do Mercado Comum do Sul – MERCOSUL que cumprirem os requisitos do Regime de Origem do MERCOSUL, serão considerados nacionais".

corresponderiam a crédito da Cofins. A Solução de Consulta nº 195/2012, explicou que esta norma *"tem natureza jurídica de direito financeiro, vindo a afetar tão somente a alocação de recursos na Seguridade Social"*, já que tais contribuições são constitucionalmente destinadas. Segundo a Solução de Consulta nº 195/2012, *"isso implica dizer que os valores ressarcidos ou compensados a título de REINTEGRA vão resultar, do ponto de vista da alocação de recursos, na redução do valor arrecadado da Contribuição para o PIS/Pasep e da Cofins na proporção estabelecida nesta norma"*[19].

A vigência inicial da medida passou por inúmeras mudanças: de acordo com a MP nº 540/2011 e Lei nº 12.546/2011, a previsão de duração seria até 31 de dezembro de 2012. A MP nº 601/2012 trouxe a previsão de aplicação para as exportações realizadas até 31 de dezembro de 2013 e a Lei nº 12.844, de 2013, para aquelas ocorridas de 4 de junho de 2013 até 31 de dezembro de 2013. Esta última lei havia sido aprovada com a previsão de vigência do programa até 31 de dezembro de 2014, mas tal dispositivo foi vetado pela Presidente Dilma Rousseff. A razão dada para o veto foi de que *"a proposta ocasiona renúncia de receita, sem prever seu impacto financeiro, nem as fontes de custeio que substituiriam o montante que deixaria de ser arrecadado, em contrariedade ao disposto no art. 14 da Lei de Responsabilidade Fiscal"*[20].

Após expressiva gritaria dos empresários por causa do fim da medida[21], o REINTEGRA foi novamente instituído na Medida Provisória nº 651, editada em 9 de julho de 2014, que foi convertida na Lei nº 13.043, de 13 de novembro de 2014. Por essas novas normas, o REINTEGRA passaria a valer sem um prazo final. A Instrução Normativa RFB nº 1.529/2014, que alterou normas de compensação e restituição de tributos federais, fixou o início da apuração do crédito do REINTEGRA, reinstituído pela Medida Provisória nº 651, de 2014, somente a partir de 1º de outubro de 2014.

---

[19] Solução de Consulta nº 195, de 18 de outubro de 2012.

[20] Segundo reportagem da revista *Exame*: *"o secretário-executivo do Ministério da Fazenda, Dyogo de Oliveira, afirmou que a o governo não tem espaço fiscal para prorrogar o REINTEGRA, que devolve às empresas 3% do valor exportado em manufaturados. 'O programa não é tão bom agora porque é caro e, então, as nossas limitações não permitem manter o programa para 2014'"*. Disponível em: <http://exame.abril.com.br/economia/reintegra-e-mantido-apenas-ate-o-final-de-2013/>.

[21] Disponível em: <http://www2.camara.leg.br/atividade-legislativa/comissoes/comissoes-permanentes/cdeic/noticias/empresarios-reivindicam-manutenção-do-REINTEGRA-governo-sinaliza-que-nao-vai-renovar>.

A exposição de motivos (EMI nº 93/MF/MDIC/MP) que acompanhou a nova medida provisória destacou que *"decorridos dois anos da sua instituição, o REINTEGRA foi extinto (...). Verifica-se, entretanto, que o cenário adverso para os exportadores persiste, o que enseja a retomada do regime"*. No que se refere ao impacto na arrecadação, a EM estimou para o ano de 2014, uma renúncia fiscal da ordem de R$ 13,5 milhões por mês para cada 0,1% da receita de exportação concedido como crédito e para os anos de 2015, 2016 e 2017 estimou perdas de receita da ordem de, respectivamente, R$ 5.292,63 milhões, R$ 5.779,56 milhões e R$ 6.311,29 milhões.

A Lei nº 13.043/2014, que reinstituiu o REINTEGRA[22], modificou alguns dispositivos com relação à Lei original. A começar pela redação quanto ao objetivo do regime que, segundo o art. 21 da Lei, seria de *"devolver parcial ou integralmente o resíduo tributário remanescente na cadeia de produção de bens exportados"*. Outra mudança foi quanto à redação relativa aos beneficiários. Enquanto a lei original dispunha que *"a pessoa jurídica produtora que efetue exportação de bens manufaturados no País poderá apurar valor para fins de ressarcir parcial ou integralmente o resíduo tributário federal existente na sua cadeia de produção"*; a nova Lei dispõe que *"a pessoa jurídica que exporte os bens de que trata o art. 23 poderá apurar crédito, mediante a aplicação de percentual estabelecido pelo Poder Executivo, sobre a receita auferida com a exportação desses bens para o exterior"* (art. 22).

Enquanto a Lei original previa a aplicação de um percentual entre zero e 3%, a Lei nº 13.043/2014 estabeleceu que o percentual poderia variar entre 0,1% e 3% admitindo-se diferenciação por bem. Uma novidade foi que o § 2º do art. 22 trouxe a previsão de que, excepcionalmente, este percentual pode ser acrescido em até 2 pontos percentuais em caso de exportação de bens em cuja cadeia de produção se verifique a ocorrência de resíduo tributário que justifique a devolução adicional de que trata este parágrafo, comprovado por estudo ou levantamento realizado conforme critérios e parâmetros definidos em regulamento.

Ao regulamentar tal dispositivo, o Decreto nº 8.304, de 12 de setembro de 2014, e a Portaria MF nº 428/2014, publicada em 1º/10/2014, determinaram

---

[22] As normas que regulamentam o "segundo período" são as seguintes: Medida Provisória nº 651, de 9 de julho de 2014, Decreto nº 8.304, de 12 de setembro de 2014, Portaria MF nº 428, de 30 de setembro de 2014, Lei nº 13.043, de 13 de novembro de 2014 (conversão da MP nº 651), Decreto nº 8.415, de 27 de fevereiro de 2015 (revogou o Decreto nº 8.304/2014), Decreto nº 8.543/2015 (altera o Decreto nº 8.415/2015).

inicialmente que o crédito apurado no âmbito do REINTEGRA seria determinado mediante a aplicação do percentual de 3% sobre a receita auferida pela pessoa jurídica produtora com a exportação para o exterior dos bens relacionados no Anexo Único do Decreto nº 8.304, de 12 de setembro de 2014.

Entretanto, em 27 de fevereiro de 2015 foi publicado o Decreto nº 8.415 que reduziu os percentuais para o novo REINTEGRA em 1% entre 1º/03/2015 e 31/12/2016; 2% entre 1º/01/2017 e 31/12/2017; e 3%, entre 1º/01/2018 e 31/12/2018. Essa redução do percentual para apuração do crédito do REINTEGRA a partir de março de 2015 foi controvertida dentro do governo. No anúncio da medida, o Ministro da Fazenda, Joaquim Levy, afirmou que o objetivo seria de melhorar o resultado das contas públicas e atingir as metas estabelecidas para o ano: "*a gente está acertando o fiscal para a economia voltar a crescer, e reorientada, sem transferências do governo, renúncias. A gente está fazendo para melhorar a eficiência*"[23]. De acordo com o Ministro da Fazenda, a renúncia fiscal com o REINTEGRA, naquele ano, com a alíquota anterior, de 3%, seria de R$ 6 bilhões. Com a diminuição do percentual, a renúncia anual cairia para R$ 3,5 bilhões por ano, mas como a alteração foi feita em março, a renúncia fiscal seria de R$ 4,2 bilhões em 2015, o que traria uma economia de R$ 1,8 bilhão[24].

Na mesma ocasião, o Ministro Levy afirmou ainda que o problema maior dos créditos acumulados estaria no PIS e na COFINS e acenou a necessidade de se modificar o regime dessas contribuições: "*o REINTEGRA procura estar compensando de uma maneira um pouco rudimentar, mas compensando, os resíduos tributários. Qual a principal fonte desse resíduo? O PIS/COFINS. Estamos trabalhando para lidar com esse problema de maneira mais estrutural. Vamos propor mudança do PIS/COFINS com crédito financeiro, o que tenderá a reduzir esses resíduos tributários. Mudança neutra do ponto de vista da arrecadação, mas vai trazer ganho para a economia*"[25]. Levy ainda ressaltou que a proposta

---

23 Disponível em: <http://g1.globo.com/economia/noticia/2015/02/governo-diminui-beneficio-para-exportador-de-manufaturado.html>.

24 Disponível em: <http://g1.globo.com/economia/noticia/2015/02/governo-diminui-beneficio-para-exportador-de-manufaturado.html>.

25 Disponível em: <http://g1.globo.com/economia/noticia/2015/02/governo-diminui-beneficio-para-exportador-de-manufaturado.html>.

seria de uma mudança que não tivesse impacto para as contas públicas: "*Não podemos perder receita nessa operação*"[26].

No início de fevereiro de 2015, entretanto, o Ministro do Desenvolvimento, Indústria e Comércio Exterior, Armando Monteiro, teria defendido a manutenção do REINTEGRA declarando que "*não faz sentido retirar um instrumento como o REINTEGRA, que não é um prêmio ou um bônus. É uma compensação pelo resíduo tributário que ainda fica onerando as exportações. Todos sabem que o sistema tributário brasileiro tem uma cumulatividade. Há impostos que não são desonerados. A posição do MDIC que tem sido sustentada em todos os fóruns é de que o REINTEGRA é um instrumento imprescindível dentro da perspectiva de um Plano Nacional de Exportação*"[27]. Posteriormente, entretanto, a redução foi justificada pelo mesmo Ministro como parte de "um ajuste fiscal importante", que está sendo realizado no país. Segundo notícia da Agência Brasil, o Ministro teria afirmado que "*em vários setores, está se promovendo ajuste para reduzir o custo fiscal de alguns instrumentos, e o REINTEGRA foi alcançado*" e que "*seria positivo o fato de o mecanismo ter sido mantido, garantindo previsibilidade ao setor exportador*"[28].

O setor industrial reagiu negativamente à diminuição do percentual. Segundo declaração na mídia do diretor de Desenvolvimento Industrial da CNI, Carlos Abijaodi: "*a indústria reconhece que as medidas de ajuste fiscal se fazem necessárias para reequilibrar a economia neste momento. Mas, no contexto atual, não podemos penalizar as exportações, que geram emprego e renda para a população brasileira. A política de incentivo às exportações exige a manutenção do REINTEGRA, um direito do exportador que cria condições para que os bens produzidos no Brasil possam competir em situação de igualdade com seus concorrentes fabricados em outros países*"[29].

Uma nova redução foi estabelecida pelo Decreto nº 8.543, de 21 de outubro de 2015, que alterou o percentual para o cálculo do crédito para 1% entre 1º/03/15

---

26 Disponível em: <http://g1.globo.com/economia/noticia/2015/02/governo-diminui-beneficio-para-exportador-de-manufaturado.html>.

27 Disponível em: <http://g1.globo.com/economia/noticia/2015/02/governo-diminui-beneficio-para-exportador-de-manufaturado.html>.

28 Disponível em: <http://agenciabrasil.ebc.com.br/economia/noticia/2015-03/reducao-do-reintegra-e-parte-de-ajuste-fiscal-importante-diz-armando>.

29 Disponível em: <http://g1.globo.com/economia/noticia/2015/02/governo-diminui-beneficio-para-exportador-de-manufaturado.html>.

e 30/11/15; 0,1% para 1º/12/15 até 31/12/16; 2% entre 1º/01/17 e 31/12/17; e 3% de 1º/01/18 até 31/12/18. Esta diminuição fazia parte de um pacote de medidas[30] anunciado em meados de setembro de 2015 pelo governo federal para tentar reequilibrar as contas públicas e atingir um superávit primário de 0,7% do PIB, ou R$ 43,8 bilhões, para todo o setor público em 2016[31]. Com a redução para 0,1% do percentual do REINTEGRA, o benefício foi praticamente eliminado no ano de 2016, o que deveria gerar um aumento de arrecadação de R$ 2 bilhões[32].

Essa diminuição foi novamente criticada pelo Ministro do Desenvolvimento, Armando Monteiro Neto, que declarou: "*Quero dizer de forma muito tranquila que me manifestei publicamente dizendo que foi um mau sinal, na medida em que você instabiliza as regras. E nesse caso é muito importante a previsibilidade das regras. Isso afeta o cálculo econômico do exportador. O setor já tinha dado uma contribuição quando se negociou a redução de 3% para 1%*"[33]. O Ministro ressaltou ainda que quando foi anunciada a primeira redução do percentual, em fevereiro de 2015, entendeu a necessidade de, "*nesses anos mais difíceis do ajuste fiscal*", reduzir esse bônus, mas que, "*no entanto, agora o governo definiu por uma nova redução. É mais uma mudança de regra*"[34]. Quanto às críticas, Monteiro Neto, que já havia sido presidente da Confederação Nacional da Indústria, disse que se tratava de opinião pessoal, pois o "*tema corresponde a*

---

[30] As demais medidas que faziam parte do pacote eram: bloqueio adicional de gastos do orçamento, proposta de retorno da CPMF, fim do benefício dado à indústria química, ajustes nos juros sobre capital próprio, criação de um imposto sobre "ganho de capital progressivo", adiamento do reajuste do salário dos servidores públicos, redução de R$ 2 bilhões em despesas discricionárias com DAS (cargos comissionados) e gastos administrativos, projeto de lei para garantir o cumprimento do teto salarial a todos os agentes públicos e servidores, eliminação do abono de permanência, cortes no Minha Casa, Minha Vida em R$ 4,8 bilhões.

[31] Disponível em: <http://g1.globo.com/economia/noticia/2015/09/governo-anuncia-bloqueio-de-gastos-no-orcamento-de-2016.html

[32] Disponível em: <http://g1.globo.com/economia/noticia/2015/10/reducao-de-beneficio-para-exportador-comeca-em-dezembro.html>.

[33] Disponível em: <http://g1.globo.com/economia/noticia/2015/09/reducao-de-beneficio-para-exportador-e-mal-sinal-diz-ministro.html>.

[34] Disponível em: <http://g1.globo.com/economia/noticia/2015/09/reducao-de-beneficio-para-exportador-e-mal-sinal-diz-ministro.html>.

*uma decisão do governo e não quero me pronunciar sobre isso. Transcende minha visão, que é setorial"*[35].

Novamente, a redução do REINTEGRA surpreendeu e foi vista negativamente pelo setor empresarial. O presidente da AEB (Associação de Comércio Exterior do Brasil), José Augusto de Castro, afirmou que *"com essa medida, o governo sinaliza que as exportações de manufaturados, mais dependentes de medidas de apoio como o REINTEGRA, não são tão importantes"* e ressaltou que a principal reclamação do setor exportador é a falta de previsibilidade: *"a dificuldade é saber o que vem amanhã. Os contratos para exportações de manufaturados são fechados para um, dois ou três anos. Não temos nenhuma segurança do que vai acontecer nos próximos anos"*[36].

Muitos especialistas defendem que as reduções do percentual do REINTEGRA seriam inconstitucionais, pois se tratam de regras que modificam benefícios fiscais e indiretamente promovem aumento de tributo. Tal corrente alega que, nestes casos, o STF[37] já firmou entendimento de que se deve respeitar a regra da anterioridade geral (exercício seguinte) e nonagesimal. Entretanto, conforme discutiremos a seguir, não nos parece que a natureza jurídica do instituto seja de benefício fiscal e, por isso, tais precedentes não seriam aplicáveis no caso do REINTEGRA.

No que concerne às demais disposições, assim como anteriormente previsto, a Lei nº 13.043/14 dispõe que *"considera-se também exportação a venda a empresa comercial exportadora – ECE, com o fim específico de exportação para*

---

[35] Disponível em: <http://g1.globo.com/economia/noticia/2015/09/reducao-de-beneficio-para-exportador-e-mal-sinal-diz-ministro.html>.

[36] Disponível em: <http://www1.folha.uol.com.br/mercado/2015/09/1681997-reducao-do-reintegra-dificulta-retomada-das-exportacoes-diz-setor.shtml>.

[37] "IMPOSTO SOBRE CIRCULAÇÃO DE MERCADORIAS E SERVIÇOS – DECRETOS Nº 39.596 E Nº 39.697, DE 1999, DO ESTADO DO RIO GRANDE DO SUL – REVOGAÇÃO DE BENEFÍCIO FISCAL – PRINCÍPIO DA ANTERIORIDADE – DEVER DE OBSERVÂNCIA – PRECEDENTES. Promovido aumento indireto do Imposto Sobre Circulação de Mercadorias e Serviços – ICMS por meio da revogação de benefício fiscal, surge o dever de observância ao princípio da anterioridade, geral e nonagesimal, constante das alíneas 'b' e 'c' do inciso III do artigo 150, da Carta. Precedente – Medida Cautelar na Ação Direta de Inconstitucionalidade nº 2.325/DF, de minha relatoria, julgada em 23 de setembro de 2004. MULTA – AGRAVO – ARTIGO 557, § 2º, DO CÓDIGO DE PROCESSO CIVIL. Surgindo do exame do agravo o caráter manifestamente infundado, impõe-se a aplicação da multa prevista no § 2º do artigo 557 do Código de Processo Civil" (RE 564225 AgR, Relator(a): Min. MARCO AURÉLIO, Primeira Turma, julgado em 02/09/2014, ACÓRDÃO ELETRÔNICO DJe-226 DIVULG 17-11-2014 PUBLIC 18-11-2014)

*o exterior*" (art. 22, § 3º). Entretanto, diferentemente da primeira lei, que não dispunha sobre o assunto, a nova lei trouxe previsão do que se entende por receita de exportação. Trata-se de: I – o valor do bem no local de embarque, no caso de exportação direta; ou II – o valor da nota fiscal de venda para ECE, no caso de exportação via ECE (§ 4º, art. 22). Ou seja, quando a exportação se realizar por meio de ECE, o REINTEGRA fica condicionado à informação da empresa produtora no Registro de Exportação.

A Lei nº 13.043/14 ainda deixa mais claro que a apuração de crédito nos termos do REINTEGRA será permitida na exportação de bem que cumulativamente: I – tenha sido industrializado no país; II – esteja classificado em código da Tabela de Incidência do Imposto sobre Produtos Industrializados – TIPI, aprovada pelo Decreto nº 7.660, de 23 de dezembro de 2011, e relacionado em ato do Poder Executivo; e III – tenha custo total de insumos importados não superior a limite percentual do preço de exportação[38], limite este estabelecido no ato do Poder Executivo (art. 23)[39]. Além dos produtos que estavam arrolados na tabela na versão anterior do programa, também passaram a ser beneficiados o etanol, o açúcar e a celulose. Tanto a lista dos produtos passíveis de enquadramento no REINTEGRA quanto os limites do custo total de insumos importados (que continuaram de 40% ou 65%) foram estabelecidos pelo Decreto nº 8.415/2015.

A legislação nova ainda especifica que se considera como industrialização, nos termos da legislação do Imposto sobre Produtos Industrializados – IPI,

---

38 Para efeitos de cálculo deste percentual, o § 2º do art. 23 dispõe que: "*I – os insumos originários dos demais países integrantes do Mercado Comum do Sul – MERCOSUL que cumprirem os requisitos do Regime de Origem do MERCOSUL serão considerados nacionais; II – o custo do insumo importado corresponderá a seu valor aduaneiro, adicionado dos montantes pagos do Imposto de Importação e do Adicional sobre Frete para Renovação da Marinha Mercante, se houver; III – no caso de insumo importado adquirido de empresa importadora, o custo do insumo corresponderá ao custo final de aquisição do produto colocado no armazém do fabricante exportador; e IV – o preço de exportação será o preço do bem no local de embarque*".

39 O art. 23, § 2º, ainda dispõe que: "*Para efeitos do disposto no inciso III do caput:*

*I – os insumos originários dos demais países integrantes do Mercado Comum do Sul – MERCOSUL que cumprirem os requisitos do Regime de Origem do MERCOSUL serão considerados nacionais;*

*II – o custo do insumo importado corresponderá a seu valor aduaneiro, adicionado dos montantes pagos do Imposto de Importação e do Adicional sobre Frete para Renovação da Marinha Mercante, se houver;*

*III – no caso de insumo importado adquirido de empresa importadora, o custo do insumo corresponderá ao custo final de aquisição do produto colocado no armazém do fabricante exportador; e*

*IV – o preço de exportação será o preço do bem no local de embarque.*"

as operações de transformação; beneficiamento; montagem; e renovação ou recondicionamento (art. 23, § 1º), não admitindo, portanto, produtos cuja industrialização se resuma a acondicionamento ou recondicionamento.

O art. 24 da Lei nº 13.043/14 mantém a disposição de que o crédito somente poderá ser compensado com débitos próprios, vencidos ou vincendos, relativos a tributos e contribuições administrados pela Secretaria da Receita Federal do Brasil, observada a legislação específica; ou ressarcido em espécie, observada a legislação específica.

Outras novidades foram as previsões expressas, constantes no art. 22, § 7º, que "*na hipótese de exportação efetuada por cooperativa ou por encomendante, admite-se que os bens sejam produzidos pelo cooperado ou pelo encomendado, respectivamente*" e no art. 28 de que "*no caso de industrialização por encomenda, somente a pessoa jurídica encomendante poderá fruir do REINTEGRA*".

Com relação ao processamento do pedido dos créditos do REINTEGRA, na prática a empresa que faz a exportação preenche a declaração de exportação e emite uma nota fiscal eletrônica do produto que é exportado. Posteriormente, preenche o pedido de ressarcimento de crédito no PER/DCOMP[40] e estas informações são confrontadas com banco de dados da nota fiscal eletrônica e com banco de dados da exportação para confirmar se o produto foi efetivamente exportado. Ou seja, as notas fiscais informadas no PER/DCOMP devem ser de operações de exportação[41] que já estão devidamente averbadas no sistema SISCOMEX, o que comprova a destinação do produto. O processamento dos créditos do REINTEGRA é realizado trimestralmente pelo sistema eletrônico da Receita Federal PER/DCOMP, mesmo nos casos de reintegração em espécie. Sendo a periodicidade do ressarcimento trimestral, o trimestre é formado com base na data de saída constante da nota fiscal de venda do produtor. Assim, pedido de ressarcimento somente poderá ser transmitido após o encerramento do trimestre-calendário em que ocorreu a exportação e a averbação do embarque (art. 7º do Decreto nº 7.633/2011).

Por fim, no que tange aos resultados parciais do REINTEGRA, em entrevista coletiva concedida pelo Subsecretário de Arrecadação de Atendimento, Carlos Roberto Occaso e o Assessor do Gabinete, Ronaldo Lázaro Medina, realizada

---

[40] Pedido Eletrônico de Restituição, Ressarcimento ou Reembolso e Declaração de Compensação.

[41] O REINTEGRA não se aplica a operações com base em notas fiscais cujo Código Fiscal de Operações e Prestações (CFOP) não caracterize uma operação de exportação direta ou de venda à comercial exportadora.

em 16 de junho de 2015[42], foram apresentados os seguintes dados referentes ao regime: desde janeiro de 2012 até 30 de abril de 2015, houve um total de 22 mil pedidos de ressarcimento do REINTEGRA por 3.021 empresas, relativamente a 9,5 bilhões de reais de ressarcimento. Desse total, houve glosas de 1,1 bilhão de reais, ou seja, 13% do montante total de pedidos teve o crédito negado. Do total de pedidos, 6,6 bilhões foram feitos por compensações com outros tributos, através de declarações de compensação (o que corresponde a 76% de tudo o que foi solicitado) e 703 milhões foram pagos em espécie (o que corresponde a 8% dos pedidos). Na época, 300 milhões de reais estavam prontos para pagamento, mas se referiam a empresas com débitos e que não autorizaram a compensação (neste caso, o pedido fica sobrestado aguardando a empresa regularizar a sua pendencia fiscal).

### 5.5.1 Tributação e natureza jurídica dos créditos calculados pelo REINTEGRA

A Lei nº 12.546/11, que inicialmente instituiu o REINTEGRA, não dispunha sobre o regime tributário dos créditos apurados pelo regime. A matéria passou a ser tratada expressamente somente com a Lei nº 12.844, de 2013, que incluiu o § 12 no art. 2º no seguinte sentido: *"não serão computados na apuração da base de cálculo da Contribuição para o PIS/Pasep e da Cofins os valores ressarcidos no* âmbito *do REINTEGRA"*. Já a Lei nº 13.043/14 trouxe expressamente não só que o valor do crédito apurado não seria computado na base de cálculo da Contribuição para o PIS/Pasep e Cofins, mas também acrescentou que não seria devido o Imposto sobre a Renda das Pessoas Jurídicas – IRPJ e a Contribuição Social sobre o Lucro Líquido – CSLL, sobre estes valores (art. 22, § 6º).

Apesar da redação atual da legislação, a Receita Federal firmou o entendimento no sentido de que incide PIS, COFINS, IRPJ e CSLL sobre os valores apurados por meio do REINTEGRA, principalmente nas operações realizadas sob a égide da redação original da Lei nº 12.546/11 (que não trazia disposição expressa quanto a não tributação pelo PIS, COFINS, IRPJ e CSLL). Esse entendimento encontra-se na Solução de Consulta RFB – 9ª Região Fiscal nº 195, publicada em 7 de novembro de 2012 e na Solução de Consulta nº 240 – COSIT, de 12 de setembro de 2014[43].

---

42 Vídeo disponível em: <https://www.youtube.com/watch?v=Mf-5tUQpnHc>.

43 "SOLUÇÃO DE CONSULTA Nº 240 – COSIT DATA 12 DE SETEMBRO DE 2014. ASSUNTO: IMPOSTO SOBRE A RENDA DE PESSOA JURÍDICA – IRPJ EMPRESA EXPORTADORA.

Nessas soluções de consulta, as empresas consulentes alegam que *"o benefício do REINTEGRA aumenta o resultado final nas demonstrações contábeis (lucro*

---

LUCRO REAL. VALOR APURADO NO REINTEGRA. TRIBUTAÇÃO. O valor apurado pela empresa exportadora no Regime Especial de Reintegração de Valores Tributários (REINTEGRA), objeto de ressarcimento em espécie ou de compensação com tributos administrados pela Secretaria da Receita Federal do Brasil, constitui receita de subvenção para custeio ou operação, a qual integra o lucro sujeito à incidência do IRPJ. Dispositivos Legais: Lei nº 12.546, de 2011, com alterações da Lei nº 12.688, de 2012; Decreto nº 3.000, de 1999 (RIR/1999), Parecer Normativo CST nº 112, de 1979. ASSUNTO: CONTRIBUIÇÃO SOCIAL SOBRE O LUCRO LÍQUIDO - CSLL EMPRESA EXPORTADORA. LUCRO REAL. VALOR APURADO NO REINTEGRA. TRIBUTAÇÃO. O valor apurado pela empresa exportadora no Regime Especial de Reintegração de Valores Tributários (REINTEGRA), objeto de ressarcimento em espécie ou de compensação com tributos administrados pela Secretaria da Receita Federal do Brasil, constitui receita de subvenção para custeio ou operação, a qual integra o lucro sujeito à incidência da CSLL. Dispositivos Legais: Lei nº 8.981, de 1995; Lei nº 12.546, de 2011, com alterações da Lei nº 12.688, de 2012; Decreto nº 3.000, de 1999 (RIR/1999), Parecer Normativo CST nº 112, de 1979."

"SOLUÇÃO DE CONSULTA Nº 195, DE 18 DE OUTUBRO DE 2012, MINISTÉRIO DA FAZENDA, SECRETARIA DA RECEITA FEDERAL DO BRASIL, SUPERINTENDÊNCIAS REGIONAIS, 9ª REGIÃO FISCAL, DIVISÃO DE TRIBUTAÇÃO, DOU de 07/11/2012 (nº 215, Seção 1, pág. 26). ASSUNTO: CONTRIBUIÇÃO PARA O PIS/PASEP. Valor Apurado no Reintegra. Utilização para Compensação ou Ressarcimento. Não Cumulatividade. Inclusão na Base de Cálculo do Valor Apurado no Reintegra. Cumulatividade. Não Inclusão na Base de Cálculo. O valor apurado no Regime de Reintegração de Valores Tributários – Reintegra pode ser objeto de ressarcimento em espécie ou de compensação com tributos administrados pela RFB, nos termos da legislação específica. Esse valor apurado no Reintegra compõe a base de cálculo no regime de apuração não cumulativa da Contribuição para o PIS/Pasep do último mês do trimestre a que a apuração do valor se reportar e não compõe a base de cálculo no regime de apuração cumulativa da Contribuição para o PIS/Pasep. Dispositivos Legais: Lei nº 9.718, de 1998, art. 3º ; Lei nº 10.637, de 2002, art. 1º ; Lei nº 12.546, de 2011, art. 2º, §§ 1º, 2º, 4º e 8º, incluído pela Lei nº 12.688, de 2012; Decreto nº 7.633, de 2011, art. 3º ; e IN RFB nº 900, de 2008, art. 29-C, caput e § 8º, incluídos pela IN RFB nº 1.224, de 2011. ASSUNTO: CONTRIBUIÇÃO PARA O FINANCIAMENTO DA SEGURIDADE SOCIAL - COFINS. Valor Apurado no Reintegra. Utilização para Compensação ou Ressarcimento. Não Cumulatividade. Inclusão na Base de Cálculo do Valor Apurado no Reintegra. Cumulatividade. Não Inclusão na Base de Cálculo. O valor apurado no Regime de Reintegração de Valores Tributários – Reintegra pode ser objeto de ressarcimento em espécie ou de compensação com tributos administrados pela RFB, nos termos da legislação específica. Esse valor apurado no REINTEGRA compõe a base de cálculo no regime de apuração não cumulativa da Cofins do último mês do trimestre a que a apuração do valor se reportar e não compõe a base de cálculo no regime de apuração cumulativa da Cofins. Dispositivos Legais: Lei nº 9.718, de 1998, art. 3º ; Lei nº 10.833, de 2003, art. 1º ; Lei nº 12.546, de 2011, art. 2º, §§ 1º, 2º, 4º e 8º, incluído pela Lei nº 12.688, de 2012; Decreto nº 7.633, de 2011, art. 3º ; e IN RFB nº 900, de 2008, art. 29-C, caput e § 8º, incluídos pela IN RFB nº 1.224, de 2011. ASSUNTO: IMPOSTO SOBRE A RENDA DE PESSOA JURÍDICA - IRPJ. Valor Apurado no

*líquido) e consequentemente aumenta o lucro contábil antes da base de cálculo da CSLL e do IRPJ"*[44]. Entretanto, os valores ressarcidos do REINTEGRA não corresponderiam a outras receitas e resultados positivos passíveis de serem acrescidos à base tributável, pois ausente *"o requisito da contraprestação e o atributo da disponibilidade de riqueza nova, e sim de custo que está sendo incorporado ao resultado como resíduo tributário"*[45]. Uma das consulentes ainda afirma que *"caso o valor apurado a título de REINTEGRA for considerado na base de cálculo do IRPJ, da CSLL, da Contribuição para o PIS/Pasep e da Cofins, cerca de 43% do valor concedido retornaria ao Governo Federal, tornando nulo praticamente a metade do incentivo"*[46].

A Receita Federal entendeu, no entanto, que o regime do REINTEGRA é uma "espécie de subvenção governamental que visa a aumentar a competitividade dos produtos nacionais no mercado externo" e que, portanto, devem seguir o regime tributário estipulado nos artigos 392 (com fundamento na Lei nº 4.506, de 1964, art. 44, inciso IV); e 443 (com fundamento no Decreto-Lei nº 1.598, de 1977, art. 38, § 2º, com a redação dada pelo Decreto-Lei nº 1.730, de 1979,

---

REINTEGRA. Incidência de IRPJ. Regime de Competência. Incidência no Período de Apuração do REINTEGRA. Regime de Caixa. Incidência quando da Compensação ou do Ressarcimento. O valor apurado no Regime de Reintegração de Valores Tributários - REINTEGRA tem natureza de subvenção corrente para custeio ou operação e sofre a incidência do IRPJ no período a que se referir sua apuração se o regime de reconhecimento de receitas aplicável for o regime de competência, ou no período em que ocorrer a compensação ou o ressarcimento se o regime de reconhecimento de receitas aplicável for o regime de caixa. Dispositivos Legais: Lei nº 4.506, de 1964, art. 44, inciso IV; Decreto nº 3.000, de 1999 (RIR/99), art. 392, inciso I, e art. 443; PN CST nº 112, de 1979. ASSUNTO: CONTRIBUIÇÃO SOCIAL SOBRE O LUCRO LÍQUIDO - CSLL. Valor Apurado no REINTEGRA. Incidência de CSLL. Regime de Competência. Incidência no Período de Apuração do REINTEGRA. Regime de Caixa. Incidência quando da Compensação ou do Ressarcimento. O valor apurado no Regime de Reintegração de Valores Tributários - REINTEGRA tem natureza de subvenção corrente para custeio ou operação e sofre a incidência da CSLL no período a que se referir sua apuração se o regime de reconhecimento de receitas aplicável for o regime de competência, ou no período em que ocorrer a compensação ou o ressarcimento se o regime de reconhecimento de receitas aplicável for o regime de caixa. Dispositivos Legais: Lei nº 4.506, de 1964, art. 44, inciso IV; Lei nº 8.981, de 1995, art. 57; Decreto nº 3.000, de 1999 (RIR/99), art. 392, inciso I, e art. 443; PN CST nº 112, de 1979. MARCO ANTÔNIO FERREIRA POSSETTI - Chefe."

[44] Solução de Consulta nº 240 - Cosit, de 12 de setembro de 2014.

[45] Solução de Consulta nº 240 - Cosit, de 12 de setembro de 2014.

[46] Solução de Consulta nº 195, de 18 de outubro de 2012.

art. 1º, inciso VIII) ambos do Regulamento do Imposto de Renda – RIR/99[47], que dispõem acerca das subvenções. Segundo o RIR/99, existem dois tipos de subvenções que seguem tratamentos tributários distintos: as subvenções correntes para custeio ou operação, de caráter geral e reguladas pelo art. 392 do RIR/99; e as subvenções para investimento, dispostas no art. 443, que seria uma regra de exceção. Enquanto as subvenções do primeiro tipo – correntes para custeio ou operação – devem ser computadas na determinação do lucro operacional e, consequentemente, tributadas pelo IRPJ; as subvenções para investimento podem ser excluídas da base de cálculo do IRPJ não sendo, portanto, tributadas.

Com relação ao conceito de subvenção, as soluções de consulta remetem ao parecer Normativo CST nº 112/78, publicado no *Diário Oficial* de 1º de janeiro de 1979, que trata da questão nos seguintes termos:

> (...) 2.4 (...) A Ciência Contábil, por exemplo, tem condições de nos oferecer um conceito que possa abrigar toda a extensão atribuída às SUBVENÇÕES pelo texto legal, sob o ângulo da modificação produzida no patrimônio da empresa beneficiária. É o que fez o Parecer Normativo CST nº 142/73, ao incluir as SUBVENÇÕES como integrantes de recursos públicos ou privados não exigíveis. É esta uma caracterização, sem dúvida nenhuma, de natureza técnico-contábil. O patrimônio da empresa beneficiária é enriquecido com recursos vindos de fora sem que isto importe na assunção de uma dívida ou obrigação. É como se

---

47 "*Art. 392. Serão computadas na determinação do lucro operacional:*

*I – as subvenções correntes para custeio ou operação, recebidas de pessoas jurídicas de direito público ou privado, ou de pessoas naturais (Lei nº 4.506, de 1964, art. 44, inciso IV);*

*II – as recuperações ou devoluções de custos, deduções ou provisões, quando dedutíveis (Lei nº 4.506, de 1964, art. 44, inciso III);*

*III – as importâncias levantadas das contas vinculadas a que se refere a legislação do Fundo de Garantia do Tempo de Serviço (Lei nº 8.036, de 1990, art. 29).*

(...)"

"*Art. 443. Não serão computadas na determinação do lucro real as subvenções para investimento, inclusive mediante isenção ou redução de impostos concedidos como estímulo à implantação ou expansão de empreendimentos econômicos, e as doações, feitas pelo Poder Público, desde que (Decreto-Lei nº 1.598, de 1977, art. 38, § 2º, e Decreto-Lei nº 1.730, de 1979, art. 1º, inciso VIII):*

*I – registradas como reserva de capital que somente poderá ser utilizada para absorver prejuízos ou ser incorporada ao capital social, observado o disposto no art. 545 e seus parágrafos; ou*

*II – feitas em cumprimento de obrigação de garantir a exatidão do balanço do contribuinte e utilizadas para absorver superveniências passivas ou insuficiências ativas.*"

os recursos tivessem sido carreados pelos próprios donos da empresa com a condição de não serem exigidos nem cobrados, originados, pois, do chamado CAPITAL PRÓPRIO, ao contrário do CAPITAL ALHEIO ou de TERCEIROS, que é sempre exigível e cobrável. Se preferirmos, contudo, um conceito jurídico, eis o que diz DE PLÁCIDO E SILVA, em seu Vocabulário Jurídico: "*Juridicamente, a subvenção não tem o caráter nem de paga nem de compensação. É mera contribuição pecuniária destinada a auxílio ou em favor de uma pessoa, ou de uma instituição, para que se mantenha, ou para que execute os serviços ou obras pertinentes a seu objeto.*" Em resumo, SUBVENÇÃO, sob o ângulo tributário para fins de imposição do imposto de renda às pessoas jurídicas, é um auxílio que não importa em qualquer exigibilidade para o seu recebedor.

2.5 (...) SUBVENÇÃO PARA CUSTEIO ou SUBVENÇÃO PARA OPERAÇÃO são expressões sinônimas. SUBVENÇÃO PARA CUSTEIO é a transferência de recursos para uma pessoa jurídica com a finalidade de auxiliá-la a fazer face ao seu conjunto de despesas. SUBVENÇÃO PARA OPERAÇÃO é a transferência de recursos para uma pessoa jurídica com a finalidade de auxiliá-la nas suas operações, ou seja, na consecução de seus objetivos sociais. (...)

2.11. Uma das fontes para se pesquisar o adequado conceito de SUBVENÇÕES PARA INVESTIMENTO é o Parecer Normativo CST nº 02/78 (DOU 16.01.78). No item 5.1 do Parecer, encontramos, por exemplo, menção de que a SUBVENÇÃO para INVESTIMENTOS seria a destinada à aplicação em bens ou direitos. Já no item 7, subentende-se um confronto entre as SUBVENÇÕES PARA CUSTEIO ou OPERAÇÃO e as SUBVENÇÕES PARA INVESTIMENTO, tendo sido caracterizadas as primeiras pela não vinculação a aplicações específicas. Já o Parecer Normativo CST nº 143/73 (DOU 16.10.73), sempre que se refere a investimento complementa-o com a expressão em ativo fixo. A partir desses subsídios, podemos inferir que SUBVENÇÃO PARA INVESTIMENTO é a transferência de recursos para uma pessoa jurídica com a finalidade de auxiliá-la, não nas suas despesas, mais sim, na aplicação específica em bens ou direitos para implantar ou expandir empreendimentos econômicos. Essa concepção está inteiramente de acordo com o próprio § 2º do art. 38 do DL nº 1.598/77. (...)

2.14. Com o objetivo de promover a interação dos dois diplomas legais, ora dissecados, podemos resumir a matéria relacionada com as SUBVENÇÕES

> nos seguintes termos: As SUBVENÇÕES, em princípio, serão, todas elas, computadas na determinação do lucro líquido: as SUBVENÇÕES PARA CUSTEIO ou OPERAÇÃO, na qualidade de integrantes do resultado operacional; as SUBVENÇÕES PARA INVESTIMENTO, como parcelas do resultado não operacional. As primeiras integram sempre o resultado do exercício e devem ser contabilizadas como tal; as últimas, se efetivamente aplicadas em investimentos, podem ser registradas como reserva de capital e, neste caso, não serão computadas na determinação do lucro real, desde que obedecidas às restrições para a utilização dessa reserva.

Conforme se pode extrair da leitura do Parecer Normativo CST nº 112, de 1978, as subvenções são conceituadas como "recursos públicos ou privados não exigíveis", ou seja, ingressos que aumentam o patrimônio da empresa beneficiária sem que isso importe na assunção de uma dívida ou obrigação. O parecer diferencia ainda as subvenções correntes para custeio ou operação, que seriam transferência de recursos para uma pessoa jurídica para financiar o seu conjunto de despesas ou suas operações (ou seja, para a consecução de seus objetivos sociais); das subvenções para investimento – quanto tiver por finalidade auxiliá-la financeiramente na implantação ou expansão de empreendimentos econômicos.

Assim, em conclusão, a Receita Federal (2014) afirma que *"considerando que o valor apurado no REINTEGRA pode ser utilizado livremente pelo exportador, não estando seus recursos vinculados a aplicações específicas em bens ou direitos para implantação ou expansão do empreendimento, resta claro tratar-se de hipótese de subvenção corrente para custeio ou operação. Dessa forma, à luz do art. 392 do RIR/99, o valor apurado no REINTEGRA deve ser computado como receita na determinação do lucro operacional da consulente, integrando, portanto, a base de cálculo do IRPJ"*[48].

Outro ponto contestado pela Receita Federal é o argumento de que os valores recebidos não constituem receita tributável, porque não são fonte de riqueza nova e não há contraprestação. Para contrapor esse argumento, a Solução de Consulta traz o Pronunciamento Técnico CPC nº 07 (R1) – Subvenções e Assistências Governamentais, que caracteriza as subvenções como receita:

> 9. A forma como a subvenção é recebida não influencia no método de contabilização a ser adotado. Assim, por exemplo, a contabilização deve

[48] Solução de Consulta nº 240 – Cosit, de 12 de setembro de 2014.

> ser a mesma independentemente de a subvenção ser recebida em dinheiro ou como redução de passivo. (...) 12. Uma subvenção governamental deve ser reconhecida como receita ao longo do período e confrontada com as despesas que pretende compensar, em base sistemática, desde que atendidas as condições deste Pronunciamento. A subvenção governamental não pode ser creditada diretamente no patrimônio líquido. (...) 15. O tratamento contábil da subvenção governamental como receita deriva dos seguintes principais argumentos: (a) uma vez que a subvenção governamental é recebida de uma fonte que não os acionistas e deriva de ato de gestão em benefício da entidade, não deve ser creditada diretamente no patrimônio líquido, mas, sim, reconhecida como receita nos períodos apropriados; (b) subvenção governamental raramente é gratuita. A entidade ganha efetivamente essa receita quando cumpre as regras das subvenções e cumpre determinadas obrigações. A subvenção, dessa forma, deve ser reconhecida como receita na demonstração do resultado nos períodos ao longo dos quais a entidade reconhece os custos relacionados à subvenção que são objeto de compensação; (c) assim como os tributos são despesas reconhecidas na demonstração do resultado, é lógico registrar a subvenção governamental que é, em essência, uma extensão da política fiscal, como receita na demonstração do resultado.

Ocorre que, diferentemente do que foi defendido pela Receita Federal, obviamente se deve considerar que nem todas as entradas que são consideradas como receitas para fins contábeis, podem ser tributadas, porque não se enquadram no fato gerador do Imposto de Renda. Justamente por isso é que existem as exclusões no ajuste da apuração do IR, para excluir as receitas contábeis que não devem ser consideradas como tais para fins tributários. Assim, irrelevante se os valores de subvenções são considerados como receitas para fins contábeis, já que, o que importa, é o tratamento dado pelo regime tributário (se consideradas como receitas tributáveis ou não).

No que se refere à CSLL, a Solução de Consulta nº 240/2014 considerou que, conforme o disposto no art. 57 da Lei nº 8.981, de 1995[49], aplicam-se a

---

[49] "Art. 57. Aplicam-se à Contribuição Social sobre o Lucro (Lei nº 7.689, de 1988) as mesmas normas de apuração e de pagamento estabelecidas para o imposto de renda das pessoas jurídicas, inclusive no que se refere ao disposto no art. 38, mantidas a base de cálculo e as alíquotas previstas na legislação em vigor, com as alterações introduzidas por esta Lei."

essa contribuição as mesmas normas de apuração e de pagamento estabelecidas para o IRPJ, o que faz com que o mesmo entendimento se aplique para a determinação da base de cálculo da CSLL.

Por fim, quanto à inclusão na base de cálculo da Contribuição para o PIS/Pasep e da Cofins, a Solução de Consulta nº 195/2012 fez uma diferenciação entre a pessoa jurídica submetida ao regime de apuração não cumulativa daquela que apura pelo regime de apuração cumulativa. Tendo em vista que, no regime não cumulativo, a base de cálculo do PIS/PASEP e da COFINS foi definida como o faturamento[50], entendido como o total das receitas auferidas pela pessoa jurídica, independentemente de sua denominação ou classificação contábil. Além disso, as Leis do PIS e COFINS não cumulativos enumeram determinadas receitas que não integram a base de cálculo das contribuições, dentre as quais não se encontram as subvenções, conforme § 3º do art. 1º da Lei nº 10.637, de 2002, e § 3º do art. 1º da Lei nº 10.833, de 2003.

A Solução de Consulta nº 195/2012 compara os créditos referentes ao REINTEGRA com o crédito presumido do IPI: *"verifica-se que é semelhante a natureza jurídica do crédito presumido do IPI para compensação das contribuições pagas nos insumos de produtos a serem exportados à dos valores a serem reintegrados referentes a custos tributários federais residuais existentes nas cadeias de produção. Ambos os casos tratam-se de benefícios fiscais estipulados a fim de atender a um determinado objetivo governamental. Em ambos os casos também é gerado um crédito hábil a ser ressarcido ou a compensar débitos tributários"*.

Assim, tal como o entendimento sobre o crédito presumido do IPI, benefício também classificado como subvenção e que, segundo o Fisco, faz parte das receitas auferidas por pessoa jurídica para fins de PIS e COFINS; a Receita Federal considera que os créditos do REINTEGRA também deveriam ser computados nas bases de cálculos destas contribuições. Com relação ao regime de apuração cumulativo do PIS/Pasep e da Cofins, a Solução de Consulta nº 195/2012, tendo em vista que a base de cálculo das contribuições é o faturamento, entendida como a receita bruta da pessoa jurídica, considerou então que não incidem as contribuições sobre os valores apurados no REINTEGRA neste regime. Esse entendimento está em conformidade tanto com o Conselho Administrativo de Recursos Fiscais, no Acórdão nº 1803-00.703, como com o Superior Tribunal de Justiça, no REsp nº 807.130/SC, que definiram que os créditos presumidos

[50] Segundo o § 2º do art. 1º da Lei nº 10.637, de 2002 e da Lei nº 10.833, de 2003.

de IPI não constituem receita da empresa, mas mera recuperação de custos na forma de incentivo fiscal, com intuito de desonerar as operações de exportação, não devendo, portanto, serem computados na base de cálculo para fins de incidência do PIS e da COFINS no regime cumulativo.

No que diz respeito à jurisprudência dos tribunais superiores, a segunda turma do STJ firmou entendimento no sentido de que, *"o art. 1º da Lei 12.546/2011 dispõe que os créditos apurados no REINTEGRA configuram incentivo fiscal cujo objetivo é reintegrar às empresas exportadoras valores referentes a custos tributários federais residuais existentes nas suas cadeias de produção. O STJ possui jurisprudência no sentido de que "Todo benefício fiscal, relativo a qualquer tributo, ao diminuir a carga tributária, acaba, indiretamente, majorando o lucro da empresa e, consequentemente, impacta na base de cálculo do IR. Em todas essas situações, esse imposto está incidindo sobre o lucro da empresa, que é, direta ou indiretamente, influenciado por todas as receitas, créditos, benefícios, despesas etc."*[51]. Portanto, segundo o STJ, em regra, é "*l*egal a incidência de IRPJ e da CSLL sobre os créditos apurados no REINTEGRA, uma vez que provocam redução de custos e consequente majoração do lucro da pessoa jurídic*a*"[52].

Além disso, o STJ decidiu pela inaplicabilidade do art. 106, I, do CTN para fins de não incidência retroativa do IRPJ e CSLL, tendo em vista que *"a alteração promovida pela Lei nº 13.043/2014, resultado da conversão da Medida Provisória nº 651/2014, não tem o condão de alterar o entendimento acerca da possibilidade de inclusão dos valores apurados no REINTEGRA na base de cálculo do IRPJ e da CSLL, visto que a referida Lei não tem cunho meramente procedimental, mas*

[51] REsp 957.153/PE, Rel. Ministro Castro Meira, Segunda Turma, *DJe* 15.3.2013, (STJ, AgRg nos EDcl no REsp 1.498.380/RS, Rel. Ministro HERMAN BENJAMIN, SEGUNDA TURMA, *DJe* de 22/05/2015). No mesmo sentido: STJ, AgRg no REsp 1.516.388/SC, Rel. Ministro HUMBERTO MARTINS, SEGUNDA TURMA, *DJe* de 06/05/2015; STJ, AgRg no REsp 1.518.688/RS, Rel. Ministro MAURO CAMPBELL MARQUES, SEGUNDA TURMA, *DJe* de 07/05/2015.

[52] AgRg nos EDcl no REsp 1.517.295/RS, Rel. Ministro Herman Benjamin, Segunda Turma, *DJe* 4/2/2016, AgRg no REsp 1.518.688/RS, Rel. Ministro Mauro Campbell Marques, Segunda Turma, *DJe* 7/5/2015; AgRg nos EDcl no REsp 1.443.771/RS, Rel. Ministro Humberto Martins, Segunda Turma, *DJe* 26/5/2015, EDcl no REsp 1.462.313/RS, Rel. Ministro Herman Benjamin, Segunda Turma, *DJe* 19/12/2014, AgRg no REsp 1.417.199/RS, Rel. Min. Assusete Magalhães, Segunda Turma, *DJe* 15/9/2015; REsp 1.514.731/RS, Rel. Min. Mauro Campbell Marques, Segunda Turma, *DJe* 1º/6/2015.

*conteúdo material, o que inviabiliza a sua aplicação retroativa"*[53]. Ou seja, *"a MP nº 651/14, posteriormente convertida na Lei nº 13.043/14, excluiu da base de cálculo do IRPJ e da CSLL o crédito apurado na forma do art. 22 da referida lei no âmbito do REINTEGRA, consoante benefício fiscal criado pelo § 6º do referido dispositivo legal. Assim, por não se tratar de dispositivo de conteúdo meramente procedimental, mas sim de conteúdo material (exclusão da base de cálculo de tributo), sua aplicação somente alcança os fatos geradores futuros e aqueles cuja ocorrência não tenha sido completada (consoante o art. 105 do CTN), não havendo que se falar em aplicação retroativa para abranger crédito anterior à referida MP"*[54].

Com relação à incidência de PIS e da COFINS, no julgamento do REsp nº 1.514.731/RS[55], de relatoria do Ministro Mauro Campbell Marques, a Segunda Turma do STJ decidiu que *"(...) os valores do REINTEGRA são passíveis de incidência do Imposto de Renda, até o advento da MP nº 651/14, posteriormente convertida na Lei nº 13.043/14, de forma que a conclusão lógica que se tem é a de que tais valores igualmente integram a base de cálculo do PIS e da COFINS, que é mais ampla e inclui, a priori, ressalvadas as deduções legais, os valores relativos ao IRPJ e à CSLL, sobretudo no caso de empresas tributadas pelo lucro real na sistemática da não cumulatividade do PIS e da COFINS instituída pelas Leis nºs 10.637/02 e 10.833/03, cuja tributação se dá com base na receita bruta mensal da pessoa jurídica, a qual, por expressa disposição do art. 44 da Lei nº 4.506/64, abrange as recuperações ou devoluções de custos, deduções ou provisões e as subvenções correntes, para custeio ou operação, recebidas de pessoas jurídicas de direito público ou privado, ou de pessoas naturais"*.

Nesse mesmo julgamento, decidiu-se ainda que *"somente com o advento da Lei nº 12.844/13, que incluiu o § 12 no art. 2º da Lei nº 12.546/11, é que os valores ressarcidos no âmbito do REINTEGRA foram excluídos expressamente da base de cálculo do PIS e da COFINS. Por não se tratar de dispositivo de conteúdo meramente procedimental, mas sim de conteúdo material (exclusão da base de cálculo de tributo), sua aplicação somente alcança os fatos geradores futuros e aqueles cuja ocorrência não tenha sido completada (consoante o art. 105 do CTN),*

---

53 STJ, AgRg no REsp 1.518.688/RS, Rel. Ministro Mauro Campbell Marques, Segunda Turma, *DJe* 7/5/2015.

54 AgRg no REsp 1571279/SC, Rel. Ministro MAURO CAMPBELL MARQUES, SEGUNDA TURMA, julgado em 17/03/2016, *DJe* 22/03/2016.

55 *DJe* 1º/6/2015.

*não havendo que se falar em aplicação retroativa"*[56]. Assim, em resumo, o STJ deu razão à Fazenda Nacional quanto à inclusão dos valores do REINTEGRA na base de cálculo do PIS e da COFINS até o advento da Lei nº 12.844/2013, sendo assegurado à empresa o direito à compensação/restituição de eventuais valores pagos a maior a esse título após a vigência da referida lei[57].

Existe um precedente de 2015, porém, de relatoria do Ministro Humberto Martins, que assentou que, por configurar um incentivo fiscal, *"os valores provenientes do REINTEGRA, assim como o crédito presumido de ICMS, não ostentam natureza de receita ou faturamento, mas de recuperação de custos na forma de incentivo fiscal concedido pelo governo para desoneração das operações de exportação, de forma que não integram a base de cálculo da contribuição ao PIS e da COFINS"*[58].

Apesar do entendimento majoritário do STJ, entendemos que a natureza jurídica dos valores a título de REINTEGRA não é de receita, não devendo compor, portanto, nem a base de cálculo do IRPJ e CSLL, muito menos do PIS e da COFINS. O REINTEGRA, como mecanismo de compensação dos resíduos tributários das exportações, tem natureza unicamente de crédito tributário, cuja

---

[56] REsp 1.514.731/RS, Rel. Ministro Mauro Campbell Marques, Segunda Turma, *DJe* 1º.6.2015. No mesmo sentido: AgRg nos EDcl no REsp 1.461.265/RS, Rel. Ministra Diva Malerbi (Desembargadora Convocada TRF 3ª Região), Segunda Turma, *DJe* 27.4.2016.

[57] AgInt no REsp 1598604/SC, Rel. Ministro HERMAN BENJAMIN, SEGUNDA TURMA, julgado em 09/03/2017, *DJe* 19/04/2017

[58] "TRIBUTÁRIO. CRÉDITO PRESUMIDO DE ICMS. BASE DE CÁLCULO. PIS E COFINS. NÃO INCLUSÃO. REGIME ESPECIAL DE REINTEGRAÇÃO DE VALORES TRIBUTÁRIOS PARA AS EMPRESAS EXPORTADORAS – REINTEGRA. BASE DE CÁLCULO. PIS E COFINS. NÃO INCLUSÃO. 1. Nos termos da jurisprudência pacífica do STJ, *"os valores provenientes do crédito do ICMS não ostentam natureza de receita ou faturamento, mas de recuperação de custos na forma de incentivo fiscal concedido pelo governo para desoneração das operações, de forma que não integram a base de cálculo da contribuição ao PIS e da COFINS"* (AgRg no AREsp 596.212/PR, Rel. Ministro SÉRGIO KUKINA, PRIMEIRA TURMA, julgado em 16/12/2014, *DJe* 19/12/2014). 2. O art. 1° da Lei 12.546/2011 dispõe que os créditos apurados no REINTEGRA configuram incentivo fiscal que tem por objetivo reintegrar às empresas exportadoras valores referentes a custos tributários federais residuais existentes nas suas cadeias de produção. 3. Os valores provenientes do REINTEGRA, assim como o crédito presumido de ICMS, não ostentam natureza de receita ou faturamento, mas de recuperação de custos na forma de incentivo fiscal concedido pelo governo para desoneração das operações de exportação, de forma que não integram a base de cálculo da contribuição ao PIS e da COFINS. Agravo regimental improvido" (AgRg nos EDcl no REsp 1443771/RS, Rel. Ministro HUMBERTO MARTINS, SEGUNDA TURMA, julgado em 19/05/2015, *DJe* 26/05/2015).

finalidade é de reduzir os valores referentes a tributos que não foram passíveis de compensação no decorrer da cadeia. Tributar esses valores seria o mesmo que tributar os créditos de ICMS, IPI ou PIS e COFINS do regime não cumulativo. A tributação do REINTGRA faz com que a própria razão de existir do mecanismo – compensar os resíduos tributários da cadeia – deixe de ter sentido (ao mesmo tempo que se quer desonerar a carga tributária das exportações, tributa-se, por outra via, esses mesmos valores). De forma correta, a redação atual da lei excluiu expressamente esses valores da incidência dos tributos sobre a receita e lucro. Entendemos, porém, que mesmo sem essa previsão expressa, os valores a título de REINTEGRA não deveriam sofrer a tributação pelo IRPJ, CSLL, PIS e COFINS.

### 5.5.2 Análise do REINTEGRA face às normas da Organização Mundial do Comércio (OMC)

Uma das grandes discussões envolvendo o REINTEGRA é se o regime viola ou não as normas da Organização Mundial do Comércio (OMC). O art. 1º do Acordo sobre Subsídios e Medidas Compensatórias (ASMC), considera a ocorrência de subsídio quando: (a) haja contribuição financeira por um governo ou órgão público no interior do território de um Membro; ou quando (b) haja qualquer forma de receita ou sustentação de preços no sentido do artigo XVI do GATT 1994; e, em qualquer dos casos, que com isso se confira uma vantagem[59].

Para fins de análise da compatibilidade do REINTEGRA com o regime da OMC, importante ainda ressaltar a nota de rodapé 1 do Acordo sobre Subsídios e Medidas Compensatórias:

---

[59] O art. 1º traz exemplos do primeiro caso (contribuição financeira):

(i) quando a prática do governo implique transferência direta de fundos (por exemplo, doações, empréstimos e aportes de capital), potenciais transferências diretas de fundos ou obrigações (por exemplo garantias de empréstimos);

(ii) quando receitas públicas devidas são perdoadas ou deixam de ser recolhidas (por exemplo, incentivos fiscais tais como bonificações fiscais);

(iii) quando o governo forneça bens ou serviços além daqueles destinados a infraestrutura geral ou quando adquire bens;

(iv) quando o Governo faça pagamentos a um sistema de fundos ou confie ou instrua órgão privado a realizar uma ou mais das funções descritas nos incisos (i) a (iii) acima, as quais seriam normalmente incumbência do Governo e cuja prática não difira de nenhum modo significativo da prática habitualmente seguida pelos governos.

> De acordo com as disposições do Artigo XVI do GATT 1994 (nota do Artigo XVI) e de acordo com os anexos I a III deste acordo, não serão consideradas como subsídios as isenções em favor de produtos destinados à exportação, de impostos ou taxas habitualmente aplicados sobre o produto similar quando destinado ao consumo interno, nem a remissão de tais impostos ou taxas em valor que não exceda os totais devidos ou abonados.

O disposto na nota de rodapé 1 do ASMC foi inclusive reconhecido pelo Decreto nº 1.751/95[60], que regulamenta o Acordo de Subsídios e disciplina os procedimentos administrativos relativos à aplicação de medidas compensatórias. O art. 4º, II, *b*, do Decreto nº 1.751/95 dispõe que não são "consideradas

---

[60] "DECRETO Nº 1.751, DE 19 DE DEZEMBRO DE 1995

CAPÍTULO II

DOS SUBSÍDIOS

SEÇÃO I

Da Definição de Subsídios

Art. 4º Para os fins deste Decreto, considera-se que existe subsídio quando é conferido um benefício em função das hipóteses a seguir:

I – haja, no país exportador, qualquer forma de sustentação de renda ou de preços que, direta ou indiretamente, contribua para aumentar exportações ou reduzir importações de qualquer produto; ou

II – haja contribuição financeira por um governo ou órgão público, no interior do território do país exportador, denominado a partir daqui "governo", nos casos em que:

a) a prática do governo implique transferência direta de fundos (doações, empréstimos, aportes de capital, entre outros) ou potenciais transferências diretas de fundos ou obrigações (garantias de empréstimos, entre outros); ou

b) sejam perdoadas ou deixem de ser recolhidas receitas públicas devidas (incentivos fiscais, entre outros), não sendo consideradas como subsídios as isenções, em favor dos produtos destinados à exportação, de impostos ou taxas habitualmente aplicados ao produto similar quando destinados ao consumo interno, nem a devolução ou abono de tais impostos ou taxas, desde que o valor não exceda os totais devidos, de acordo com Artigo XVI do GATT/1994 e os Anexos I e III do Acordo Sobre Subsídios e Medidas Compensatórias; ou

c) o governo forneça bens ou serviços além daqueles destinados à infraestrutura geral, ou quando adquiria bens; ou

d) o governo faça pagamentos a um mecanismo de fundo, ou instrua ou confie à entidade privada a realizar uma ou mais das funções descritas nas alíneas anteriores, as quais seriam normalmente incumbência do governo, e cuja atuação não difira, de modo significativo, da prática habitualmente seguida pelos governos."

como subsídios as isenções, em favor dos produtos destinados à exportação, de impostos ou taxas habitualmente aplicados ao produto similar quando destinados ao consumo interno, nem a devolução ou abono de tais impostos ou taxas, desde que o valor não exceda os totais devidos, de acordo com artigo XVI do GATT/1994 e os Anexos I e III do Acordo Sobre Subsídios e Medidas Compensatórias".

Diante do conceito de subsídio, previsto no ASMC e no Decreto nº 1.751/95, bem como nas disposições de ambas as normas que excluem deste conceito as isenções que não ultrapassam o valor dos tributos que seriam devidos; pode-se concluir que o REINTEGRA não pode ser considerado como um subsídio, não violando, portanto, as regras internacionais impostas pela OMC. O REINTEGRA, conforme já mencionado, tem por função cumprir tanto o princípio da não cumulatividade dos tributos, quanto da imunidade das exportações. O REINTEGRA devolve o valor dos tributos remanescentes na cadeia de produção, não superando o montante dos tributos que foram cobrados.

O ASMC ainda define que um subsídio apenas será considerado proibido ou recorrível, se o mesmo for específico[61], de acordo com as disposições do art. 2º[62]. Dentre as medidas proibidas, o art. 3º as define como:

---

[61] "Artigo 1- 2. Um subsídio, tal como definido no parágrafo 1, apenas estará sujeito às disposições da PARTE II ou às disposições das PARTES III ou V se o mesmo for específico, de acordo com as disposições do Artigo 2."

[62] "Artigo 2 – Especificidade

1. Com vistas a determinar se um subsidio, tal como definido no parágrafo 1 do Artigo 1, destina-se especificamente a uma empresa ou produção, ou a um grupo de empresas ou produções (denominadas neste Acordo de 'determinadas empresas'), dentro da jurisdição da autoridade outorgante, serão aplicados os seguintes princípios:

(a) o subsídio será considerado específico quando a autoridade outorgante, ou a legislação pela qual essa autoridade deve reger-se, explicitamente limitar o acesso ao subsídio a apenas determinadas empresas;

(b) não ocorrerá especificidade quando a autoridade outorgante, ou a legislação pela qual essa autoridade deve reger-se, estabelecer condições ou critérios objetivos 2 que disponham sobre o direito de acesso e sobre o montante a ser concedido, desde que o direito seja automático e que as condições e critérios sejam estritamente respeitados. As condições e critérios deverão ser claramente estipulados em lei, regulamento ou qualquer outro documento oficial, de tal forma que se possa proceder à verificação;

(c) se apesar de haver aparência de não-especificidade resultante da aplicação dos princípios estabelecidos nos subparágrafos (a) e (b), houver razoes para acreditar-se que o subsídio em consideração seja de fato específico, poder-se-ão considerar outros fatores como: uso predominante de um programa de subsídios por número limitado de empresas, concessão de parcela

a ) subsídios vinculados de fato ou de direito ao desempenho exportador, quer individualmente, quer como parte de um conjunto de condições, inclusive aqueles indicados a título de exemplo no Anexo I;

b ) subsídios vinculados de fato ou de direito ao uso preferencial de produtos nacionais em detrimento de produtos estrangeiros, quer individualmente, quer como parte de um conjunto de condições.

Ao comparar o REINTEGRA com o disposto neste artigo, Heleno Torres afirma que:

> O "REINTEGRA" não tem nada que ver com tais hipóteses, pois não depende de "metas" de exportação, por não se qualificar como espécie de "ajuda de Estado" atrelada a tais condições e que se preste, ao final, como indutor de redução dos preços abaixo do custo de produção no mercado exportador. E tampouco se vincula ao emprego nos casos de mercadoria nacional, em detrimento do produto estrangeiro, como requisito de "preferência", pela sua latente condição de universalidade de acesso (...) O "desempenho do exportador" de que fala a regra do ASMC tem que ver com medidas que permitam reduzir o preço das mercadorias em relação ao seu "custo" de produção no mercado exportador, o que de nenhum modo ocorre com o "REINTEGRA", cuja única função consiste na extinção dos efeitos de manutenção de tributos na desoneração total das exportações, a exemplo do que fazem todos os países, de modo perfeitamente normal e permitido por todas as legislações ou tratados internacionais[63].

---

desproporcionalmente grande do subsídio a determinadas empresas apenas e o modo pelo qual a autoridade outorgante exerceu seu poder discricionário na decisão de conceder um subsídio 3. Na aplicação deste subparágrafo será levada em conta a diversidade das atividades econômicas dentro da jurisdição da autoridade outorgante, bem como o período de tempo durante o qual o programa de subsídios esteve em vigor;

2. Será considerado específico o subsídio que seja limitado a determinadas empresas localizadas dentro de uma região geográfica situada no interior da jurisdição da autoridade outorgante. Fica entendido que não se considerara subsídio específico para os propósitos do presente Acordo o estabelecimento ou a alteração de taxas geralmente aplicáveis por todo e qualquer nível de governo com competência para fazê-lo.

3. Quaisquer subsídios compreendidos nas disposições do Artigo 3 serão considerados específicos.

4. Qualquer determinação de especificidade ao abrigo do disposto neste Artigo deverá estar claramente fundamentada em provas positivas."

[63] TORRES, Heleno Taveira. Revisão de incentivos à exportação não pode afetar competitividade. *Consultor Jurídico*, 16 nov. 2016.

O art. 5º do ASMC ainda dispõe que os subsídios recorríveis serão considerados aqueles que causam efeitos danosos aos interesses de outros Membros, isto é: (a) dano à indústria nacional de outro Membro; (b) anulação ou prejuízo de vantagens resultantes para outros Membros, direta ou indiretamente, do GATT 1994, em especial as vantagens de concessões consolidadas sob o artigo II do GATT 1994; (c) grave dano aos interesses de outro Membro.

O REINTEGRA, portanto, não se enquadra como "subsídios proibidos" nem como "recorríveis", segundo o ASMC, por "*tratar-se unicamente de simples instrumento de não cumulatividade, interposto para eliminar a manutenção de 'resíduos' de tributos nas exportações, sem quaisquer interferências sobre os preços das mercadorias, logo, afastada qualquer confusão como espécie de ajuda de Estado (...)*"[64].

Por fim, o ASMC também dispõe na nota de rodapé 4 que "*o simples fato de que subsídios sejam concedidos a empresas exportadoras não deverá, por si só, ser considerado como subsídio a exportação, no sentido definido neste artigo*". A mesma regra se encontra no art. 8º, I, do Decreto nº 1.751/95, ao prever que "*o simples fato de que subsídios sejam concedidos a empresas exportadoras não deverá, por si só, ser considerado como subsídio à exportação*".

Em conclusão, o REINTEGRA não se qualifica nas previsões do ASMC que conceituam os subsídios específicos, seja do tipo dos proibidos ou dos recorríveis, o que faz com que possa ser considerado como um regime compatível com o direito internacional, sem a necessidade de aplicação de qualquer medida de compensação. Tendo em vista que os valores apurados a título de REINTEGRA "*têm a finalidade de simplesmente reduzir o acúmulo tributário nos produtos destinados à exportação, tal como o fazem todos os países (em louvor ao regime de destino), além de prestar-se ao programa constitucional da não cumulatividade e da imunidade incondicional dos tributos sobre as exportações, não traz qualquer afronta aos controles internacionais sobre subsídios, sujeito aos regimes de controle do ASMC, do GATT, e demais regras da OMC, porquanto, como demonstrado à exaustão, não se está diante de qualquer 'vantagem' ou 'benefício'*"[65].

---

64 TORRES, Heleno Taveira. Revisão de incentivos à exportação não pode afetar competitividade. *Consultor Jurídico*, 16 nov. 2016.

65 TORRES, Heleno Taveira. Revisão de incentivos à exportação não pode afetar competitividade. *Consultor Jurídico*, 16 nov. 2016.

CAPÍTULO 6

# MENSURAÇÃO DOS PRINCIPAIS ENTRAVES À ELEVAÇÃO DA COMPETITIVIDADE DAS EXPORTAÇÕES BRASILEIRAS

## 6.1 Juros e câmbio: sombras na competitividade das exportações brasileiras

As políticas de juros e câmbio no Brasil têm sido efetivamente diferentes das praticadas no mundo e nos países que hospedam nossos principais concorrentes. A dimensão da taxa de juros brasileira, em relação aos demais países, é, sabidamente, excessiva e vem numa persistência que impede que a relacionemos apenas ao aspecto conjuntural. No caso do câmbio, não há como deixar de apontar que a supremacia dos fluxos de capital financeiro sobre aspectos comerciais já tem mais de uma década, o que sujeita nossos exportadores a determinantes que não estabelecem relação com os movimentos reais.

As desvantagens a que o exportador brasileiro tem sido submetido, frente aos concorrentes de outros países, reside nas precárias políticas macroeconômicas. Taxas de juros persistentemente elevadas e câmbio com enorme tendência à valorização em relação a outras moedas, representam perda de competitividade de difícil mensuração e impossibilidade de recuperação frente aos mecanismos de harmonização da concorrência.

Conquanto as organizações do comércio internacional não identifiquem nas políticas cambiais e financeiras dos países um elemento legítimo para compensações específicas, cabe ressaltar alguns conceitos e magnitudes envolvidos na questão.

### 6.1.1 A questão do diferencial de juros e o financiamento das exportações

Há muito tempo, a taxa básica de juros praticada na economia brasileira é uma das mais altas do mundo. Mas o abismo entre as taxas que remuneram as aplicações, na comparação do Brasil com outros países, é suplantado, em muito, pelo diferencial entre as taxas de empréstimo praticadas no sistema financeiro e alhures.

Em 2015, a taxa de depósito no Brasil foi de 12,6% anuais, contra 2,2% anuais na média dos demais países analisados, que são os principais parceiros e concorrentes do comércio exterior brasileiro. Todavia, a comparação relevante, o que onera de fato o exportador brasileiro é a taxa de empréstimo tomada aqui, como a taxa de capital de giro para 360 dias. A Tabela 41 mostra que, em 2015, o custo do empréstimo para a empresa brasileira foi de 44% ao ano, quase dez vezes o custo médio dos demais países (4,4%), exclusive a Argentina, que atingiu 24,9% naquele ano. A análise dos dados de 2014 mostra um padrão semelhante, embora de menor amplitude.

**Tabela 41** – Taxas de juros anuais de depósito e empréstimo para países selecionados – 2014 e 2015

| | 2014 | | 2015 | |
|---|---|---|---|---|
| | **Depósito** | **Empréstimo** | **Depósito** | **Empréstimo** |
| Brasil | 10,02 | 32,01 | 12,62 | 43,96 |
| Argentina | 20,42 | 24,01 | 21,17 | 24,92 |
| Japão | 0,42 | 1,22 | 0,41 | 1,14 |
| Malásia | 3,05 | 4,59 | 3,13 | 4,59 |
| China | 2,75 | 5,60 | 1,50 | 4,35 |
| Chile | 3,92 | 8,10 | 3,61 | 5,51 |
| México | 0,84 | 3,55 | 0,59 | 3,42 |
| Índia* | 8,64 | 10,25 | 8,14 | 10,01 |
| África do Sul | 5,80 | 9,13 | 6,15 | 9,42 |
| Austrália | 2,90 | 5,95 | 2,30 | 5,58 |
| Canadá | 0,55 | 3,00 | 0,08 | 2,78 |
| Polônia** | 0,27 | 2,68 | 0,20 | 1,95 |
| EUA* | 0,09 | 3,25 | 0,13 | 3,26 |
| Reino Unido*** | 0,41 | 0,50 | 0,39 | 0,47 |
| Média dos demais | 2,47 | 4,82 | 2,22 | 4,37 |

**Fonte:** IMF, International Financial Statistics.

* Por indisponibilidade de informação para a taxa de depósito foi tomada a taxa do mercado monetário.

** Por ausência da informação para empréstimo em 2015, foi mantida a mesma proporcionalidade do ano anterior com a taxa de depósito.

*** A taxa de depósito é a taxa de mercado monetário e a taxa de empréstimo para 2015 foi estimada pela proporcionalidade entre a taxa de depósito e mercado monetário de 2014.

A atividade exportadora não está submetida diretamente ao custo do capital de giro na economia brasileira. Os mecanismos de financiamento às exportações são organizados há décadas e acessíveis aos exportadores. Existem dois instrumentos principais: (1º) Adiantamento de Contrato de Câmbio (ACC); e (2º) Pagamento Antecipado (PA). Ambos são instrumentos basicamente privados que dominam amplamente o financiamento às exportações. Estão lastreados em captações em moeda estrangeira e, portanto, são atrelados tanto ao câmbio quanto aos juros externos.

Os empréstimos para capital de giro junto ao mercado nacional de crédito, portanto, não afetam diretamente os exportadores, dado que estes têm acesso aos ACC e PA e, afora momentos de crise no mercado financeiro internacional, estão disponíveis em volume suficiente.

O problema é que uma indústria exportadora é construída em torno de cadeias produtivas e estas não são segmentadas entre o mercado interno e as empresas voltadas para o mercado externo. Logo, o alto custo do financiamento do capital incidente sobre as cadeias produtivas é inexoravelmente contabilizado nas planilhas de custos dos exportadores.

Como a necessidade de financiamento de capital de giro é uma constante da atividade produtiva, o custo dessa necessidade cresce, devido não apenas à majoração dos juros da economia, mas também à ampliação do prazo de financiamento de mão de obra, insumos e estoques. Sendo ainda mais alto no caso de cadeias produtivas mais longas, compostas por vários segmentos, como a de máquinas e equipamentos, por exemplo.

As empresas exportadoras em momentos de restrição de crédito podem adotar a estratégia de repassar às empresas fornecedoras de insumos os recursos tomados na forma de financiamento às exportações. No entanto, esta não é uma prática corrente, especialmente porque a concessão de maior prazo de financiamento para esse fornecedor acaba, ao mesmo tempo, aumentando o risco cambial do exportador. Embora este tenha um *hedge* natural (a mercadoria a exportar), as grandes flutuações da paridade cambial resultam em maior compressão das já estreitas margens de lucro das vendas externas, pelas sabidas incertezas que disseminam entre os agentes econômicos.

Uma breve avaliação dos custos desse diferencial financeiro pode melhor caracterizar a gravidade do problema. De acordo com as informações disponíveis na DIPJ/RFB, constatou-se que os exportadores da indústria de transformação venderam R$ 336,4 bilhões em 2013. Mantidas as proporções entre a exportação por divisão econômica e o uso de insumos, o custo de produção dos bens e serviços exportados seria de R$ 312,4 bilhões.

Pelas relações entre as variáveis da PIA/IBGE, o consumo intermediário da indústria de transformação é de aproximadamente 73% do valor de vendas ao exterior. Assim, o consumo de insumos das empresas exportadoras da indústria de transformação seria de R$ 245,6 bilhões. Supondo que a produção desse volume não desfrute de financiamento às exportações e que os produtores necessitem de capital de giro de 23,8%[66] do consumo de insumos, haveria necessidade de crédito de R$ 58,4 bilhões, durante um ano.

Dados da FIESP indicam que o período de produção médio é de 81 dias[67], o que implica que o mesmo volume de capital pode girar por 4,5 vezes durante um ano. Desse modo, haveria necessidade de capital de giro de R$ 13 bilhões, continuamente, durante o ano. Aplicando o diferencial de juros da tabela anterior, de 39,59% ao ano, o custo de capital de giro seria de R$ 5,15 bilhões. Isso significa que o produto exportado carrega 1,53% de custo de capital de giro sobre as vendas totais ou 1,65% sobre o total dos insumos comprados pelos exportadores no mercado interno (ver Figura 17).

Embora existam fontes de financiamento e um mercado organizado de crédito aos exportadores, a atividade exportadora não está isolada das péssimas condições de financiamento que a economia brasileira oferece a suas empresas e isso representa, pela via dos insumos, uma elevação do custo financeiro da exportação de algo em torno de 1,53%.

### 6.1.2 A volatilidade cambial

Nos últimos anos, a economia brasileira tem sido marcada por grande amplitude de variação da paridade cambial. Tomando o coeficiente de variação da taxa de câmbio real efetiva para diversos países, entre 1999 e 2010, o Brasil lidera com larga vantagem sobre África do Sul e Turquia, que disputam o segundo lugar (esses países, aliás, são também fortes concorrentes na modalidade "juros

---

[66] Estudo da FIESP indica que, em média, as empresas utilizam recursos na seguinte proporção para financiamento do capital de giro: recursos próprios, 46,1%; recursos não onerosos, 30,1% e recursos onerosos, 23,8%. FIESP. *Juros em cascata sobre o capital de giro*: o impacto sobre a indústria brasileira, DECONTEC/FIESP, 2010, p. 10.

[67] Ver: FIESP, *Juros em cascata sobre o capital de giro*: o impacto sobre a indústria brasileira, DECONTEC/FIESP, 2010, p. 14.

| ETAPAS DO CÁLCULO | Em R$ bilhões |
|---|---|
| I – Vendas ao exterior da indústria de transformação (ano: 2013)[1] | 336,40 |
| II – Custo de produção dos bens e serviços exportados | 312,40 |
| III – Consumo intermediário (73% de I)[2] | 245,57 |
| IV – Capital de giro (23,8% de III)[3] | 58,45 |
| Considerando-se que o período de produção é, em média, de 81 dias[4], o mesmo volume de capital pode girar 4,5 vezes no ano (360 dias/81 dias = 4,5 vezes) | |
| V – Necessidade de capital de giro no ano (R$ 58,45/4,5 vezes) | 13,00 |
| VI – Aplicando-se o diferencial dos juros domésticos e externos (39,59%)[5] sobre a necessidade de capital de giro (R$ 13,00 * 39,59%) | 5,15 |
| **CUSTO DO CAPITAL DE GIRO PARA AS EXPORTAÇÕES (em % das vendas ao exterior)** | **1,53%** |
| **CUSTO DO CAPITAL DE GIRO PARA AS EXPORTAÇÕES (em % do custo de produção dos bens e serviços exportados)** | **1,65%** |

**Fonte:** Elaboração própria.

1 Informações obtidas a partir da DIPJ/SRF.

2 Dados da PIA/IBGE.

3 Estudo DECONTEC/FIESP (2010): Juros em cascata sobre o capital de giro: o impacto sobre a indústria brasileira.

4 Estudo DECONTEC/FIESP (2010).

5 Estudo DECONTEC/FIESP (2010).

**Figura 17** – Quadro-síntese do cálculo do impacto do capital de giro para as exportações

elevados”). Em verdade, o coeficiente brasileiro é o dobro do coeficiente médio para esta amostra de países. Os dados podem ser verificados na Figura 18.

Há muito tempo, o comportamento de nossas exportações industriais não é compatível com o de uma nação de presença importante no comércio internacional. E não é apenas o câmbio valorizado que gera problemas para o exportador. A volatilidade cambial é um elemento que prejudica profundamente a competitividade externa, dado que os contratos geralmente são firmados com prazos mais extensos e podem inserir pesados prejuízos aos exportadores, em caso de variações inesperadas da paridade da taxa de câmbio. Além disso, trata-se de fator habitual de geração de incertezas entre os agentes econômicos, sobretudo no caso de uma empresa exportadora, pois inibe negócios, já que pode provocar

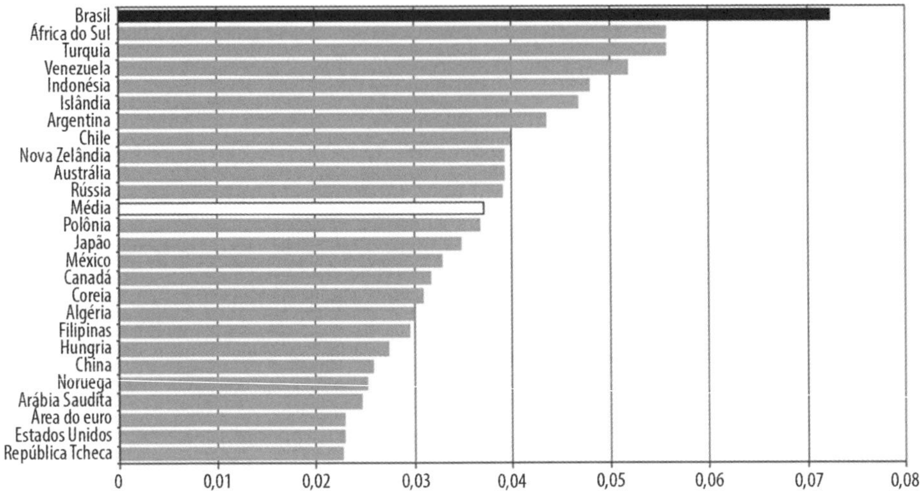


**Fonte:** CERQUEIRA, V. S. Volatilidade da taxa de câmbio real e a taxa de juros no Brasil: evidências de um modelo VAR-GARCH-M para o período 1999-2010. *Economia Aplicada*, v. 17, n. 3, 2013, p. 355-378.

**Figura 18** – Coeficientes de variação para a taxa de câmbio real efetiva de países selecionados (1999 a 2010)

o adiamento (ou cancelamento) de compra de insumos, embarque de produtos acabados, planos de expansão no mercado internacional etc.

Nessas condições, se a volatilidade cambial já tem ares de componente estrutural da economia brasileira, a política de comércio exterior precisa gerar instrumentos para que o risco de uma operação comercial não fique todo por conta do exportador de produtos industrializados.

## 6.2 Medida de tributos não recuperáveis na estrutura tributária brasileira

A história do sistema tributário brasileiro foi marcada pela busca de melhores técnicas tributárias em meio aos interesses setoriais e às questões federativas[68]. Nunca foi uma tarefa fácil. Nem mesmo nos anos 1960, quando o sistema

[68] Para uma ampla discussão do tema ver: OLIVEIRA, F. A. *A evolução da estrutura tributária e do fisco brasileiro: 1889-2009*. Brasília. IPEA, TD nº 1469, Brasília. 2010; AFONSO, J. R.; SOARES, J. M.; CASTRO, K. P. *Avaliação de estrutura e desempenho do sistema tributário brasileiro*, BID DP 265, Washington. 2013

tributário foi totalmente reorganizado, sob um regime de exceção, foi possível impedir que as cumulatividades e as distorções fossem eliminadas.

Num mundo em que a marca é a concorrência feroz pelos mercados internacionais de mercadorias, de todos os níveis de conteúdo tecnológico, os "custos" tributários são decisivos. Nesse sentido, o Brasil já sai em desvantagem, porque a base de incidência "bens e serviços" é preponderante no conjunto da arrecadação de impostos e contribuições. De fato, nossa estrutura tributária é o inverso daquela vigente na média da OCDE, temos que compensar a baixa participação da tributação direta com uma alta incidência sobre bens e mercadorias[69].

Para gerar uma carga tributária bruta relativamente elevada como a brasileira, com alta participação de tributos indiretos, o atendimento aos princípios básicos da tributação sofre enormes riscos, o que se reflete nas distorções do sistema e em grandes contenciosos. Pior, as recorrentes crises da política fiscal tornam o não atendimento à boa técnica tributária uma realidade observada no cotidiano da administração tributária.

A formação de contenciosos tributários transparece como um sério problema para governos federal e estaduais. Embora não existam informações oficiais acessíveis, é possível estimar a gravidade da situação por meio do balanço patrimonial de empresas de capital aberto e grupos econômicos. Nesse estudo, levantaram-se informações contábeis de sete grandes grupos econômicos (Anexo II), todos com presença no mercado externo, e verificou-se que o volume de tributos a recuperar supera com larga margem os tributos devidos (Tabela 42). A existência desse contencioso agrava a competitividade das empresas, desestimula a veia exportadora e amplia a formação de "esqueletos" que tornam duvidosa a solidez das contas públicas.

Os impactos nocivos colocados pelo sistema tributário, e por sua administração, à competitividade dos exportadores estabelecidos no país são conhecidos, mas o clima de abertura comercial e aprofundamento da interação entre os mercados tem agravado os efeitos deletérios que o sistema produz. Em verdade, o debate sobre medidas compensatórias permanece ativo e, algumas vezes, a política econômica tornou concretos instrumentos para confrontar a questão. Só para ficar nas mais proeminentes: o crédito-prêmio do IPI foi muito utilizado até 1999; e o REINTEGRA, que foi criado nesta década.

---

[69] Ver: TANZI, V. *Tax system in OECD countries, recent evolution, competition and convergence*, Working Paper 10-12, may, 2010.

**Tabela 42** – Sinopse do Balanço Patrimonial de Grupos Econômicos Selecionados (4º trimestre, 2015 e 2016) – R$ bilhões

| ATIVO | 4T-2016 | 4T-2015 |
|---|---|---|
| Tributos a recuperar | 32,8 | 36,2 |
| Tributos antecipados sobre lucro | 24,4 | 34,4 |
| Soma dos Tributos do Ativo | 57,3 | 70,6 |
| **PASSIVO** | **4T-2016** | **4T-2015** |
| Tributos a recolher | 31,6 | 34,0 |
| Tributos a recolher sobre lucro | 6,1 | 7,5 |
| Soma de Tributos do Passivo | 37,7 | 41,5 |

**Fonte:** Informações contábeis das empresas. Elaboração própria.

Diversas tentativas de medir os nocivos impactos do sistema tributário sobre a competitividade das exportações foram realizadas, mas nos ateremos aqui a duas delas. A primeira mensuração e, sem dúvida, mais consistente, foi realizada por Ricardo Varsano et al. e buscava o sentido mais amplo da desmontagem dos tributos cumulativos em seus efeitos negativos sobre o sistema de preços relativos e, portanto, sobre a eficiência econômica e a competitividade externa[70].

O estudo referido identifica um nível de cumulatividade que se situa entre 8% e 10% do preço dos produtos, para a grande maioria das divisões econômicas, com destaque para a siderurgia com 10,76%. Em verdade, o estudo é um grande marco de referência, mas sua utilidade do ponto de vista factual já não é expressiva, posto que toma uma realidade tributária bastante diversa da atual. Em primeiro lugar, porque entre os tributos cumulativos encontrava-se a CPMF, hoje extinta, incidente sobre todas as operações financeiras. Em segundo lugar, porque PIS e COFINS ainda eram integralmente cumulativas, sendo caracterizadas efetivamente como tributos em cascata.

O histórico de buscas da identificação de um coeficiente de cumulatividade que pudesse exprimir as deficiências de nosso sistema tributário em sua forma

---

[70] VARSANO, R.; PEREIRA, T.; ARAÚJO, E. A.; SILVA, N. L. C.; IKEDA, M. *Substituindo o PIS e a COFINS – e por que não a CPMF – por uma contribuição não cumulativa*, IPEA, TD 832, 2001. Vale citar, também, os trabalhos da FIESP que buscaram medir o custo Brasil, nele inserido o custo dos tributos não recuperáveis: FIESP/DEPECON, *Proposta de alteração nos mecanismos de compensações de tributos federais e estaduais do produto exportado*, 2009.

de tratar as exportações foi tomado, aqui, como ponto de partida para a estruturação de uma metodologia de análise. Logicamente, essa tarefa tem que ser realizada num formato adequado à nova realidade do sistema tributário brasileiro. Além disso, alguns aspectos administrativos e parafiscais, marcados por uma forte persistência no tempo, produzem deformações de longo prazo no sistema e não poderiam ser tratados como eventos fortuitos. Por isso, aparecem, aqui, agregados à análise sistêmica.

Nosso foco é a competitividade das exportações brasileiras, por isso, diversos aspectos negativos da estrutura tributária serão colocados de lado, em que pese sua importância para a competitividade sistêmica da economia brasileira. A linha básica de análise ficou restrita ao detalhamento de uma metodologia a ser utilizada no cálculo dos tributos não recuperáveis, ou seja, aqueles que se transformam em custos gerais para os exportadores. Assim, buscou-se avaliar o sistema tributário brasileiro e quantificar as distorções que são produzidas, debilitando a capacidade produtiva da indústria brasileira nos mercados internacionais.

Deve-se ter em conta que a estrutura tributária brasileira apresenta distorções em diferentes escalas, a questão foi dividida em dois conjuntos principais: (a) inconsistências frente às boas práticas internacionais, inscritas no ordenamento tributário constitucional e legal, que levam os tributos (aqui entendidos como impostos e contribuições) a gerar distorções que se apresentam aos exportadores como custos inseridos em suas cadeias produtivas; e (b) práticas operacionais das administrações tributárias que, apesar de não inscritas ao ordenamento jurídico, representam adição de custos de natureza tributária ao produto exportado.

### 6.2.1 Distorções do sistema tributário

Neste primeiro tópico, serão analisados aspectos que são constitutivos do sistema tributário, importando em distorções que emergem da forma de cobrança do tributo (imposto ou contribuição) em sua forma constitucional e legalmente estabelecida. Em primeiro lugar, será realizada uma avaliação do PIS/COFINS que, em verdade, é composta por duas contribuições cujas formas de lançamento e cobrança foram harmonizadas. As duas contribuições nasceram cumulativas, ou seja, tendo como base de incidência a receita bruta das empresas. Essas contribuições tiveram alterações expressivas em 2002 e 2003, quando, por via legal, passaram a tributar o valor adicionado. Ainda há grandes polêmicas com respeito a problemas na sistemática usada para cobrança neste regime não cumulativo, inclusive em contenciosos que foram ao Supremo Tribunal Federal. No entanto, o foco aqui estabelecido recai sobre importante parcela das receitas de PIS/COFINS que tem por base de incidência a receita bruta, amparada especialmente em regimes especiais, contribuintes tributados pelo lucro presumido ou empresas optantes pelo Simples.

O segundo caso é o do Imposto sobre Serviços de Qualquer Natureza (ISSQN ou simplesmente ISS). Há muitos anos, as propostas de reforma do sistema tributário têm buscado a unificação da tributação sobre a base de incidência composta por mercadorias e serviços em uma mesma espécie tributária, do tipo Imposto sobre o Valor Agregado (IVA) abrangente. Isso é tanto mais importante, quanto as práticas produtivas na indústria que ampliam a participação dos serviços na própria produção. O ISS permanece um imposto sobre o faturamento e, portanto, os serviços comprados serão acrescidos deste tributo, na forma de custo não recuperável, no percurso da produção dentro da cadeia produtiva.

#### *6.2.1.1 Mensuração do PIS/COFINS cumulativo*

A mensuração da cumulatividade das duas contribuições foi realizada a partir da diferenciação entre o regime cumulativo e o não cumulativo, dado que o primeiro ainda tem presença expressiva nas bases tributárias de ambas. A partir de dados da Receita Federal do Brasil, que diferenciam a tributação do regime não cumulativo das diversas formas de PIS/COFINS, foi identificada a repartição, por divisão econômica, entre a tributação cumulativa e não cumulativa de PIS/COFINS[71].

**Tabela 43** – PIS/COFINS: participação de tributação cumulativa e não cumulativa

| | DIVISÕES ECONÔMICAS | PIS/COFINS não cumulativa | PIS/COFINS cumulativa |
|---|---|---|---|
| 10 | FABRICAÇÃO DE PRODUTOS ALIMENTÍCIOS | 88,2% | 11,8% |
| 11 | FABRICAÇÃO DE BEBIDAS | 91,3% | 8,7% |
| 12 | FABRICAÇÃO DE PRODUTOS DO FUMO | 99,2% | 0,8% |
| 13 | FABRICAÇÃO DE PRODUTOS TÊXTEIS | 66,5% | 33,5% |

[71] Recomendações sobre boas práticas para a devolução dos créditos tributários estão disponíveis no TADAT; ferramenta digital criada pelo FMI que avalia as administrações tributárias. Para maiores informações, ver: <http://www.tadat.org/files/TADAT_ProgramDocument_ENG.pdf>.

| | DIVISÕES ECONÔMICAS | PIS/COFINS não cumulativa | PIS/COFINS cumulativa |
|---|---|---|---|
| 14 | CONFECÇÃO DE ARTIGOS DO VESTUÁRIO E ACESSÓRIOS | 87,5% | 12,5% |
| 15 | PREP E FABR DE ARTEF DE COURO, ART PARA VIAGEM E CALÇADOS | 94,2% | 5,8% |
| 16 | FABRICAÇÃO DE PRODUTOS DE MADEIRA | 83,5% | 16,5% |
| 17 | FABRICAÇÃO DE CELULOSE, PAPEL E PRODUTOS DE PAPEL | 75,2% | 24,8% |
| 18 | IMPRESSÃO E REPRODUÇÃO DE GRAVAÇÕES | 87,2% | 12,8% |
| 19 | FABR DE COQUE, DE PROD DERIV DO PETRÓLEO E DE BIOCOMBUSTÍVEIS | 63,9% | 36,1% |
| 20 | FABRICAÇÃO DE PRODUTOS QUÍMICOS | 62,1% | 37,9% |
| 21 | FABRICAÇÃO DE PRODUTOS FARMOQUÍMICOS E FARMACÊUTICOS | 73,4% | 26,6% |
| 22 | FABRICAÇÃO DE PRODUTOS DE BORRACHA E DE MATERIAL PLÁSTICO | 68,3% | 31,7% |
| 23 | FABRICAÇÃO DE PRODUTOS DE MINERAIS NÃO METÁLICOS | 84,6% | 15,4% |
| 24 | METALURGIA | 61,6% | 38,4% |
| 25 | FABR DE PROD DE METAL, EXC MÁQUINAS E EQUIPAMENTOS | 78,9% | 21,1% |
| 26 | FABR DE EQUIP DE INFORMÁTICA PROD ELETRÔNICOS E ÓPTICOS | 45,8% | 54,2% |
| 27 | FABRICAÇÃO DE MÁQUINAS, APARELHOS E MATERIAIS ELÉTRICOS | 44,6% | 55,4% |
| 28 | FABRICAÇÃO DE MÁQUINAS E EQUIPAMENTOS | 49,5% | 50,5% |
| 29 | FABRICAÇÃO DE VEÍCULOS AUTOMOT, REBOQUES E CARROCERIAS | 37,2% | 62,8% |
| 30 | FABR DE OUT EQUIP DE TRANSPORTE, EXC VEÍCULOS AUTOMOT | 91,4% | 8,6% |
| 31 | FABRICAÇÃO DE MÓVEIS | 96,1% | 3,9% |
| 32 | FABRICAÇÃO DE PRODUTOS DIVERSOS | 83,7% | 16,3% |
| 33 | MANUT, REPARAÇÃO E INSTALAÇÃO DE MÁQ E EQUIPAMENTOS | 67,4% | 32,6% |

**Fonte:** RFB. Elaboração própria.

Na sequência, os coeficientes de PIS/COFINS cumulativa, identificados na segunda coluna da Tabela 43, foram aplicados aos dados de pagamento efetivo, declarados pelos contribuintes na DIPJ 2013[72]. Desse modo, foi obtido o valor pago em PIS/COFINS cumulativa, no ano de 2013, a preços do mesmo ano, por divisão econômica.

O valor pago em 2013 foi ajustado pela variação do PIS pago, por divisão econômica, entre 2013 e 2014[73], o que tanto trás os valores a preços de 2014 quanto realiza o ajuste, em termos de nível de atividade, em cada divisão econômica. A Tabela 44 confronta a Receita Líquida de Vendas, extraída diretamente da PIA/IBGE de 2014 e o PIS/COFINS cumulativo, gerando o Coeficiente de Cumulatividade do PIS/COFINS para a indústria de transformação e suas divisões econômicas. O referido coeficiente atingiu 2,42% para a indústria como um todo, o que indica o quanto de PIS/COFINS não recuperável está incorporado aos preços dos manufaturados exportados.

É importante ressaltar que as diferenças nos coeficientes de cumulatividade derivam das peculiaridades setoriais, de um lado, e dos encaminhamentos dados pela Receita Federal do Brasil aos pleitos setoriais, no âmbito da administração do tributo. A concessão de Regimes Especiais, geralmente relativos a substituições tributárias ou cobranças monofásicas, é o elemento que mais afeta os coeficientes e os próprios regimes. Além disso, empresas que são tributadas pelo lucro presumido e optantes do Simples também permanecem no regime cumulativo.

**Tabela 44** – Coeficiente de Cumulatividade do PIS/COFINS (milhões de reais – 2014)

| | DIVISÕES ECONÔMICAS | PIS/COFINS Cumulativa | Receita Líquida de Vendas PIA/ IBGE 2014 | Coeficiente de Cumulatividade PIS/COFINS |
|---|---|---|---|---|
| 10 | FABRICAÇÃO DE PRODUTOS ALIMENTÍCIOS | 1.401 | 511.028 | 0,27% |
| 11 | FABRICAÇÃO DE BEBIDAS | 467 | 74.648 | 0,63% |
| 12 | FABRICAÇÃO DE PRODUTOS DO FUMO | 13 | 12.453 | 0,11% |

72 Declaração de Informações Econômico-Fiscais da Pessoa Jurídica, da Receita Federal do Brasil.

73 Os valores pagos de PIS são identificáveis por meio da PIA/IBGE (Pesquisa Industrial Anual do Instituto Brasileiro de Geografia e Estatística) em cada ano.

| | DIVISÕES ECONÔMICAS | PIS/COFINS Cumulativa | Receita Líquida de Vendas PIA/ IBGE 2014 | Coeficiente de Cumulatividade PIS/COFINS |
|---|---|---|---|---|
| 13 | FABRICAÇÃO DE PRODUTOS TÊXTEIS | 1.176 | 38.520 | 3,05% |
| 14 | CONFECÇÃO DE ARTIGOS DO VESTUÁRIO E ACESSÓRIOS | 252 | 39.545 | 0,64% |
| 15 | PREP E FABR DE ARTEF DE COURO, ART PARA VIAGEM E CALÇADOS | 118 | 34.358 | 0,34% |
| 16 | FABRICAÇÃO DE PRODUTOS DE MADEIRA | 198 | 18.825 | 1,05% |
| 17 | FABRICAÇÃO DE CELULOSE, PAPEL E PRODUTOS DE PAPEL | 990 | 66.053 | 1,50% |
| 18 | IMPRESSÃO E REPRODUÇÃO DE GRAVAÇÕES | 75 | 12.537 | 0,60% |
| 19 | FABR DE COQUE, DE PROD DERIVADO PETRÓLEO E DE BIOCOMBUSTÍVEIS | 9.628 | 307.701 | 3,13% |
| 20 | FABRICAÇÃO DE PRODUTOS QUÍMICOS | 5.999 | 257.867 | 2,33% |
| 21 | FABRICAÇÃO DE PRODUTOS FARMOQUÍMICOS E FARMACÊUTICOS | 530 | 54.508 | 0,97% |
| 22 | FABRICAÇÃO DE PRODUTOS DE BORRACHA E DE MATERIAL PLÁSTICO | 2.440 | 88.613 | 2,75% |
| 23 | FABRICAÇÃO DE PRODUTOS DE MINERAIS Não METÁLICOS | 637 | 79.955 | 0,80% |
| 24 | METALURGIA | 4.885 | 164.523 | 2,97% |
| 25 | FABR DE PROD DE METAL, EXC MÁQUINAS E EQUIPAMENTOS | 1.130 | 68.937 | 1,64% |
| 26 | FABR DE EQUIP DE INFORMÁTICA, PROD ELETRÔNICOS E ÓPTICOS | 3.583 | 89.424 | 4,01% |
| 27 | FABRICAÇÃO DE MÁQUINAS, APARELHOS E MATERIAIS ELÉTRICOS | 3.447 | 72.182 | 4,78% |
| 28 | FABRICAÇÃO DE MÁQUINAS E EQUIPAMENTOS | 4.323 | 121.337 | 3,56% |

| | DIVISÕES ECONÔMICAS | PIS/COFINS Cumulativa | Receita Líquida de Vendas PIA/ IBGE 2014 | Coeficiente de Cumulatividade PIS/COFINS |
|---|---|---|---|---|
| 29 | FABRICAÇÃO DE VEÍCULOS AUTOMOT, REBOQUES E CARROCERIAS | 18.544 | 263.201 | 7,05% |
| 30 | FABR DE OUT EQUIP DE TRANSPORTE, EXC VEÍCULOS AUTOMOT | 77 | 47.745 | 0,16% |
| 31 | FABRICAÇÃO DE MÓVEIS | 74 | 27.265 | 0,27% |
| 32 | FABRICAÇÃO DE PRODUTOS DIVERSOS | 165 | 19.896 | 0,83% |
| 33 | MANUT, REPARAÇÃO E INSTALAÇÃO DE MÁQ E EQUIPAMENTOS | 194 | 19.617 | 0,99% |
| | Totais e médias | 60.349 | 2.490.739 | 2,42% |

**Fonte:** RFB e PIA/IBGE. Elaboração própria.

### *6.2.1.2 Mensuração da cumulatividade no ISS*

A tributação do ISS utiliza como base de incidência o faturamento na prestação do serviço. Dessa forma, não oferece crédito tributário para a próxima etapa da cadeia produtiva, nem para a produção de serviços nem para mercadorias. De todas as formas, o ISS pago na cadeia produtiva transforma-se em custo não recuperável na mercadoria quando esta for exportada.

Na aferição dos valores envolvidos na cumulatividade do ISS na indústria de transformação, duas vertentes foram utilizadas: (a) o pagamento do tributo no interior das cadeias produtivas das divisões econômicas da indústria de transformação[74]; (b) as despesas realizadas por empresas das várias divisões econômicas com terceiros, prestadores de diversos tipos de serviços.

Na primeira vertente, a do pagamento registrado como ISS por dentro das cadeias produtivas da indústria de transformação, a metodologia utilizada teve

[74] Vale notar que é cada vez mais usual que uma empresa tenha como atividade principal a venda de uma mercadoria, mas, subsidiariamente, preste serviços relacionados com a mesma mercadoria. Por isso, a expressiva ocorrência do pagamento de ISS mesmo em empresas predominantemente industriais.

como suporte a DIPJ/RFB. Foram identificados os pagamentos realizados por empresas contribuintes das divisões econômicas da indústria de transformação, para 2013 e estimados os valores pagos para 2014, com base na variação de receitas entre 2013 e 2014, obtidas por meio da PIA/IBGE. Estas estimativas aparecem na primeira coluna da Tabela 45, como "ISS 1 Estimado para 2014", que apresenta os valores obtidos por dentro da cadeia produtiva setorial, em empresas da própria divisão econômica.

**Tabela 45** – Coeficiente de cumulatividade do ISS (milhões de reais – 2014)

| | DIVISÕES ECONÔMICAS | ISS 1 estimado para 2014 | ISS 2 estimado para 2014 | Receita Líquida de Vendas PIA/ IBGE 2014 | Coeficiente de cumulatividade do ISS |
|---|---|---|---|---|---|
| 10 | FABRICAÇÃO DE PRODUTOS ALIMENTÍCIOS | 43,1 | 807,0 | 511.028 | 0,17% |
| 11 | FABRICAÇÃO DE BEBIDAS | 2,1 | 300,9 | 74.648 | 0,41% |
| 12 | FABRICAÇÃO DE PRODUTOS DO FUMO | 0,6 | 30,6 | 12.453 | 0,25% |
| 13 | FABRICAÇÃO DE PRODUTOS TÊXTEIS | 4,1 | 81,9 | 38.520 | 0,22% |
| 14 | CONFECÇÃO DE ARTIGOS DO VESTUÁRIO E ACESSÓRIOS | 1,3 | 159,7 | 39.545 | 0,41% |
| 15 | PREP E FABR DE ARTEF DE COURO, ART PARA VIAGEM E CALÇADOS | 3,2 | 117,6 | 34.358 | 0,35% |
| 16 | FABRICAÇÃO DE PRODUTOS DE MADEIRA | 2,6 | 35,3 | 18.825 | 0,20% |
| 17 | FABRICAÇÃO DE CELULOSE, PAPEL E PRODUTOS DE PAPEL | 16,7 | 234,7 | 66.053 | 0,38% |
| 18 | IMPRESSÃO E REPRODUÇÃO DE GRAVAÇÕES | 86,2 | 70,0 | 12.537 | 1,25% |
| 19 | FABR DE COQUE, DE PROD DERIV DO PETRÓLEO E DE BIOCOMBUSTÍVEIS | 24,7 | 1.358,6 | 307.701 | 0,45% |
| 20 | FABRICAÇÃO DE PRODUTOS QUÍMICOS | 123,7 | 520,5 | 257.867 | 0,25% |

| | DIVISÕES ECONÔMICAS | ISS 1 estimado para 2014 | ISS 2 estimado para 2014 | Receita Líquida de Vendas PIA/ IBGE 2014 | Coeficiente de cumulatividade do ISS |
|---|---|---|---|---|---|
| 21 | FABRICAÇÃO DE PRODUTOS FARMOQUÍMICOS E FARMACÊUTICOS | 25,9 | 207,5 | 54.508 | 0,43% |
| 22 | FABRICAÇÃO DE PRODUTOS DE BORRACHA E DE MATERIAL PLÁSTICO | 83,3 | 180,8 | 88.613 | 0,30% |
| 23 | FABRICAÇÃO DE PRODUTOS DE MINERAIS NÃO METÁLICOS | 117,1 | 228,3 | 79.955 | 0,43% |
| 24 | METALURGIA | 39,6 | 509,6 | 164.523 | 0,33% |
| 25 | FABR DE PROD DE METAL, EXC MÁQUINAS E EQUIPAMENTOS | 117,2 | 184,3 | 68.937 | 0,44% |
| 26 | FABR DE EQUIP DE INFORMÁTICA, PROD ELETRÔNICOS E ÓPTICOS | 109,3 | 165,9 | 89.424 | 0,31% |
| 27 | FABRICAÇÃO DE MÁQUINAS, APARELHOS E MATERIAIS ELÉTRICOS | 105,6 | 224,8 | 72.182 | 0,46% |
| 28 | FABRICAÇÃO DE MÁQUINAS E EQUIPAMENTOS | 207,3 | 302,6 | 121.337 | 0,42% |
| 29 | FABRICAÇÃO DE VEÍCULOS AUTOMOT, REBOQUES E CARROCERIAS | 156,9 | 583,3 | 263.201 | 0,28% |
| 30 | FABR DE OUT EQUIP DE TRANSPORTE, EXC VEÍCULOS AUTOMOT | 42,8 | 144,6 | 47.745 | 0,39% |
| 31 | FABRICAÇÃO DE MÓVEIS | 9,3 | 53,9 | 27.265 | 0,23% |
| 32 | FABRICAÇÃO DE PRODUTOS DIVERSOS | 11,5 | 63,1 | 19.896 | 0,38% |
| 33 | MANUT, REPARAÇÃO E INSTALAÇÃO DE MÁQ E EQUIPAMENTOS | 197,3 | 72,1 | 19.617 | 1,37% |
| | Totais e médias | 1.531,6 | 6.637,8 | 2.490.739 | 0,33% |

**Fonte:** RFB e PIA/IBGE. Elaboração própria.

Na segunda vertente, aqui nominada de "ISS 2 Estimado para 2014", foram avaliadas as compras de serviços junto a terceiros, seja os diretamente aplicados na produção, seja os gastos com elementos que são custos empresariais, mas correspondem a diversos tipos de despesas da empresa. A metodologia de aferição de valores e coeficientes partiu dos dados da PIA/IBGE, de onde foram identificados diversos serviços que são adquiridos para a empresa em sua atividade produtiva. A seguir, a lista de despesas vinculadas à incidência de ISS, na nomenclatura utilizada pela PIA/IBGE:

a) serviços industriais prestados por terceiros;
b) serviços de manutenção e reparação de máquinas e equipamentos ligados à produção prestados por terceiros;
c) despesas com arrendamento mercantil;
d) despesas com propaganda;
e) prêmios de seguro;
f) serviços prestados por terceiros;
g) viagens e representações; e
h) água e esgoto.

A Tabela 45 mostra o valor estimado para 2014, tanto do "ISS 1" quanto do "ISS 2", e a soma de ambos. O coeficiente de cumulatividade é dado pela soma dos dois em confronto com a Receita Líquida de Vendas, esta última tomada diretamente da PIA/IBGE para 2014.

## 6.3 Questões da administração tributária: créditos acumulados

A segunda via na abordagem das distorções do sistema tributário não é exatamente derivada de seu formato institucional. Em verdade, algumas brechas que o sistema nunca conseguiu equacionar permitem que a administração tributária viole preceitos básicos da parte do sistema que, conceitualmente, seria não cumulativa. O crédito acumulado é o grande expoente deste processo, em que pesem outros problemas de desvirtuamento dos tributos sobre o valor adicionado adquirirem grande expressão nos últimos anos[75].

A mensuração do crédito acumulado pelos exportadores não é tarefa simples. Primeiro porque os números não são públicos e nem há uma contabilização clara pelas administrações tributárias. Segundo, porque os problemas recentes abriram novas vias de acumulação de créditos, como aqueles derivados da substituição tributária e das operações interestaduais, ambos relativos ao mercado interno.

---

[75] Ver: ANGELIS, A. *Os impostos sobre o valor agregado e o ICMS no estado de São Paulo - 1988 a 2013 - 25 anos*. 2016. Dissertação (Mestrado) - Unicamp, Campinas.

A estimativa aqui realizada partiu dos dados da DIPJ/RFB. Foi tomada a informação prestada pelos contribuintes de "impostos e contribuições a recuperar". Como o valor informado pode representar valores das diversas formas de acumulação de créditos, buscou-se identificar a importância das vendas para o mercado externo em cada uma das divisões econômicas. A DIPJ/RFB permite que esta avaliação seja realizada. A Tabela 46 foi construída de forma a possibilitar que as vendas externas e internas fossem quantificadas. No caso das vendas externas, as exportações diretamente realizadas pelas empresas produtoras foram somadas às vendas destinadas a empresas exportadoras (*tradings* e similares), sendo o resultado apresentado na terceira coluna, para cada divisão econômica.

A mensuração das vendas internas exige que alguns ajustes sejam realizados. Em primeiro lugar, as vendas canceladas foram deduzidas das vendas totais. Em segundo lugar, os diversos recursos relativos ao pagamento de tributos e contribuições foram, também, deduzidos, de forma a que possibilitar o cálculo que consta da penúltima coluna: a receita líquida de vendas no mercado interno. Dessa forma, foi possível calcular a participação das vendas externas nas vendas totais, apresentada na última coluna. Esse coeficiente é usado como *proxy* da participação dos créditos tributários acumulados na atividade exportadora frente ao total de créditos tributários acumulados.

Uma dificuldade adicional que se coloca à mensuração do crédito tributário acumulado nas operações de vendas externas é o fato de que os mesmos vão se acumulando nos balanços empresariais. A Tabela 47 mostra que a soma dos valores para todas as divisões econômicas da indústria de transformação sobe de R$ 79,0 bilhões para R$ 88,7 bilhões entre 2010 e 2013. Não é possível identificar fluxos anuais pelos números existentes, mas é bastante razoável inferir que haja uma recuperação efetiva de certa parcela a cada ano, junto aos fiscos federal e estadual, enquanto novos valores são criados a partir de transações externas realizadas anualmente. Desse modo, a melhor opção para balizar os cálculos sobre o impacto dos créditos tributários acumulados foi considerar que a metade dos valores anuais, ponderados pelo peso das exportações, seja o volume de recursos não compensados às empresas pelas ineficiências da administração tributária brasileira[76].

---

[76] Em resposta a requerimento de informações de um parlamentar, a Receita Federal identificou como saldo entre créditos e débitos de IPI, PIS e COFINS, no mês de maio de 2014, um estoque de R$ 24,5 bilhões. Em confronto com as declarações dos contribuintes tributados pelo Lucro Real e informantes do DIPJ, de R$ 88,7 bilhões, em 2013, a informação prestada pela RFB parece excessivamente pequena, tendo em conta as dimensões relativas entre os tributos federais e o ICMS.

**Tabela 46** – Coeficiente de exportações por divisão econômica (milhões de reais – 2013)

| | DIVISÕES ECONÔMICAS | (A) | (B) | (C=A+B) | (D) | (E) | (F) | (G) | (H) | (I) | (J=D-E-F-G-H-I) | Coeficiente de Exportações por Divisão Econômica |
|---|---|---|---|---|---|---|---|---|---|---|---|---|
| 10 | FABRICAÇÃO DE PRODUTOS ALIMENTÍCIOS | 102.693 | 10.866 | 113.559 | 302.265 | 14.651 | 24.612 | 9.448 | 2.080 | 1.670 | 249.805 | 31,3% |
| 11 | FABRICAÇÃO DE BEBIDAS | 1.768 | 380 | 2.148 | 73.443 | 10.197 | 11.504 | 4.584 | 1.000 | 510 | 45.648 | 4,5% |
| 12 | FABRICAÇÃO DE PRODUTOS DO FUMO | 6.279 | 167 | 6.446 | 11.095 | 912 | 3.735 | 1.281 | 372 | 235 | 4.560 | 58,6% |
| 13 | FABRICAÇÃO DE PRODUTOS TÊXTEIS | 1.988 | 147 | 2.135 | 36.131 | 1.062 | 3.906 | 3.004 | 666 | 297 | 27.196 | 7,3% |
| 14 | CONFECÇÃO DE ARTIGOS DO VESTUÁRIO E ACESSÓRIOS | 179 | 22 | 201 | 19.496 | 1.172 | 2.120 | 1.758 | 384 | 109 | 13.953 | 1,4% |
| 15 | PREP E FABR DE ARTEF DE COURO, ART PARA VIAGEM E CALÇADOS | 5.481 | 272 | 5.753 | 19.106 | 807 | 2.225 | 1.533 | 333 | 224 | 13.985 | 29,1% |
| 16 | FABRICAÇÃO DE PRODUTOS DE MADEIRA | 2.370 | 159 | 2.530 | 12.608 | 178 | 1.369 | 959 | 210 | 104 | 9.787 | 20,5% |
| 17 | FABRICAÇÃO DE CELULOSE, PAPEL E PRODUTOS DE PAPEL | 15.028 | 122 | 15.151 | 46.580 | 1.311 | 5.640 | 3.276 | 713 | 653 | 34.987 | 30,2% |
| 18 | IMPRESSÃO E REPRODUÇÃO DE GRAVAÇÕES | 162 | 8 | 170 | 5.608 | 271 | 352 | 504 | 110 | 72 | 4.299 | 3,8% |
| 19 | FABR DE COQUE, DE PROD DERIV DO PETRÓLEO E DE BIOCOMBUSTÍVEIS | 37.117 | 5.991 | 43.109 | 231.718 | 698 | 41.597 | 19.183 | 4.165 | 301 | 165.775 | 20,6% |
| 20 | FABRICAÇÃO DE PRODUTOS QUÍMICOS | 19.563 | 414 | 19.976 | 194.861 | 5.637 | 21.442 | 12.070 | 2.642 | 1.965 | 151.106 | 11,7% |
| 21 | FABRICAÇÃO DE PRODUTOS FARMOQUÍMICOS E FARMACÊUTICOS | 2.924 | 2 | 2.926 | 47.229 | 16.097 | 4.064 | 1.646 | 356 | 268 | 24.798 | 10,6% |
| 22 | FABRICAÇÃO DE PRODUTOS DE BORRACHA E DE MATERIAL PLÁSTICO | 4.989 | 233 | 5.221 | 78.253 | 1.882 | 9.890 | 6.140 | 1.337 | 1.723 | 57.281 | 8,4% |
| 23 | FABRICAÇÃO DE PRODUTOS DE MINERAIS NÃO METÁLICOS | 2.565 | 110 | 2.675 | 39.870 | 685 | 5.994 | 3.248 | 772 | 489 | 28.682 | 8,5% |
| 24 | METALURGIA | 31.211 | 862 | 32.073 | 122.674 | 1.808 | 15.010 | 9.507 | 2.064 | 450 | 93.835 | 25,5% |
| 25 | FABR DE PROD DE METAL, EXC MÁQUINAS E EQUIPAMENTOS | 3.357 | 756 | 4.113 | 53.393 | 1.903 | 6.852 | 4.227 | 975 | 1.021 | 38.416 | 9,7% |
| 26 | FABR DE EQUIP DE INFORMÁTICA, PROD ELETRÔNICOS E ÓPTICOS | 2.205 | 149 | 2.354 | 76.440 | 3.774 | 6.324 | 4.990 | 1.089 | 629 | 59.634 | 3,8% |
| 27 | FABRICAÇÃO DE MÁQUINAS, APARELHOS E MATERAIS ELÉTRICOS | 3.788 | 259 | 4.047 | 59.994 | 2.550 | 6.724 | 4.372 | 1.067 | 856 | 44.425 | 8,3% |
| 28 | FABRICAÇÃO DE MÁQUINAS E EQUIPAMENTOS | 13.815 | 637 | 14.452 | 86.532 | 3.807 | 7.978 | 6.408 | 1.423 | 929 | 65.987 | 18,0% |
| 29 | FABRICAÇÃO DE VEÍCULOS AUTOMOT, REBOQUES E CARROCERIAS | 35.552 | 718 | 36.270 | 271.682 | 5.846 | 30.669 | 24.850 | 5.263 | 3.581 | 201.473 | 15,3% |
| 30 | FABR DE OUT EQUIP DE TRANSPORTE, EXC VEÍCULOS AUTOMOT | 16.507 | 16 | 16.523 | 20.720 | 525 | 1.408 | 727 | 159 | 332 | 17.570 | 48,5% |
| 31 | FABRICAÇÃO DE MÓVEIS | 1.075 | 126 | 1.201 | 21.276 | 646 | 2.620 | 1.482 | 330 | 373 | 15.824 | 7,1% |
| 32 | FABRICAÇÃO DE PRODUTOS DIVERSOS | 760 | 66 | 825 | 10.066 | 638 | 1.428 | 774 | 168 | 201 | 6.856 | 10,7% |
| 33 | MANUT, REPARAÇÃO E INSTALAÇÃO DE MÁQ E EQUIPAMENTOS | 2.575 | 1 | 2.575 | 1.382 | 134 | 219 | 431 | 97 | 35 | 466 | 84,7% |
| | Totais e médias | 313.949 | 22.484 | 336.433 | 1.842.423 | 77.188 | 217.682 | 126.402 | 27.776 | 17.030 | 1.376.345 | 19,6% |

**Fonte:** DIPJ/RFB. Elaboração própria.

Legendas:

(A) – DIPJ 01 – Receita de Exportação Direta de Mercadorias e Produtos

(B) – DIPJ 02 – Receita de Vendas de Mercadorias a Comercial Exportadora para Exportação

(C = A+B) – Exportações

(D) – DIPJ 03 – Receita da Venda de Produtos de Fabricação Própria no Mercado Interno

(E) – DIPJ 10 – (-) Vendas Canceladas, Devoluções e Descontos Incondicionais

(F) – DIPJ 11 – (-) ICMS

(G) – DIPJ 12 – (-) Cofins

(H) – DIPJ 13 – (-) PIS/Pasep

(I) – DIPJ 15 – (-) Demais Impostos e Contribuições Incidentes sobre Vendas e Serviços

(J = D-E-F-G-H-I) – Receita Líquida de Vendas de Mercadorias no Mercado Interno

**Tabela 47** – Impostos e contribuições a recuperar de 2010 a 2013 (milhões de reais – 2013)

| | DIVISÕES ECONÔMICAS | 2010 | 2011 | 2012 | 2013 |
|---|---|---|---|---|---|
| 10 | FABRICAÇÃO DE PRODUTOS ALIMENTÍCIOS | 15.869 | 17.452 | 18.523 | 19.726 |
| 11 | FABRICAÇÃO DE BEBIDAS | 3.219 | 3.857 | 3.748 | 2.656 |
| 12 | FABRICAÇÃO DE PRODUTOS DO FUMO | 609 | 746 | 416 | 574 |
| 13 | FABRICAÇÃO DE PRODUTOS TÊXTEIS | 1.208 | 1.211 | 1.460 | 1.411 |
| 14 | CONFECÇÃO DE ARTIGOS DO VESTUÁRIO E ACESSÓRIOS | 270 | 290 | 371 | 378 |
| 15 | PREP E FABR DE ARTEF DE COURO, ART PARA VIAGEM E CALÇADOS | 1.138 | 1.039 | 965 | 937 |
| 16 | FABRICAÇÃO DE PRODUTOS DE MADEIRA | 688 | 625 | 596 | 511 |
| 17 | FABRICAÇÃO DE CELULOSE, PAPEL E PRODUTOS DE PAPEL | 1.970 | 1.948 | 2.054 | 1.987 |
| 18 | IMPRESSÃO E REPRODUÇÃO DE GRAVAÇÕES | 614 | 646 | 307 | 369 |
| 19 | FABR DE COQUE, DE PROD DERIV DO PETRÓLEO E DE BIOCOMBUSTÍVEIS | 8.734 | 12.080 | 11.122 | 11.014 |
| 20 | FABRICAÇÃO DE PRODUTOS QUÍMICOS | 7.443 | 7.875 | 8.515 | 8.959 |
| 21 | FABRICAÇÃO DE PRODUTOS FARMOQUÍMICOS E FARMACÊUTICOS | 1.609 | 1.644 | 1.624 | 1.860 |
| 22 | FABRICAÇÃO DE PRODUTOS DE BORRACHA E DE MATERIAL PLÁSTICO | 1.859 | 2.152 | 2.419 | 2.569 |
| 23 | FABRICAÇÃO DE PRODUTOS DE MINERAIS NÃO METÁLICOS | 1.039 | 1.449 | 1.513 | 1.485 |
| 24 | METALURGIA | 7.742 | 5.850 | 5.295 | 6.177 |
| 25 | FABR DE PROD DE METAL, EXC MÁQUINAS E EQUIPAMENTOS | 2.029 | 2.351 | 1.921 | 1.977 |
| 26 | FABR DE EQUIP DE INFORMÁTICA, PROD ELETRÔNICOS E ÓPTICOS | 3.374 | 3.044 | 3.704 | 4.582 |
| 27 | FABRICAÇÃO DE MÁQUINAS, APARELHOS E MATERIAIS ELÉTRICOS | 2.295 | 2.755 | 3.153 | 3.727 |
| 28 | FABRICAÇÃO DE MÁQUINAS E EQUIPAMENTOS | 5.201 | 5.676 | 5.419 | 5.259 |
| 29 | FABRICAÇÃO DE VEÍCULOS AUTOMOT, REBOQUES E CARROCERIAS | 9.365 | 7.792 | 9.575 | 9.636 |
| 30 | FABR DE OUT EQUIP DE TRANSPORTE, EXC VEÍCULOS AUTOMOT | 1.474 | 1.417 | 1.165 | 1.619 |
| 31 | FABRICAÇÃO DE MÓVEIS | 471 | 377 | 542 | 438 |
| 32 | FABRICAÇÃO DE PRODUTOS DIVERSOS | 432 | 338 | 371 | 395 |
| 33 | MANUT, REPARAÇÃO E INSTALAÇÃO DE MÁQ E EQUIPAMENTOS | 309 | 1.931 | 2.402 | 462 |
| | Totais | 78.961 | 84.544 | 87.181 | 88.709 |

**Fonte:** DIPJ/RFB. Elaboração própria.

As participações das exportações nas vendas totais de bens, por divisão econômica, balizaram a estimativa do volume de créditos acumulados relativos às vendas externas, também por divisão econômica. A terceira coluna da Tabela 48 quantifica os créditos acumulados relativos à exportação, usando como parâmetro a participação das exportações nas vendas totais de cada divisão econômica. Na quarta coluna da mesma tabela, os valores espelham a multiplicação deste valor, que reflete a participação das exportações nas vendas totais, por 0,5, dada a análise da Tabela 46 e as ponderações explicitadas no parágrafo anterior.

O último cálculo realizado pela Tabela 48 é a obtenção do coeficiente de cumulatividade derivada dos créditos tributários acumulados. Esse coeficiente, em cada divisão econômica, espelha o encarecimento das exportações em razão do acúmulo de créditos, especialmente de ICMS e PIS/COFINS. Assim, o coeficiente de cumulatividade, que exprime a estimativa de custos que permanecem não recuperados pelos exportadores, dada à deficiência administrativa de nosso sistema tributário é, para o conjunto da indústria de transformação, de 2,60%.

**Tabela 48** – Coeficiente de cumulatividade dos créditos acumulados (milhões de reais – 2013)

| | DIVISÕES ECONÔMICAS | (A) | (B) | (C=A*B) | (D=C*0,5) | (E) | (F=D/E) |
|---|---|---|---|---|---|---|---|
| 10 | FABRICAÇÃO DE PRODUTOS ALIMENTÍCIOS | 19.726 | 31,3% | 6.165 | 3.082 | 113.559 | 2,71% |
| 11 | FABRICAÇÃO DE BEBIDAS | 2.656 | 4,5% | 119 | 60 | 2.148 | 2,78% |
| 12 | FABRICAÇÃO DE PRODUTOS DO FUMO | 574 | 58,6% | 336 | 168 | 6.446 | 2,61% |
| 13 | FABRICAÇÃO DE PRODUTOS TÊXTEIS | 1.411 | 7,3% | 103 | 51 | 2.135 | 2,41% |
| 14 | CONFECÇÃO DE ARTIGOS DO VESTUÁRIO E ACESSÓRIOS | 378 | 1,4% | 5 | 3 | 201 | 1,33% |
| 15 | PREP E FABR DE ARTEF DE COURO, ART PARA VIAGEM E CALÇADOS | 937 | 29,1% | 273 | 137 | 5.753 | 2,37% |
| 16 | FABRICAÇÃO DE PRODUTOS DE MADEIRA | 511 | 20,5% | 105 | 52 | 2.530 | 2,07% |
| 17 | FABRICAÇÃO DE CELULOSE, PAPEL E PRODUTOS DE PAPEL | 1.987 | 30,2% | 600 | 300 | 15.151 | 1,98% |
| 18 | IMPRESSÃO E REPRODUÇÃO DE GRAVAÇÕES | 369 | 3,8% | 14 | 7 | 170 | 4,13% |
| 19 | FABR DE COQUE, DE PROD DERIV DO PETRÓLEO E DE BIOCOMBUSTÍVEIS | 11.014 | 20,6% | 2.273 | 1.137 | 43.109 | 2,64% |

| | DIVISÕES ECONÔMICAS | (A) | (B) | (C=A*B) | (D=C*0,5) | (E) | (F=D/E) |
|---|---|---|---|---|---|---|---|
| 20 | FABRICAÇÃO DE PRODUTOS QUÍMICOS | 8.959 | 11,7% | 1.046 | 523 | 19.976 | 2,62% |
| 21 | FABRICAÇÃO DE PRODUTOS FARMOQUÍMICOS E FARMACÊUTICOS | 1.860 | 10,6% | 196 | 98 | 2.926 | 3,35% |
| 22 | FABRICAÇÃO DE PRODUTOS DE BORRACHA E DE MATERIAL PLÁSTICO | 2.569 | 8,4% | 215 | 107 | 5.221 | 2,06% |
| 23 | FABRICAÇÃO DE PRODUTOS DE MINERAIS NÃO METÁLICOS | 1.485 | 8,5% | 127 | 63 | 2.675 | 2,37% |
| 24 | METALURGIA | 6.177 | 25,5% | 1.573 | 787 | 32.073 | 2,45% |
| 25 | FABR DE PROD DE METAL, EXC MÁQUINAS E EQUIPAMENTOS | 1.977 | 9,7% | 191 | 96 | 4.113 | 2,32% |
| 26 | FABR DE EQUIP DE INFORMÁTICA, PROD ELETRÔNICOS E ÓPTICOS | 4.582 | 3,8% | 174 | 87 | 2.354 | 3,70% |
| 27 | FABRICAÇÃO DE MÁQUINAS, APARELHOS E MATERIAIS ELÉTRICOS | 3.727 | 8,3% | 311 | 156 | 4.047 | 3,84% |
| 28 | FABRICAÇÃO DE MÁQUINAS E EQUIPAMENTOS | 5.259 | 18,0% | 945 | 472 | 14.452 | 3,27% |
| 29 | FABRICAÇÃO DE VEÍCULOS AUTOMOT, REBOQUES E CARROCERIAS | 9.636 | 15,3% | 1.470 | 735 | 36.270 | 2,03% |
| 30 | FABR DE OUT EQUIP DE TRANSPORTE, EXC VEÍCULOS AUTOMOT | 1.619 | 48,5% | 785 | 392 | 16.523 | 2,37% |
| 31 | FABRICAÇÃO DE MÓVEIS | 438 | 7,1% | 31 | 15 | 1.201 | 1,29% |
| 32 | FABRICAÇÃO DE PRODUTOS DIVERSOS | 395 | 10,7% | 42 | 21 | 825 | 2,57% |
| 33 | MANUT, REPARAÇÃO E INSTALAÇÃO DE MÁQ E EQUIPAMENTOS | 462 | 84,7% | 391 | 196 | 2.575 | 7,60% |
| | Totais e médias | 88.709 | 19,6% | 17.425 | 8.746 | 336.433 | 2,60% |

**Fonte:** RFB. Elaboração própria.

Legenda:

(A) – DIPJ 11 – Impostos e contribuições a recuperar

(B) – Coeficiente de exportações por divisão econômica

(C=A*B) – Impostos e contribuições a recuperar relativos à exportação

(D=C*0,5) – Créditos acumulados no ano de 2013

(E) – Exportações de 2013

(F=D/E) – Coeficiente de cumulatividade dos créditos acumulados

Há outra questão envolvida na acumulação de créditos pelos exportadores. A demora em reaver recursos financeiros pagos a fornecedores, derivados de impostos e contribuições, gera custo financeiro. Como pode ser identificado por meio da Tabela 49, não se trata de evento isolado no tempo. Ao contrário, ano a ano, os estoques permanecem elevados, evidenciando uma rotatividade nos créditos acumulados. A realidade pode ser ainda mais grave, dado que pode haver necessidade de baixar valores que se acumulam ano a ano nos balanços, deteriorando sua credibilidade. Nesse caso, o imposto vira custo efetivo do exportador, piorando as condições competitivas da economia brasileira nos mercados externos.

Mensurar esses custos envolveria grande esforço, mas é possível dar uma indicação bastante concreta com respeito aos mesmos. A Tabela 49 mostra o total de impostos e contribuições a recuperar, declarados pelos contribuintes na DIPJ e a participação estimada dos créditos relativos à atividade exportadora (terceira coluna). A estimativa de custo financeiro do carregamento dos créditos acumulados foi balizada pela taxa de juros do capital de giro, divulgada pelo Banco Central em seu Sistema Gerenciador de Séries Temporais, que foi de 17,71% na média de 2013. Confrontado com as receitas de exportação, divisão a divisão, o coeficiente médio do custo financeiro do carregamento do crédito acumulado foi estimado em 0,92%.

**Tabela 49** – Coeficiente de custo do carregamento financeiro do crédito acumulado (milhões de reais – 2013)

| | DIVISÕES ECONÔMICAS | (A) | (B) | (C=A*B) | (D=C*17,71%) | (E) | (F=D/E) |
|---|---|---|---|---|---|---|---|
| 10 | FABRICAÇÃO DE PRODUTOS ALIMENTÍCIOS | 19.726 | 31,3% | 6.165 | 1.092 | 113.559 | 0,96% |
| 11 | FABRICAÇÃO DE BEBIDAS | 2.656 | 4,5% | 119 | 21 | 2.148 | 0,98% |
| 12 | FABRICAÇÃO DE PRODUTOS DO FUMO | 574 | 58,6% | 336 | 60 | 6.446 | 0,92% |
| 13 | FABRICAÇÃO DE PRODUTOS TÊXTEIS | 1.411 | 7,3% | 103 | 18 | 2.135 | 0,85% |
| 14 | CONFECÇÃO DE ARTIGOS DO VESTUÁRIO E ACESSÓRIOS | 378 | 1,4% | 5 | 1 | 201 | 0,47% |
| 15 | PREP E FABR DE ARTEF DE COURO, ART PARA VIAGEM E CALÇADOS | 937 | 29,1% | 273 | 48 | 5.753 | 0,84% |
| 16 | FABRICAÇÃO DE PRODUTOS DE MADEIRA | 511 | 20,5% | 105 | 19 | 2.530 | 0,73% |
| 17 | FABRICAÇÃO DE CELULOSE, PAPEL E PRODUTOS DE PAPEL | 1.987 | 30,2% | 600 | 106 | 15.151 | 0,70% |

| | DIVISÕES ECONÔMICAS | (A) | (B) | (C=A*B) | (D=C*17,71%) | (E) | (F=D/E) |
|---|---|---|---|---|---|---|---|
| 18 | IMPRESSÃO E REPRODUÇÃO DE GRAVAÇÕES | 369 | 3,8% | 14 | 2 | 170 | 1,46% |
| 19 | FABR DE COQUE, DE PROD DERIV DO PETRÓLEO E DE BIOCOMBUSTÍVEIS | 11.014 | 20,6% | 2.273 | 403 | 43.109 | 0,93% |
| 20 | FABRICAÇÃO DE PRODUTOS QUÍMICOS | 8.959 | 11,7% | 1.046 | 185 | 19.976 | 0,93% |
| 21 | FABRICAÇÃO DE PRODUTOS FARMOQUÍMICOS E FARMACÊUTICOS | 1.860 | 10,6% | 196 | 35 | 2.926 | 1,19% |
| 22 | FABRICAÇÃO DE PRODUTOS DE BORRACHA E DE MATERIAL PLÁSTICO | 2.569 | 8,4% | 215 | 38 | 5.221 | 0,73% |
| 23 | FABRICAÇÃO DE PRODUTOS DE MINERAIS Não METÁLICOS | 1.485 | 8,5% | 127 | 22 | 2.675 | 0,84% |
| 24 | METALURGIA | 6.177 | 25,5% | 1.573 | 279 | 32.073 | 0,87% |
| 25 | FABR DE PROD DE METAL, EXC MÁQUINAS E EQUIPAMENTOS | 1.977 | 9,7% | 191 | 34 | 4.113 | 0,82% |
| 26 | FABR DE EQUIP DE INFORMÁTICA, PROD ELETRÔNICOS E ÓPTICOS | 4.582 | 3,8% | 174 | 31 | 2.354 | 1,31% |
| 27 | FABRICAÇÃO DE MÁQUINAS, APARELHOS E MATERIAIS ELÉTRICOS | 3.727 | 8,3% | 311 | 55 | 4.047 | 1,36% |
| 28 | FABRICAÇÃO DE MÁQUINAS E EQUIPAMENTOS | 5.259 | 18,0% | 945 | 167 | 14.452 | 1,16% |
| 29 | FABRICAÇÃO DE VEÍCULOS AUTOMOT, REBOQUES E CARROCERIAS | 9.636 | 15,3% | 1.470 | 260 | 36.270 | 0,72% |
| 30 | FABR DE OUT EQUIP DE TRANSPORTE, EXC VEÍCULOS AUTOMOT | 1.619 | 48,5% | 785 | 139 | 16.523 | 0,84% |
| 31 | FABRICAÇÃO DE MÓVEIS | 438 | 7,1% | 31 | 5 | 1.201 | 0,46% |
| 32 | FABRICAÇÃO DE PRODUTOS DIVERSOS | 395 | 10,7% | 42 | 8 | 825 | 0,91% |
| 33 | MANUT, REPARAÇÃO E INSTALAÇÃO DE MÁQ E EQUIPAMENTOS | 462 | 84,7% | 391 | 69 | 2.575 | 2,69% |
| | Totais e médias | 88.709 | 19,6% | 17.425 | 3.098 | 336.433 | 0,92% |

**Fonte:** IBGE e RFB. Elaboração própria.

Legendas:

(A) – Total de impostos e contribuições a recuperar

(B) – Participação das exportações nas vendas totais

(C=A*B) – Estimativa de créditos acumulados na atividade exportadora

(D=C*17,71%) – Estimativa de gasto em capital de giro

(E) – Receita de exportação

(F=D/E) – Coeficiente de custo do carregamento do crédito acumulado

## 6.4 Custos parafiscais

O aparato regulatório brasileiro contém elementos de grande impacto sobre as finanças empresariais. Com efeito, a herança do modelo de desenvolvimento econômico pela via da inserção estatal na mobilização de poupanças compulsórias foi a criação de fundos e subsídios cruzados por dentro das estruturas tarifárias. Conquanto seja de conhecimento amplo a existência de diversos exemplos, o foco será, aqui, colocado sobre o setor elétrico e sobre os combustíveis, dada a sua ampla abrangência no seio da atividade econômica.

### 6.4.1 Setor elétrico

Embora existam questionamentos sobre a concessão de crédito tributário nas aquisições de energia elétrica, especialmente no que toca ao consumo não associado diretamente à produção, este serviço altamente essencial, em geral, é operacionalizado na forma de tributação não cumulativa.

A principal exceção é justamente a parcela da tarifa relativa aos encargos setoriais e às bandeiras tarifárias. Em estudo da FIRJAN[77], a composição da tarifa de energia elétrica, em 2016, é desmembrada em seus principais elementos. A Tabela 50 mostra que os tributos são responsáveis por 27% da tarifa. Mas não nos ocuparemos deles aqui, dado que, em tese, os pagamentos de tributos sobre a energia na cadeia produtiva são objeto de crédito tributário, entendidos como recuperáveis pelo exportador. O item anterior identificou este caso, sob a denominação de "custo tributário".

**Tabela 50** – Composição da tarifa de energia elétrica (2016)

| Item | R$/MWh | % |
|---|---|---|
| GTD | 302,06 | 56 |
| Perdas | 37,39 | 7 |
| Encargos | 24,26 | 5 |
| Bandeiras | 27,27 | 5 |
| Tributos | 144,27 | 27 |
| **Total** | **535,28** | **100** |

**Fonte:** Sistema Firjan, a partir de dados ANEEL. Elaboração própria.

---

77 Disponível em: <http://www.firjan.com.br/lumis/portal/file/fileDownload.jsp?fileId=2C908A8A559C8BA001563303D3744A1B&inline=1>.

O foco aqui colocado recai sobre as características do setor de energia que geram custos parafiscais, inerentes à organização do sistema, e não permite que as mercadorias exportadas recuperem os valores cobrados, o que produz o mesmo efeito de um tributo em cascata, ou não recuperável.

Como foi amplamente noticiado, de 2014 para 2015, o Tesouro Nacional deixou de compensar as perdas das distribuidoras, gerando aumento real no preço da energia de 33,8% entre 2014 e 2016. Assim, o primeiro passo para a identificação da cumulatividade gerada por encargos setoriais[78], perdas[79] e bandeiras[80] foi agregar aos dados de consumo de energia destinada à produção (PIA/IBGE de 2014) a mudança de preços relativos realizada nos anos seguintes. A Tabela 51 mostra a agregação dessa mudança de preços relativos aos dados de consumo, como pode ser verificado na transição entre a primeira e a segunda coluna.

Um segundo ajuste se impôs. A mudança de preços relativos gerada pelos novos preços da energia elétrica foi agregada como novo custo, considerando todos os outros custos constantes. A coluna "custo total ajustado em 2014 pela energia 2016" expressa essa agregação de custos derivados da mudança de preços relativos.

Para calcular a cumulatividade envolvida no custo parafiscal foram tomados os valores de receita líquida de vendas, diretamente da PIA/IBGE de 2014, por divisões econômicas. O valor de encargos setoriais, perdas e bandeiras foi confrontado com a Receita Líquida de Vendas e está expresso, na Tabela 51, como "custos parafiscais (encargos/receita)".

---

[78] Encargos setoriais: Conta de Desenvolvimento Energético (CDE); Taxa de Fiscalização de Serviços de Energia Elétrica (TFSEE); Programa de Incentivo às Fontes Alternativas de Energia Elétrica (PROINFA); Compensação Financeira pela Utilização de Recursos Hídricos (CFURH); Encargo de Serviços do Sistema (ESS); Encargo de Energia de Reserva (EER); Pesquisa e Desenvolvimento e Eficiência Energética (P&D/EE) e Operador Nacional do Sistema (ONS).

[79] Por perdas, entenda-se tanto as técnicas como as perdas comerciais, derivadas de ligações clandestinas e falta de pagamento. Em todos os casos, o foco principal é a energia distribuída ao comércio, aos serviços e às residências.

[80] O sistema de bandeiras tarifárias sinaliza aos consumidores os custos da geração de energia elétrica no país, em decorrência de acionamento de unidades de maior custo de produção.

**Tabela 51** – Dedução do custo parafiscal na tarifa de energia elétrica (milhões de reais – 2014)

| | DIVISÕES ECONÔMICAS | Aquisição de Energia elétrica para uso na produção (PIA/IBGE 2014) | Energia consumida em 2014 a preços de 2016 | Custo total da produção (PIA/IBGE 2014) | Custo total em 2014 ajustado pela Energia 2016 | Custos parafiscais (encargos e bandeiras em 2016) | Receita Líquida de Vendas (PIA/IBGE 2014) | Cumulatividade (custos/receita) |
|---|---|---|---|---|---|---|---|---|
| 10 | FABRICAÇÃO DE PRODUTOS ALIMENTÍCIOS | 4.851 | 6.493 | 553.043 | 554.684 | 623 | 511.028 | 0,12% |
| 11 | FABRICAÇÃO DE BEBIDAS | 668 | 894 | 74.585 | 74.811 | 86 | 74.648 | 0,11% |
| 12 | FABRICAÇÃO DE PRODUTOS DO FUMO | 55 | 74 | 11.116 | 11.134 | 7 | 12.453 | 0,06% |
| 13 | FABRICAÇÃO DE PRODUTOS TÊXTEIS | 1.375 | 1.841 | 41.030 | 41.496 | 177 | 38.520 | 0,46% |
| 14 | CONFECÇÃO DE ARTIGOS DO VESTUÁRIO E ACESSÓRIOS | 259 | 347 | 37.433 | 37.521 | 33 | 39.545 | 0,08% |
| 15 | PREP E FABR DE ARTEF DE COURO, ART PARA VIAGEM E CALÇADOS | 360 | 482 | 33.971 | 34.093 | 46 | 34.358 | 0,13% |
| 16 | FABRICAÇÃO DE PRODUTOS DE MADEIRA | 752 | 1.006 | 19.015 | 19.270 | 97 | 18.825 | 0,51% |
| 17 | FABRICAÇÃO DE CELULOSE, PAPEL E PRODUTOS DE PAPEL | 1.781 | 2.384 | 75.747 | 76.349 | 229 | 66.053 | 0,35% |
| 18 | IMPRESSÃO E REPRODUÇÃO DE GRAVAÇÕES | 155 | 208 | 11.849 | 11.901 | 20 | 12.537 | 0,16% |
| 19 | FABR DE COQUE, DE PROD DERIV DO PETRÓLEO E DE BIOCOMB. | 2.250 | 3.012 | 397.967 | 398.729 | 289 | 307.701 | 0,09% |
| 20 | FABRICAÇÃO DE PRODUTOS QUÍMICOS | 3.358 | 4.494 | 271.049 | 272.185 | 431 | 257.867 | 0,17% |
| 21 | FABRICAÇÃO DE PRODUTOS FARMOQUÍMICOS E FARMACÊUTICOS | 260 | 348 | 53.445 | 53.533 | 33 | 54.508 | 0,06% |
| 22 | FABRICAÇÃO DE PRODUTOS DE BORRACHA E DE MATERIAL PLÁSTICO | 1.963 | 2.628 | 93.844 | 94.508 | 252 | 88.613 | 0,28% |
| 23 | FABRICAÇÃO DE PRODUTOS DE MINERAS NÃO METÁLICOS | 2.820 | 3.774 | 89.369 | 90.323 | 362 | 79.955 | 0,45% |
| 24 | METALURGIA | 5.568 | 7.452 | 180.760 | 182.644 | 715 | 164.523 | 0,43% |
| 25 | FABR DE PROD DE METAL, EXC MÁQUINAS E EQUIPAMENTOS | 827 | 1.107 | 69.808 | 70.088 | 106 | 68.937 | 0,15% |
| 26 | FABR DE EQUIP DE INFORMÁTICA PROD ELETRÔNICOS E **ÓPTICOS** | 184 | 246 | 93.215 | 93.277 | 24 | 89.424 | 0,03% |
| 27 | FABRICAÇÃO DE MÁQUINAS, APARELHOS E MATERIAIS ELÉTRICOS | 570 | 762 | 76.633 | 76.825 | 73 | 72.182 | 0,10% |
| 28 | FABRICAÇÃO DE MÁQUINAS E EQUIPAMENTOS | 766 | 1.026 | 125.120 | 125.379 | 98 | 121.337 | 0,08% |
| 29 | FABRICAÇÃO DE VEÍCULOS AUTOMOT, REBOQUES E CARROCERIAS | 1.453 | 1.945 | 289.299 | 289.791 | 187 | 263.201 | 0,07% |
| 30 | FABR DE OUT EQUIP DE TRANSPORTE, EXC VEÍCULOS AUTOMOT | 206 | 275 | 54.874 | 54.944 | 26 | 47.745 | 0,06% |
| 31 | FABRICAÇÃO DE MÓVEIS | 317 | 425 | 26.851 | 26.958 | 41 | 27.265 | 0,15% |
| 32 | FABRICAÇÃO DE PRODUTOS DIVERSOS | 181 | 242 | 18.706 | 18.767 | 23 | 19.896 | 0,12% |
| 33 | MANUT, REPARAÇÃO E INSTALAÇÃO DE MÁQ E EQUIPAMENTOS | 57 | 76 | 20.040 | 20.059 | 7 | 19.617 | 0,04% |
| Totais e médias | | 31.037 | 41.539 | 2.718.769 | 2.729.271 | 3.988 | 2.490.739 | 0,16% |

**Fonte:** PIA/IBGE 2014. Elaboração própria.

### 6.4.2 Combustíveis

O Brasil, em sua história tributária, sempre tratou a tributação de combustíveis de forma cumulativa. A Constituição de 1988 colocou fim a este passado, integrando o antigo imposto único sobre combustíveis e lubrificantes ao ICMS, o que propiciou o crédito tributário dentro das cadeias produtivas. Todavia, a criação da CIDE, em 2001, recolocou a cumulatividade na tributação dos combustíveis.

A estimativa apresentada na Tabela 52 toma os dados de consumo de combustíveis na produção, da PIA/IBGE de 2014, e supõe que 50% dos mesmos sejam realizados com óleo diesel[81], que é tributado pela CIDE, desde a elevação da alíquota, em 2015. Foi usada a alíquota vigente e calculado o coeficiente de cumulatividade decorrente da CIDE, cujo pagamento não é dedutível para os consumidores intermediários, mesmo que exportadores.

**Tabela 52** – Gastos com combustíveis e estimativa de coeficiente de cumulatividade da CIDE (milhões de reais – 2014)

| | DIVISÕES ECONÔMICAS | Gasto com combustível na produção | Gasto hipotético com diesel | Incidência da CIDE | Receita Líquida de Vendas (PIA/IBGE 2014) | Coeficiente de cumulatividade da CIDE |
|---|---|---|---|---|---|---|
| 10 | FABRICAÇÃO DE PRODUTOS ALIMENTÍCIOS | 4.490 | 2.245 | 66,0 | 511.028 | 0,013% |
| 11 | FABRICAÇÃO DE BEBIDAS | 514 | 257 | 7,6 | 74.648 | 0,010% |
| 12 | FABRICAÇÃO DE PRODUTOS DO FUMO | 32 | 16 | 0,5 | 12.453 | 0,004% |
| 13 | FABRICAÇÃO DE PRODUTOS TÊXTEIS | 568 | 284 | 8,4 | 38.520 | 0,022% |
| 14 | CONFECÇÃO DE ARTIGOS DO VESTUÁRIO E ACESSÓRIOS | 86 | 43 | 1,3 | 39.545 | 0,003% |
| 15 | PREP E FABR DE ARTEF DE COURO, ART PARA VIAGEM E CALÇADOS | 90 | 45 | 1,3 | 34.358 | 0,004% |
| 16 | FABRICAÇÃO DE PRODUTOS DE MADEIRA | 419 | 210 | 6,2 | 18.825 | 0,033% |
| 17 | FABRICAÇÃO DE CELULOSE, PAPEL E PRODUTOS DE PAPEL | 2.065 | 1.032 | 30,4 | 66.053 | 0,046% |

[81] O óleo combustível, desde o decreto de recomposição da incidência da CIDE, tem alíquota zero.

| | DIVISÕES ECONÔMICAS | Gasto com combustível na produção | Gasto hipotético com diesel | Incidência da CIDE | Receita Líquida de Vendas (PIA/IBGE 2014) | Coeficiente de cumulatividade da CIDE |
|---|---|---|---|---|---|---|
| 18 | IMPRESSÃO E REPRODUÇÃO DE GRAVAÇÕES | 35 | 17 | 0,5 | 12.537 | 0,004% |
| 19 | FABR DE COQUE, DE PROD DERIV DO PETRÓLEO E DE BIOCOMBUSTÍVEIS | 6.710 | 3.355 | 98,7 | 307.701 | 0,032% |
| 20 | FABRICAÇÃO DE PRODUTOS QUÍMICOS | 2.414 | 1.207 | 35,5 | 257.867 | 0,014% |
| 21 | FABRICAÇÃO DE PRODUTOS FARMOQUÍMICOS E FARMACÊUTICOS | 145 | 72 | 2,1 | 54.508 | 0,004% |
| 22 | FABRICAÇÃO DE PRODUTOS DE BORRACHA E DE MATERIAL PLÁSTICO | 484 | 242 | 7,1 | 88.613 | 0,008% |
| 23 | FABRICAÇÃO DE PRODUTOS DE MINERAIS NÃO METÁLICOS | 5.048 | 2.524 | 74,2 | 79.955 | 0,093% |
| 24 | METALURGIA | 4.646 | 2.323 | 68,3 | 164.523 | 0,042% |
| 25 | FABR DE PROD DE METAL, EXC MÁQUINAS E EQUIPAMENTOS | 441 | 221 | 6,5 | 68.937 | 0,009% |
| 26 | FABR DE EQUIP DE INFORMÁTICA PROD ELETRÔNICOS E ÓPTICOS | 22 | 11 | 0,3 | 89.424 | 0,000% |
| 27 | FABRICAÇÃO DE MÁQUINAS, APARELHOS E MATERIAIS ELÉTRICOS | 111 | 56 | 1,6 | 72.182 | 0,002% |
| 28 | FABRICAÇÃO DE MÁQUINAS E EQUIPAMENTOS | 294 | 147 | 4,3 | 121.337 | 0,004% |
| 29 | FABRICAÇÃO DE VEÍCULOS AUTOMOT, REBOQUES E CARROCERIAS | 676 | 338 | 9,9 | 263.201 | 0,004% |
| 30 | FABR DE OUT EQUIP DE TRANSPORTE, EXC VEÍCULOS AUTOMOT | 74 | 37 | 1,1 | 47.745 | 0,002% |
| 31 | FABRICAÇÃO DE MÓVEIS | 76 | 38 | 1,1 | 27.265 | 0,004% |
| 32 | FABRICAÇÃO DE PRODUTOS DIVERSOS | 78 | 39 | 1,1 | 19.896 | 0,006% |
| 33 | MANUT, REPARAÇÃO E INSTALAÇÃO DE MÁQ E EQUIPAMENTOS | 49 | 25 | 0,7 | 19.617 | 0,004% |
| Totais e médias | | 29.566 | 14.783 | 434,8 | 2.490.739 | 0,017% |

**Fonte:** PIA/IBGE e RFB. Elaboração própria.

## 6.5 Consolidação

O longo percurso aqui percorrido para avaliar as distintas faces da cumulatividade e dos tributos e contribuições não recuperáveis que prejudicam a competitividade externa da economia brasileira encontra consolidação nas duas tabelas abaixo. A Figura 19 consolida a cumulatividade derivada do ISS e do PIS/COFINS com os custos tributários decorrentes dos percalços administrativos do sistema, que acabam resultando no acúmulo de créditos. Como se pode depreender, o "prejuízo" ao exportador de manufaturados é de 6,45% da receita líquida de vendas ao exterior. Por meio da Tabela 53 é possível verificar a incidência de tributos e contribuições cumulativas por divisão econômica. Do mesmo modo, a tabela apresenta os distintos componentes avaliados neste estudo acerca da cumulatividade que ainda persiste no sistema tributário brasileiro.

| ETAPAS DO CÁLCULO | % da Receita Líquida de Vendas |
|---|---|
| **A. Distorções do Sistema Tributário** | |
| I – Contribuição para o PIS/COFINS | 2,42% |
| II – Imposto sobre Serviços de Qualquer Natureza (ISS) | 0,33% |
| **SUBTOTAL (I)** | **2,75%** |
| **B. Problemas Administrativos** | |
| I – Custo tributário de impostos e contribuições a recuperar | 2,60% |
| II – Custo financeiro de carregamento dos créditos acumulados | 0,92% |
| III – Custos parafiscais – energia elétrica | 0,16% |
| IV – Custos parafiscais – CIDE (combustíveis) | 0,02% |
| **SUBTOTAL (II)** | **3,70%** |
| **TOTAL DA CUMULATIVIDADE TRIBUTÁRIA (I) + (II)** | **6,45%** |

**Fonte:** RFB. Elaboração própria.

**Figura 19** – Consolidação do efeito da cumulatividade e do custo tributário para as exportações

**Tabela 53** – Consolidado de cumulatividade e custo tributário, por divisões econômicas (em % da Receita Líquida de Vendas – 2014)

| | DIVISÕES ECONÔMICAS | Coeficiente de Cumulatividade PIS/COFINS | Coeficiente de cumulatividade do ISS | Custo tributário do crédito acumulado | Custo finaceiro do crédito acumulado | Cumulatividade de energia elétrica e CIDE combustíveis | Cumulatividade e custos financeiros e tributários |
|---|---|---|---|---|---|---|---|
| 10 | FABRICAÇÃO DE PRODUTOS ALIMENTÍCIOS | 0,27% | 0,17% | 2,71% | 0,96% | 0,13% | 4,25% |
| 11 | FABRICAÇÃO DE BEBIDAS | 0,63% | 0,41% | 2,78% | 0,98% | 0,13% | 4,92% |
| 12 | FABRICAÇÃO DE PRODUTOS DO FUMO | 0,11% | 0,25% | 2,61% | 0,92% | 0,06% | 3,95% |
| 13 | FABRICAÇÃO DE PRODUTOS TÊXTEIS | 3,05% | 0,22% | 2,41% | 0,85% | 0,48% | 7,01% |
| 14 | CONFECÇÃO DE ARTIGOS DO VESTUÁRIO E ACESSÓRIOS | 0,64% | 0,41% | 1,33% | 0,47% | 0,09% | 2,94% |
| 15 | PREP E FABR DE ARTEF DE COURO, ART PARA VIAGEM E CALÇADOS | 0,34% | 0,35% | 2,37% | 0,84% | 0,14% | 4,05% |
| 16 | FABRICAÇÃO DE PRODUTOS DE MADEIRA | 1,05% | 0,20% | 2,07% | 0,73% | 0,55% | 4,61% |
| 17 | FABRICAÇÃO DE CELULOSE, PAPEL E PRODUTOS DE PAPEL | 1,50% | 0,38% | 1,98% | 0,70% | 0,39% | 4,96% |
| 18 | IMPRESSÃO E REPRODUÇÃO DE GRAVAÇÕES | 0,60% | 1,25% | 4,13% | 1,46% | 0,16% | 7,61% |
| 19 | FABR DE COQUE, DE PROD DERIV DO PETRÓLEO E DE BIOCOMBUSTÍVEIS | 3,13% | 0,45% | 2,64% | 0,93% | 0,13% | 7,27% |
| 20 | FABRICAÇÃO DE PRODUTOS QUÍMICOS | 2,33% | 0,25% | 2,62% | 0,93% | 0,18% | 6,30% |
| 21 | FABRICAÇÃO DE PRODUTOS FARMOQUÍMICOS E FARMACÊUTICOS | 0,97% | 0,43% | 3,35% | 1,19% | 0,07% | 6,01% |
| 22 | FABRICAÇÃO DE PRODUTOS DE BORRACHA E DE MATERIAL PLÁSTICO | 2,75% | 0,30% | 2,06% | 0,73% | 0,29% | 6,13% |
| 23 | FABRICAÇÃO DE PRODUTOS DE MINERAIS Não METÁLICOS | 0,80% | 0,43% | 2,37% | 0,84% | 0,55% | 4,98% |
| 24 | METALURGIA | 2,97% | 0,33% | 2,45% | 0,87% | 0,48% | 7,10% |
| 25 | FABR DE PROD DE METAL, EXC MÁQUINAS E EQUIPAMENTOS | 1,64% | 0,44% | 2,32% | 0,82% | 0,16% | 5,39% |
| 26 | FABR DE EQUIP DE INFORMÁTICA PROD ELETRÔNICOS E ÓPTICOS | 4,01% | 0,31% | 3,70% | 1,31% | 0,03% | 9,35% |
| 27 | FABRICAÇÃO DE MÁQUINAS, APARELHOS E MATERIAIS ELÉTRICOS | 4,78% | 0,46% | 3,84% | 1,36% | 0,10% | 10,54% |
| 28 | FABRICAÇÃO DE MÁQUINAS E EQUIPAMENTOS | 3,56% | 0,42% | 3,27% | 1,16% | 0,08% | 8,49% |
| 29 | FABRICAÇÃO DE VEÍCULOS AUTOMOT, REBOQUES E CARROCERIAS | 7,05% | 0,28% | 2,03% | 0,72% | 0,07% | 10,15% |
| 30 | FABR DE OUT EQUIP DE TRANSPORTE, EXC VEÍCULOS AUTOMOT | 0,16% | 0,39% | 2,37% | 0,84% | 0,06% | 3,83% |
| 31 | FABRICAÇÃO DE MÓVEIS | 0,27% | 0,23% | 1,29% | 0,46% | 0,15% | 2,40% |
| 32 | FABRICAÇÃO DE PRODUTOS DIVERSOS | 0,83% | 0,38% | 2,57% | 0,91% | 0,12% | 4,81% |
| 33 | MANUT, REPARAÇÃO E INSTALAÇÃO DE MÁQ E EQUIPAMENTOS | 0,99% | 1,37% | 7,60% | 2,69% | 0,04% | 12,69% |
| | Totais e médias | 2,42% | 0,33% | 2,60% | 0,92% | 0,18% | 6,45% |

**Fonte:** RFB. Elaboração própria.

CAPÍTULO 7

# MENSURAÇÃO DO POTENCIAL DE CRESCIMENTO DAS EXPORTAÇÕES DE MANUFATURADOS E BALANÇO TRIBUTÁRIO

## 7.1 Dois cenários para o crescimento das exportações

Com o objetivo de medir o impacto de um forte incremento das exportações para o sistema econômico, foram construídos dois cenários e mensurados os efeitos diretos, indiretos e induzidos sobre o conjunto da economia brasileira. A metodologia utilizada para aferição dos impactos baseou-se na matriz insumo-produto, já discutida neste trabalho.

### 7.1.1 Cenário A – Expansão das exportações de bens manufaturados

Para a construção do primeiro cenário, adotou-se a hipótese de elevação de 10% das exportações, tomando como base as vendas externas efetivamente realizadas em 2016, segundo estatísticas oficiais do Ministério do Desenvolvimento Indústria e Comércio (MDIC). A exportação de bens manufaturados, no ano em tela, totalizou US$ 73,9 bilhões. A partir desse montante, o valor base para a construção do Cenário A, estimado em US$ 7,4 bilhões, foi transformado em reais pela taxa média de câmbio de 2016, de R$ 3,49/US$, resultando num montante de R$ 25,8 bilhões.

O valor do incremento das exportações foi distribuído entre os diversos setores da Indústria de Transformação, tomados pela classificação da CNAE, respeitando-se os seguintes critérios: (a) a expansão da indústria de alimentos foi de 5%, em decorrência do tamanho do segmento e da maior incidência de bens de baixo nível de elaboração e semimanufaturados; (b) foram desconsiderados os segmentos em que o histórico de exportações tem sido muito baixo e aqueles em que a relação com o comércio exterior tem sido prejudicada por custos operacionais que superam a média da indústria em geral; e (c) excetuados os setores mencionados nos itens (a) e (b), o acréscimo de exportações foi distribuído proporcionalmente pelos setores, seguindo sua participação na pauta exportadora de 2016 (Tabela 54).

**Tabela 54** – Cenário A – Aumento de 10% do total exportado pelos setores selecionados

| Ordem | Setor | Choque (R$ bi) |
|---|---|---|
| | **Total** | **25,8** |
| *1* | Abate e produtos de carne, inclusive os produtos do laticínio e da pesca | 0,1 |
| *2* | Fabricação e refino de açúcar | 0,1 |
| *3* | Outros produtos alimentares | 6,2 |
| *4* | Fabricação de bebidas | 0,0 |
| *5* | Fabricação de produtos do fumo | 0,5 |
| *6* | Fabricação de produtos têxteis | 0,4 |
| *7* | Confecção de artefatos do vestuário e acessórios | 0,0 |
| *8* | Fabricação de calçados e de artefatos de couro | 0,7 |
| *9* | Fabricação de produtos da madeira | 0,5 |
| *10* | Fabricação de celulose, papel e produtos de papel | 1,6 |
| *11* | Impressão e reprodução de gravações | 0,0 |
| *12* | Refino de petróleo e coquerias | 0,4 |
| *13* | Fabricação de biocombustíveis | 0,1 |
| *14* | Fabricação de químicos orgânicos e inorgânicos, resinas e elastômeros | 1,3 |
| *15* | Fabricação de defensivos, desinfestantes, tintas e químicos diversos | 0,3 |
| *16* | Fabricação de produtos de limpeza, cosméticos/perfumaria e higiene pessoal | 0,2 |
| *17* | Fabricação de produtos farmoquímicos e farmacêuticos | 0,3 |
| *18* | Fabricação de produtos de borracha e de material plástico | 0,5 |

| Ordem | Setor | Choque (R$ bi) |
|---|---|---|
| *19* | Fabricação de produtos de minerais não metálicos | 0,4 |
| *20* | Produção de ferro-gusa/ferroligas, siderurgia e tubos de aço sem costura | 2,3 |
| *21* | Metalurgia de metais não ferrosos e a fundição de metais | 1,5 |
| *22* | Fabricação de produtos de metal, exceto máquinas e equipamentos | 0,4 |
| *23* | Fabricação de equipamentos de informática, produtos eletrônicos e ópticos | 0,3 |
| *24* | Fabricação de máquinas e equipamentos elétricos | 0,5 |
| *25* | Fabricação de máquinas e equipamentos mecânicos | 1,6 |
| *26* | Fabricação de automóveis, caminhões e ônibus, exceto peças | 1,6 |
| *27* | Fabricação de peças e acessórios para veículos automotores | 1,2 |
| *28* | Fabricação de outros equipamentos de transporte, exceto veículos automotores | 2,5 |
| *29* | Fabricação de móveis e de produtos de indústrias diversas | 0,1 |
| *30* | Manutenção, reparação e instalação de máquinas e equipamentos | 0,0 |

**Fonte:** IBGE. Elaboração própria

Para a aferição dos impactos desta expansão hipotética das exportações foram usados os coeficientes da matriz insumo-produto, ajustados pela Tabela de Recursos e Usos de 2014, por ser esta a informação mais recente sobre as articulações intra e intersetoriais da economia brasileira. É necessário, no entanto, proceder a uma observação sobre a divergência entre a taxa de câmbio utilizada (R$ 3,49 por US$) e a vigente em 2014 (R$ 2,35). O efeito de uma desvalorização cambial tem a tendência de elevar o conteúdo nacional de insumos nos processos produtivos, o que pode se dar, ou não, a depender da capacidade dos produtores nacionais, tanto em termos de capacidade produtiva, quanto no que respeita à atualização tecnológica. Como os coeficientes de 2014 emergiram de uma situação de câmbio valorizado, é de se supor que os impactos aqui aferidos sejam bastante conservadores.

Via de regra, os efeitos para a economia são altamente favoráveis. A Tabela 55 (Impactos do Cenário A) mostra que, contabilizando os efeitos diretos, indiretos, o PIB setorial seria ampliado em R$ 20,8 bilhões, o que representaria crescimento de 0,67% do PIB. Ao mesmo tempo, seriam criados 353 mil empregos apenas pelos impactos na cadeia produtiva e nos setores supridores de insumos. Se a este conjunto de efeitos, agregarmos aqueles decorrentes da geração de renda (efeito induzido) para a economia, o PIB setorial subiria R$ 41,7 bilhões e a criação de empregos poderia atingir 802 mil postos. Logicamente, o ano de 2014 ainda se caracterizou por alto nível de crédito e consumo, o que poderia não se reproduzir integralmente num quadro de estagnação como o atual.

**Tabela 55** – Impactos socioeconômicos do cenário A

| Impactos do Cenário A | | |
|---|---|---|
| Variável | Efeitos Diretos e Indiretos | Efeitos Diretos, Indiretos e Induzidos |
| Valor da produção (R$ bilhões) | 54,6 | 93,7 |
| PIB setorial (R$ bilhões) | 20,8 | 41,7 |
| Impostos Indiretos Líquidos (IIL) (R$ bilhões) | 2,5 | 4,1 |
| Empregos (mil) | 353 | 802 |
| Remuneração mensal média por emprego (R$) | 2.195 | 1.797 |
| Imposto de importação (R$ bilhão) | | 0,3 |
| IPI (R$ bilhão) | | 0,2 |
| ICMS (R$ bilhão) | | 1,5 |
| Outros impostos indiretos líquidos (R$ bilhões) | 1,3 | 2,1 |
| Previdência Oficial/FGTS (R$ bilhões) | 1,8 | 3,2 |
| Excedente Operacional Bruto (R$ bilhões) | 7,0 | 16,0 |

**Fonte:** IBGE. Elaboração própria

### 7.1.2 Cenário B – Expansão das exportações de bens manufaturados

Ao utilizar os parâmetros da matriz insumo-produto, explicitados anteriormente, como ferramenta preditiva dos impactos proporcionados por um incremento de apenas 5% das exportações de setores selecionados da indústria de transformação, constata-se que a economia brasileira deverá ser consideravelmente beneficiada, em virtude do perfil diversificado e do maior valor agregado dessas vendas externas. Neste caso, foram selecionados setores que possuem maiores vantagens comparativas e inserção minimamente reconhecida no comércio internacional.

Com a realização da mencionada elevação das exportações desses manufaturados, estima-se que haverá no país um impacto macroeconômico de **R$ 20,4 bilhões**, cujos principais efeitos socioeconômicos seriam os seguintes:

**Tabela 56** – Impactos socioeconômicos do cenário B

| Impactos do Cenário B | | |
|---|---|---|
| **Variável** | **Efeitos Diretos e Indiretos** | **Efeitos Diretos, Indiretos e Induzidos** |
| Valor da produção (R$ bilhões) | 44,4 | 76,4 |
| PIB setorial (R$ bilhões) | 16,8 | 33,9 |
| Impostos Indiretos líquidos (IIL) (R$ bilhões) | 2,0 | 3,3 |
| Empregos (mil) | 334 | 702 |
| Remuneração mensal média por emprego (R$) | 1.867 | 1.666 |

**Fonte:** IBGE. Elaboração própria

Os setores que mais contribuiriam para esse desempenho favorável são:

a) carnes;
b) açúcar;
c) outros alimentos (óleos vegetais, suco de laranja, café etc.) ;
d) produtos siderúrgicos;
e) autoveículos e autopeças;
f) celulose e papel;
g) produtos químicos;
h) máquinas e equipamentos mecânicos;
i) máquinas e equipamentos elétricos;
j) produtos de borracha e material plástico;
k) calçados e artefatos de couro;
l) fumo;
m) produtos têxteis e de vestuário.

**Tabela 57** – Cenário B – aumento de 5% do total exportado pelos setores selecionados

| Ordem | Setor | Choque (R$ bi) |
|---|---|---|
| | **Total** | **20,4** |
| *1* | Abate e produtos de carne, inclusive os produtos do laticínio e da pesca | 2,4 |
| *2* | Fabricação e refino de açúcar | 1,8 |
| *3* | Outros produtos alimentares | 3,4 |
| *4* | Fabricação de bebidas | 0,0 |
| *5* | Fabricação de produtos do fumo | 0,4 |
| *6* | Fabricação de produtos têxteis | 0,2 |
| *7* | Confecção de artefatos do vestuário e acessórios | 0,0 |
| *8* | Fabricação de calçados e de artefatos de couro | 0,6 |
| *9* | Fabricação de produtos da madeira | 0,2 |
| *10* | Fabricação de celulose, papel e produtos de papel | 1,3 |
| *11* | Impressão e reprodução de gravações | 0,0 |
| *12* | Refino de petróleo e coquerias | 0,2 |
| *13* | Fabricação de biocombustíveis | 0,0 |
| *14* | Fabricação de químicos orgânicos e inorgânicos, resinas e elastômeros | 1,2 |
| *15* | Fabricação de defensivos, desinfestantes, tintas e químicos diversos | 0,0 |
| *16* | Fabricação de produtos de limpeza, cosméticos/perfumaria e higiene pessoal | 0,0 |
| *17* | Fabricação de produtos farmoquímicos e farmacêuticos | 0,2 |
| *18* | Fabricação de produtos de borracha e de material plástico | 0,9 |
| *19* | Fabricação de produtos de minerais não metálicos | 0,0 |
| *20* | Produção de ferro-gusa/ferroligas, siderurgia e tubos de aço sem costura | 1,4 |
| *21* | Metalurgia de metais não ferrosos e a fundição de metais | 0,2 |
| *22* | Fabricação de produtos de metal, exceto máquinas e equipamentos | 0,2 |

| Ordem | Setor | Choque (R$ bi) |
|---|---|---|
| 23 | Fabricação de equipamentos de informática, produtos eletrônicos e ópticos | 0,2 |
| 24 | Fabricação de máquinas e equipamentos elétricos | 0,9 |
| 25 | Fabricação de máquinas e equipamentos mecânicos | 1,3 |
| 26 | Fabricação de automóveis, caminhões e ônibus, exceto peças | 1,4 |
| 27 | Fabricação de peças e acessórios para veículos automotores | 1,0 |
| 28 | Fabricação de outros equipamentos de transporte, exceto veículos automotores | 0,8 |
| 29 | Fabricação de móveis e de produtos de indústrias diversas | 0,2 |
| 30 | Manutenção, reparação e instalação de máquinas e equipamentos | 0,0 |

**Fonte:** IBGE. Elaboração própria.

## 7.2 Balanço Tributário

Em várias oportunidades da história econômica brasileira, as exportações foram vistas com grande desconfiança pelos formuladores e executores da política econômica, notadamente quando o país era marcado pelo fechamento de seu mercado e pelo baixo dinamismo das exportações. A desconfiança procede, em certo sentido, dado que o sistema tributário brasileiro, sendo muito focado na tributação de bens e serviços, é fortemente afetado pela mudança da composição da produção em prol das exportações. Como é isenta dos principais tributos sobre mercadorias e serviços, a arrecadação governamental é prejudicada pela substituição de um produto vendido para o mercado interno por outro destinado ao exterior, dada a isenção às exportações. Porém, no caso atual, a demanda interna não deverá apresentar sinais de rápida recuperação nos próximos anos, o que volta o foco para as exportações como forma de recuperação da atividade econômica.

Por isso, há a necessidade de avaliar de maneira mais precisa os elementos deste raciocínio. Partimos dos impactos sobre tributos e contribuições que o cenário de expansão das exportações proporcionaria (Tabela 55), usando a matriz insumo-produto, na forma já explicitada.

### 7.2.1 Impactos fiscais gerados no cenário A de expansão das exportações

O quadro de impactos fiscais, apresentado a seguir, indica os efeitos sobre a arrecadação de impostos e contribuições decorrentes da expansão de R$ 25,8 bilhões das exportações de bens manufaturados, nas proporções identificadas no cenário de expansão. Evidentemente, os efeitos diretos sobre os tributos incidentes sobre mercadorias e serviços são identificados como zero, devido à isenção conferida às exportações, como manda o bom regramento tributário (Tabela 58).

**Tabela 58** – Impactos do cenário A de expansão das exportações sobre variáveis fiscais

| Impactos | | |
|---|---|---|
| Variáveis (em R$ milhões) | Efeitos Diretos e Indiretos | Efeitos Diretos, Indiretos e Induzidos |
| Imposto de importação | | 71 |
| IPI | | 65 |
| ICMS | | 607 |
| Outros impostos indiretos líquidos | | 785 |
| Renda tributável do trabalho | | 9.580 |
| Previdência Oficial/FGTS | 1.795 | 3.229 |
| Excedente Operacional Bruto | 7.003 | 16.028 |

**Fonte:** Elaboração própria.

A partir dos dados da Tabela 58, buscou-se identificar os efeitos sobre as receitas governamentais da política de instituição de um REINTEGRA[1] de 5% sobre o valor das exportações. A expansão do REINTEGRA se daria em duas vertentes: (a) elevação de 2%, alíquota atualmente vigente, para 5%, sobre o montante de exportações já realizadas; e (b) alíquota de REINTEGRA de 5% sobre as exportações adicionais, exatamente nos temos indicados no cenário A

[1] O REINTEGRA foi introduzido pela Lei Federal nº 12.546, de 14 de dezembro de 2014 e modificado pela Lei Federal nº 13.043, de 13 de novembro de 2014, que permite que a reintegração de valores à empresa exportadora chegue a 5%. A regulamentação atual, dada pelo Decreto nº 8.415, de 27 de fevereiro de 2015, fixa a alíquota de reintegração em 2%, para 2017, e 3%, para 2018.

(Tabela 55). Desse modo, o custo global, somado à elevação de alíquotas sobre a exportação atual e os recursos relativos à expansão das exportações, geraria custos aos cofres públicos de R$ 9.029 milhões (Tabela 59).

O cálculo dos impactos envolve a aferição dos montantes de expansão de receitas derivadas dos efeitos que a renda gerada pelas exportações produz sobre a demanda interna. No campo da tributação sobre mercadorias, a expansão de receitas seria de R$ 1,53 bilhão. A tributação da renda do trabalho seria incrementada em quase R$ 1 bilhão[2]. Valor aproximado seria a expansão dos recolhimentos do empregado junto ao cofre do INSS[3].

No campo dos recolhimentos das empresas, os valores seriam ainda mais expressivos. No caso do recolhimento patronal à Previdência, os recursos seriam de R$ 2,37 bilhões. Por fim, com base no excedente operacional bruto foi estimada a receita de IRPJ e Contribuição Social sobre o Lucro Líquido (34% na composição de ambos), o que apontou para o valor de R$ 5,45 bilhões.

**Tabela 59** – Balanço tributário do cenário A de expansão das exportações da indústria de transformação

| Balanço Tributário (R$ milhões) | Gastos Tributários | Criação de Receitas |
|---|---|---|
| Reintegra de 5% sobre Exportação (incremento) | 9.029 | |
| Tributos Indiretos | | 1.528 |
| IR sobre Trabalho | | 958 |
| Previdência Patronal | | 2.368 |
| Previdência Empregado | | 1.006 |
| IR/CSLL (34%) | | 5.449 |
| Balanço | 9.029 | 11.310 |

**Fonte:** Elaboração própria.

2 O cálculo foi realizado a partir da massa salarial gerada, considerando-se que apenas a metade da mesma não estaria fora do alcance do Imposto de Renda pelo limite de isenção. Para a parte sujeita à tributação, usou-se uma alíquota de intermediária entra as duas primeiras faixas da tabela progressiva: 10%.

3 Não foram contabilizados recursos do FGTS, porque se trata de um fundo cuja titularidade é do trabalhador.

O balanço tributário mostra que, em vez do usual temor do governo, uma política de promoção às exportações, dotada de um enfrentamento sério à cumulatividade por meio do REINTEGRA, é favorável ao sistema tributário. O resultado é que, para exportações adicionais de R$ 25,8 bilhões, a geração líquida de recursos, considerando-se as perdas por isenções e a despesa com o REINTEGRA adicional, seria de, aproximadamente, R$ 2,3 bilhões.

### 7.2.2 Impactos fiscais gerados no cenário B de expansão das exportações

O mesmo exercício de impactos fiscais foi realizado para o cenário B de crescimento das exportações. A Tabela 60 indica os efeitos decorrentes da expansão de R$ 20,4 bilhões das exportações de setores selecionados da Indústria de Transformação sobre as variáveis que serão definidoras das receitas governamentais. Seguindo as mesmas diretrizes das estimativas realizadas para o cenário A, os efeitos diretos sobre os tributos incidentes sobre mercadorias e serviços são identificados como zero, devido à isenção conferida às exportações.

**Tabela 60** – Impacto do cenário B de expansão das exportações sobre variáveis fiscais

| | Impactos | |
|---|---|---|
| **Variáveis (R$ milhões)** | **Efeitos Diretos e Indiretos** | **Efeitos Diretos, Indiretos e Induzido** |
| Imposto de importação | | 60 |
| IPI | | 60 |
| ICMS | | 500 |
| Outros impostos indiretos líquidos | | 650 |
| Renda tributável do trabalho | | 7.775 |
| Previdência Oficial/FGTS | 1.472 | 2.647 |
| Excedente Operacional Bruto | 5.373 | 12.762 |

**Fonte:** Elaboração própria.

Uma metodologia de apuração idêntica à utilizada acima para o cenário A foi usada para aferir o balanço tributário do cenário B. Logicamente, diferenças são esperadas, por vezes expressivas, dada a heterogeneidade das cargas tributárias setoriais e mesmo dos perfis de bases de incidência entre distintos segmentos.

A partir dos dados da Tabela 60, buscou-se identificar os efeitos sobre as receitas governamentais da política de instituição de um REINTEGRA de 5% sobre o valor das exportações, incluindo o montante já realizado e a expansão prevista pelo cenário B. Como se pode verificar na Tabela 61, o REINTEGRA sobre o adicional custaria R$ 8,75 bilhões aos cofres públicos.

Os cálculos dos impactos sobre as receitas governamentais foram realizados da mesma forma que os promovidos para o cenário A. O resultado, para exportações adicionais de R$ 20,4 bilhões, foi a geração de receitas governamentais no montante de R$ 9 bilhões. Dessa forma, o balanço tributário, considerando-se as perdas por isenções, desonerações e a despesa com o REINTEGRA adicional, seria de, aproximadamente, R$ 230 milhões.

**Tabela 61** – Balanço tributário do cenário B de expansão das exportações da indústria de transformação

| Balanço Tributário (R$ milhões) | Gastos Tributário | Criação de Receitas |
|---|---|---|
| Reintegra de 5% sobre Exportação (incremento) | 8.754 | |
| Tributos Indiretos | | 1.106 |
| IR Sobre Trabalho | | 777 |
| Previdência Patronal | | 1.941 |
| Previdência Empregado | | 825 |
| IR/CSLL (34%) | | 4.339 |
| Balanço | 8.754 | 8.988 |

**Fonte:** Elaboração própria.

CAPÍTULO 8

# ALTERNATIVAS DE POLÍTICA ECONÔMICA E NOVOS INSTRUMENTOS

O fortalecimento da atividade exportadora de produtos manufaturados é uma necessidade absoluta para o país. Pelo menos três pontos devem ser destacados como elementos de grande impacto para a economia brasileira. O primeiro é relativo à geração de divisas.

Como já demonstrado, o Brasil passou a ter o desempenho de sua balança comercial numa dependência excessiva do comportamento dos mercados internacionais de *commodities*. Não é ruim lucrar com bons preços de produtos em que o país tem óbvias vantagens comparativas, mas é desastroso que o Brasil tenha suas contas externas prisioneiras da dinâmica de mercados que são determinados por elementos bastante específicos, entre os quais, a volatilidade dos preços dos mercados futuros. A recuperação da participação de produtos industrializados na pauta de exportações é crucial para mitigar esta dependência, pois: (a) seus preços internacionais, em moeda forte, são relativamente mais estáveis; (b) geram maior benefício macroeconômico em termos de emprego e renda; e (c) pode impulsionar a recuperação da indústria de transformação no país, cujos atuais níveis de produção são um dos mais baixos dos últimos 50 anos.

Nesse sentido, há um segundo elemento a destacar, que diz respeito às condições produtivas da indústria brasileira. Não há dúvida de que não existe pior obstáculo aos ganhos de produtividade do que o excessivo fechamento de uma economia, ou seja, a baixa participação de suas empresas nos mercados globais. A competição em preços e qualidade, assim como a convivência com a atualização tecnológica, em termos de produtos e processos, nos mercados internacionais é aspecto essencial na dinâmica de inovação e incorporação de progresso técnico aos produtos vendidos no mercado interno. De fato, o esforço exportador não se limita às vendas externas, mas extravasa para o conjunto das atividades de cada empresa, relacionamentos com fornecedores, prestadores de serviço etc. Reforçam-se, assim, compromissos entre parcerias operacionais, que se expandem em proporção geométrica, quanto mais longa e complexa for uma cadeia produtiva. O terceiro elemento é a regulação das condições de produção frente às flutuações do mercado interno. A economia brasileira sempre lidou com flutuações cíclicas de grande magnitude, derivadas de elementos externos aos tradicionais fatores que determinam o chamado ciclo de negócios. Câmbio, crédito e gasto fiscal, com flutuações muito mais intensas que a média internacional, produzem flutuações de grande magnitude. A presença das empresas brasileiras no mercado externo pode funcionar como amortecedor dos ciclos, dado que os níveis de produção tenderiam a sofrer menos com a recomposição do *mix* de produção entre mercado doméstico e exportações. Mas apenas um rompimento entre a oposição entre mercado interno e mercado externo, que muitas vezes nucleou as concepções sobre o desenvolvimento da economia brasileira, pode garantir que esta seja uma diretiva de política econômica.

Um quarto elemento a destacar diz respeito aos efeitos das exportações sobre as contas públicas, geralmente interpretados como negativos. Conforme demostrado no Capítulo 7, esta "crença" não encontra sustentação na análise dos efeitos gerados pelas exportações, quando analisados de uma forma abrangente. Embora vendas ao exterior devam ser desoneradas de tributos, os efeitos sobre a renda e o consumo dos agentes econômicos produzem tributos. Ao mesmo tempo, as atividades exportadoras geram recolhimentos à previdência e lucros tributados. O balanço entre tributos gerados e restituição dos impostos não recuperáveis, relativos à exportação de manufaturados, apontou que R$ 25,8 bilhões em exportações adicionais anuais, após pagamento do REINTEGRA numa base de alíquota de 5%, gerariam, liquidamente, R$ 2,3 bilhões aos cofres públicos.

É crucial que o apoio à atividade exportadora tenha um plano consistente para o curto, o médio e o longo prazo. A necessidade de dar um horizonte temporal amplo está diretamente ligada às enormes distorções que a economia brasileira apresenta para o sistema produtivo e que se mostram de forma ainda mais perversa para a atividade exportadora.

Desenvolver e executar estratégias para ocupação de mercados externos envolve pesados investimentos para as empresas. Do mesmo modo, firmar contratos de exportação implica compromissos de dois a quatro anos. Não são operações viáveis em situações de alta volatilidade do câmbio e dos demais parâmetros econômicos. A ausência de ações terá o resultado certo de impedir que as empresas desenvolvam capacidade de participar do mercado internacional.

O abandono do mercado externo resulta em deterioração das condições internas às empresas, especialmente na perda de potencial de lucro e atrofia da produção, em volume e qualidade. Para o país, o ônus é muito maior, dado que toda a macroeconomia começa a subordinar-se aos movimentos do mercado internacional, por vezes perversos, com perda na taxa de investimento e na capacidade de crescimento de longo prazo, refletindo-se em redução do PIB potencial e da renda *per capita*.

As medidas de longo prazo, logicamente, são essenciais para criar e manter estratégias de participação nos mercados internacionais por parte de empresas brasileiras e de filiais de empresas internacionais estabelecidas no Brasil. Seriam elas:

a) reforma tributária que fizesse o duplo movimento de reduzir a tributação sobre mercadorias e serviços e instituísse um tributo sobre o valor agregado (abarcando todas as mercadorias e serviços), eliminado os resíduos tributários não recuperáveis pelos exportadores e os tributos cumulativos;
b) redução expressiva da volatilidade cambial, a ser conseguida mediante aumento da participação relativa de produtos industrializados na pauta de exportação brasileira e consolidação dos instrumentos de gestão cambial e dos mercados e instituições que nele operam. Vale notar que a volatilidade não é um fenômeno derivado dos fluxos de comércio, mas é quase totalmente determinada por fluxos financeiros e movimentos de capital. Não há dúvida de que o Banco Central tem que ser ativo na gestão destes fluxos;
c) convergência da taxa de juros praticada no mercado nacional para padrões próximos aos internacionais. Como já explicitado, os juros praticados no Brasil podem penalizar, em menor medida, a atividade produtiva na planta exportadora, mas a cadeia produtiva em que este exportador se encontra é afetada, implicando em custos financeiros maiores para o produtor nacional.

O longo prazo tem importância enorme em mercados organizados, dado que condiciona as estratégias de planejamento por parte dos agentes econômicos. No entanto, o país não pode se dar ao luxo de deixar de construir caminhos para sair da atual crise e chegar ao futuro, sob pena de ver a capacidade de resposta produtiva deteriorar-se ainda mais.

Para tanto, medidas de curto prazo são essenciais, como elencado a seguir:

a) elevação da alíquota do REINTEGRA de 2% para 5% no caso de exportações adicionais realizadas pelas empresas, de modo a compensar, de forma específica, todos os setores penalizados pelos tributos cumulativos e pelas ausências de devolução de créditos acumulados de ICMS/IPI/PIS/COFINS;

b) organização de uma sistemática em que o governo federal emita um certificado de crédito tributário, descontável de outros tributos devidos pelo exportador ao governo federal (IR, CSLL etc.), sendo o mesmo deduzido do REINTEGRA, por adesão setorial;

c) pagamento, pelo Governo Federal, em certificados de crédito descontável de tributos federais de 30% dos créditos de ICMS acumulados e não pagos, de posse do exportador, depois de homologados pelas Fazendas Estaduais;

d) criação de *hedge* cambial de quatro anos para o exportador. Um fundo de recursos fiscais mobilizaria haveres para garantir, mediante contrato específico com o exportador, um valor em dólar por um período de quatro anos (seria uma espécie de *swap* cambial para o comércio exterior, baseado nos contratos firmes de exportação).

ANEXO I

# CARACTERIZAÇÃO DOS DEZ SETORES SELECIONADOS E EQUIVALÊNCIA ENTRE CNAES E NCMS

| SETORES | CNAES – CLASSES | DESCRIÇÃO DAS CLASSES | EQUIVALÊNCIA COM NCMs |
|---|---|---|---|
| ARTIGOS TÊXTEIS | 1312-0 | Preparação (lavagem, cardação, penteação etc.) de fibras têxteis naturais (linho, seda, sisal, juta, rami, lã, crina etc.) | 15050010/15050090/ De 50020000 a 50060000 |
| | | Fabricação de fios de fibras têxteis naturais (linho, rami, juta, seda, lã etc.), inclusive mesclas, com predominância de fibras têxteis naturais | |
| | | Serviços de acabamento em fios de fibras têxteis naturais (exceto algodão) realizados na mesma unidade da atividade de fiação | |
| | | Fabricação de fios de papel | |
| | | Obtenção de subprodutos, inclusive os desperdícios (lanolina) | |
| | 1322-7 | Fabricação de tecidos planos de fios de fibras têxteis naturais (lã, linho, juta, seda, rami etc.), inclusive mesclas, com predominância de fios naturais | De 50071010 a 50079000/ De 51111110 a 51130020/ De 53091100 a 53110000/ 58011000/58019000/5802 2000/58030090/63012000/ 63021000/63022900/6302 3900/63024000/63025910/ 63025990/63029910/6302 9990/63051000/63059000 |
| | | Fabricação de artefatos têxteis de fibras naturais, exceto algodão, para uso doméstico (roupas de cama, banho, cozinha etc.) quando integrada à tecelagem | |
| | | Fabricação de sacos de juta e de outros artefatos têxteis de fibras têxteis naturais, exceto algodão, quando integrada à tecelagem | |

| SETORES | CNAES – CLASSES | DESCRIÇÃO DAS CLASSES | EQUIVALÊNCIA COM NCMs |
|---|---|---|---|
| ARTIGOS TÊXTEIS | 1322-7 | Acabamento em tecidos de fibras têxteis naturais (exceto algodão) integrado à tecelagem, isto é, realizado na mesma unidade de produção | |
| | 1323-5 | Fabricação de tecidos planos de fios de fibras artificiais e sintéticas, inclusive mesclas, com predominância de fios artificiais e sintéticos | De 54071011 a 54083400/ De 55121100 a 55169400/ De 58013100 a 58013700/ 63014000/63021000/63022200/63023200/63024000/ 63025300/63029300/63053200/63053310/63053390/ 63053900/63059000/ De 70194000 a 70195900 |
| | | Fabricação de tecidos de polipropileno | |
| | | Fabricação de mantas de fibras artificiais e sintéticas, agulhadas e/ou prensadas | |
| | | Fabricação de tecidos de fibra de vidro | |
| | | Fabricação de artefatos têxteis de fibras artificiais e sintéticas para uso doméstico (roupas de cama, banho, cozinha etc.) quando integrada à tecelagem | |
| | | Fabricação de sacos de fita ráfia, polipropileno e outros artefatos têxteis de tecidos de fibras artificiais ou sintéticas para usos diversos quando integrada à tecelagem | |
| | | Acabamento em tecidos de fios de fibras têxteis artificiais ou sintéticas integrado à tecelagem, isto é, realizado na mesma unidade de produção | |
| | 1330-8 | Fabricação de tecidos de malha (de algodão, mesclas e sintéticos) | De 60011010 a 60069000 |
| | 1351-1 | Fabricação de artefatos têxteis confeccionados para uso doméstico (roupas de cama, banho, cozinha etc.), quando não integrada à tecelagem | 63019000/63023100 a 63049900/63080000/ 94049000 |
| | | Fabricação de travesseiros, edredons, almofadas, cortinas e semelhantes | |
| CALÇADOS E ARTEFATOS DE COURO | 1531-9 | Fabricação de calçados de couro, inclusive para esporte | 64031200/64031900/ De 64033110 a 64039990/ De 64051010 a 64051090 |
| | | Fabricação de calçados de couro para segurança pessoal e profissional | |
| | 1533-5 | Fabricação de calçados de material sintético, inclusive para esporte | De 64019200 a 64029990 |

| SETORES | CNAES – CLASSES | DESCRIÇÃO DAS CLASSES | EQUIVALÊNCIA COM NCMs |
|---|---|---|---|
| CALÇADOS E ARTEFATOS DE COURO | 1533-5 | Fabricação de calçados de material sintético para segurança pessoal e profissional | |
| | 1539-4 | Fabricação de calçados de madeira, de tecidos e fibras, de borracha e de outros materiais não especificados, inclusive para esporte | De 64011000 a 64021900/ 64032000/64034000/6404 2000/64052000/64059000 |
| | | Fabricação de calçados de borracha e de outros materiais para segurança pessoal e profissional | |
| | 1540-8 | Fabricação de partes diversas para calçados | De 64061000 a 64069090 |
| QUÍMICOS ORGÂNICOS E INORGÂNICOS, RESINAS E ELASTÔMEROS | 2013-4 | Fabricação de adubos e fertilizantes fosfatados,nitrogenados e potássicos, compostos e complexos, para uso agrícola e doméstico | 31010000/31029000/De 31039011 a 31039090/ De 31049010 a 31052000/ De 31055900 a 31059090/38249079 |
| | | Fabricação de fertilizantes compostos NPK etc. | |
| | | Fabricação de preparações micronutrientes | |
| | | Fabricação de fertilizantes organominerais | |
| | | Fabricação de substratos elaborados com terra, argila ou outras substância misturadas com minerais | |
| | 2093-2 | Fabricação de compostos químicos utilizados como auxiliares de processo ou de performance do produto final nos diversos segmentos de mercado, como: sucro-álcool, papel e celulose, construção civil, alimentos, couro, têxtil, lubrificantes etc. | 28341010/28353110/ 29091910/29161911/ De 29181100 a 29181500/29182922/ 29209017/De 29215131 a 29215133 a 29215135/ De 29224110 a 29224220/ De 29231000 a 29239090/ 29304010/29304090/2 9309012/32041912/32 041913/De 33011210 a 33029090/De 34031110 a 34039900/35079026/ De 38091010 a 38099390/ De 38112110 a 38123029/ 38244000/38249051/ 38249081 |
| | | Fabricação de extratos de produtos aromáticos naturais, resinoides, águas destiladas aromatizadas, óleos essenciais, misturas odoríferas para fabricação de cosméticos, saneantes, alimentos e bebidas. | |
| | | Fabricação de lubrificantes sintéticos não derivados do petróleo | |

| SETORES | CNAES – CLASSES | DESCRIÇÃO DAS CLASSES | EQUIVALÊNCIA COM NCMs |
|---|---|---|---|
| **QUÍMICOS ORGÂNICOS E INORGÂNICOS, RESINAS E ELASTÔMEROS** | 2099-1 | Fabricação de placas fotográficas, filmes fotográficos e cinematográficos, papéis sensibilizados e preparações químicas de uso fotográfico | 15180010/15180090/ 27109100/27109900/ 28046100/28046900/ 28521013/32131000/ 32139000/32159000/ 34070010/De 35040011 a 35040090/De 37011010 a 37039090 |
| | | Fabricação de reveladores (tintas para fotocopiadoras) utilizados para a reprodução de documentos | |
| **CELULOSE, PAPEL E PRODUTOS DE PAPEL** | 1710-9 | Fabricação de pastas químicas, semiquímicas, mecânicas, mecanoquímicas, termoquímicas etc. e de polpa de madeira; | De 47010000 a 47069300/48030010 |
| | | Fabricação de celulose, pasta ou polpa de madeira, fibra, bagaço de cana, papel usado e de outros materiais, ao sulfato e sulfito, branqueada ou não, inclusive celulose semiquímica. | |
| | 1721-4 e 1722-2 | Fabricação de papéis para impressão (jornal, couché, imprensa, ofsete etc.) e para escrever (florpost, apergaminhado, super bond etc.) | De 47071000 a 48119090/48139000 |
| | | Fabricação de papéis para embalagem (kraft, manilha, impermeável, seda etc.) | |
| | | Fabricação de papéis para uso industrial, de acabamento especial e outros (crepom, sanitário, filtro e semelhantes; prateado ou dourado, impermeabilizado ou encerado, impregnado ou revestido etc.) | |
| | 1749-4 | Fabricação de produtos de papel, cartolina, papel-cartão e papelão ondulado para revestimento (papel de parede, artefatos gofrados, estampados, impregnados ou revestidos) | 48120000 a 48132000/4 8142000/48149000/4818 9010/48189090/4819500 0/48205000/48221000 a 48232099/De 48236100 a 48239099/59050000 |
| | | Fabricação de peças e acessórios para máquinas e meios de transporte confeccionados com papel, cartolina, papel-cartão e papelão ondulado (juntas, gaxetas, isolantes acústicos etc.) | |
| | | Fabricação de produtos diversos de pasta celulósicas e de polpa de madeira moldada | |
| | 1749-4 | Fabricação de produtos diversos de papel, cartolina, papel- cartão e papelão ondulado, simples ou plastificados | |

<table>
<tr><th>SETORES</th><th>CNAES – CLASSES</th><th>DESCRIÇÃO DAS CLASSES</th><th>EQUIVALÊNCIA COM NCMs</th></tr>
<tr><td rowspan="9">CELULOSE, PAPEL E PRODUTOS DE PAPEL</td><td rowspan="5">1741-9</td><td>Fabricação de produtos de papel, cartolina, papel-cartão e papelão ondulado simples ou plastificados, para escritório (papel para ofícios e cartas, envelopes, bobinas, papel almaço e semelhantes; classificadores, guias, fichas, separadores, pastas e semelhantes)</td><td rowspan="5">De 48162000 a 48173000/ De 48196000 a 48219000/48234000/De 48239010 a 48239099</td></tr>
<tr><td>Fabricação de produtos de papel, cartolina, papel-cartão e papelão ondulado para uso comercial</td></tr>
<tr><td>Fabricação de produtos de papel carbono e estêncil</td></tr>
<tr><td>Fabricação de etiquetas, impressas ou não</td></tr>
<tr><td>Fabricação de cadernos e agendas</td></tr>
<tr><td rowspan="2">1742-7</td><td>Fabricação de produtos de papel para usos doméstico e higiênico-sanitário (guardanapos, toalhas, lenços, papel higiênico etc.)</td><td rowspan="2">De 48181000 a 48189090/96190000</td></tr>
<tr><td>Fabricação de produtos de cartolina, papel-cartão e papelão ondulado para uso doméstico (copos, pratos, bandejas etc.)</td></tr>
<tr><td>1731-1</td><td>Fabricação de embalagens de papel simples, plastificadas ou de acabamento especial (sacos de papel kraft comuns e multifoliados, de papel impermeável etc.; sacolas, embalagens de papel para cigarros e alimentos etc.), impressas ou não</td><td>De 48191000 a 48195000</td></tr>
<tr><td rowspan="2">SIDERURGIA. FERRO GUSA/ FERRO LIGAS E TUBOS DE AÇO SEM COSTURA</td><td>2411</td><td>Produção de ferro-gusa por produtores independentes (guseiros)</td><td>26180000/De 72011000 a 72015000/De 72031000/72039000</td></tr>
<tr><td>2423</td><td>Produção de laminados longo de aço</td><td>26180000/26190000/De 72042100 a 72044900/De 72131000 a 72165000/ De 72210000 a 72224090/ De 72271000 a 72288000/73011000/ 73021010/73021090/De 73041100 a 73049090</td></tr>
</table>

| SETORES | CNAES – CLASSES | DESCRIÇÃO DAS CLASSES | EQUIVALÊNCIA COM NCMs |
|---|---|---|---|
| **SIDERURGIA. FERRO GUSA/ FERRO LIGAS E TUBOS DE AÇO SEM COSTURA** | 2431 | Produção de tubos de aço com costura | De 73051100 a 73069090/73071920/De 73072100 a 73079300 |
| | 2439 | Produção de outros tubos de ferro e aço | 73030000/73069010 a 73079900/De 83071010 a 83079000 |
| **AUTOMÓVEIS, CAMINHÕES E ÔNIBUS** | 2910-7 | Fabricação de automóveis, camionetas e utilitários | De 84073110 a 84073490 a 84082010 a 84082090/87031000 a 87039000/De 87042110 a 87042190/De 87043110 a 87043190/87060090 |
| | 2920-4 | Fabricação de chassis com motor para caminhões, ônibus e micro-ônibus | De 84082010 a 84082090/87012000/De 87021000 a 87029090/De 87042110 a 87060090 |
| | | Fabricação de cavalos mecânicos e outras unidades motrizes | |
| | | Fabricação de motores para caminhões e ônibus | |
| | | Fabricação de vassouras mecânicas para limpeza de vias públicas | |
| | 2930-1 | Fabricação de cabines e carrocerias para caminhões (basculantes, tanques, compactadoras de lixo, frigoríficas e outras especializadas) | 86090000/87071000/87079090/87161000/De 87163100 a 87169090 |
| | | Fabricação de carrocerias para ônibus e micro-ônibus | |
| | | Fabricação de carrocerias de qualquer material para automóveis e utilitários | |
| | | Fabricação de carrocerias e capotas metálicas e de fibra de vidro para veículos automotores | |
| | | Fabricação de trailers para serem acoplados a outros veículos | |
| | | Fabricação de reboques, semirreboques e carretas, com carroceria aberta, para carga seca: prancha, cegonha, frigorífica, silo para cimento, centopeia para transporte de contêineres e outras especializadas | |

<table>
<tr><th>SETORES</th><th>CNAES – CLASSES</th><th>DESCRIÇÃO DAS CLASSES</th><th>EQUIVALÊNCIA COM NCMs</th></tr>
<tr><td rowspan="12">PEÇAS E ACESSÓRIOS PARA VEÍCULOS AUTOMOTORES</td><td>2941-7</td><td>Fabricação de embreagens, pistão, biela, cilindro, cabeçote, árvore de manivela etc.</td><td>De 84099111 a 84099999/De 84133010 a 84133090/84139190/84212300/84213100/De 84213910 a 84213990/84831011/84831019/84835010/84835090/84841000/87082992/87089100/87089300</td></tr>
<tr><td rowspan="2">2942-5</td><td>Fabricação de engrenagens, eixos da caixa de mudança etc.</td><td rowspan="2">De 87084011 a 87085099/ 87089990</td></tr>
<tr><td>Fabricação de sistemas de marcha e de transmissão completos</td></tr>
<tr><td rowspan="2">2943-3</td><td>Fabricação de lonas e pastilhas para freios, cilindros de freio, cilindro mestre etc.</td><td rowspan="2">De 87083011 a 870830390/87089990</td></tr>
<tr><td>Fabricação de sistemas de freios completos</td></tr>
<tr><td rowspan="2">2944-1</td><td>Fabricação de eixos dianteiros e traseiros, corpos do eixo dianteiro, barras de torção, estabilizadores dianteiro e traseiro, amortecedores, caixas de direção, articuladores da árvore de direção, volantes de direção, árvores de direção, amortecedores de direção, molas etc.</td><td rowspan="2">De 73201000 a 73209000/84136019/87088000/De 87089411 a 87089490/87089990</td></tr>
<tr><td>Fabricação dos sistemas de direção e suspensão completos</td></tr>
<tr><td rowspan="4">2945-0</td><td>Fabricação de dínamos e motores de arranque e sistemas de partida</td><td rowspan="4">84099140/De 85111000 a 85129000/85437099/85443000/De 90328921 a 90328929/96138000</td></tr>
<tr><td>Fabricação de bobinas e velas de ignição</td></tr>
<tr><td>Fabricação de faróis selados, faróis de neblina e de outros tipos</td></tr>
<tr><td>Fabricação de reguladores de tensão, condensadores, buzinas, limpadores de para-brisas, sinalizadores automáticos de direção e de alerta, distribuidores, platinados e outros materiais elétricos para veículos automotores não especificados anteriormente – a fabricação de peças e acessórios de eletrônicos para veículos automotores</td></tr>
</table>

| SETORES | CNAES – CLASSES | DESCRIÇÃO DAS CLASSES | EQUIVALÊNCIA COM NCMs |
|---|---|---|---|
| PEÇAS E ACESSÓRIOS PARA VEÍCULOS AUTOMOTORES | | (unidade de controle para ignição eletrônica, unidade de controle para injeção eletrônica etc.) | |
| | 2949-2 | Fabricação de peças e acessórios não elétricos para veículos automotores não compreendidos nas demais classes (rodas, radiadores, tanques de gasolina, para-choques, pedais, tubos de escape etc.) | 84213920/De 87081000 a 87082911/87082914/ De 87082991 a 87082999/87087010/87087090/87089200/De 87089510 a 87089990/94012000/94019010/94019090 |
| | | Fabricação de cintos de segurança e *airbags* para veículos automotores | |
| | | Fabricação de bancos e estofados para veículos automotores | |
| OUTROS EQUIPAMENTOS DE TRANSPORTE | 3041-5 | Construção e montagem de aeronaves para esporte | De 88010000 a 88026000 |
| | | Construção e montagem de aeronaves para fins militares | |
| | | Construção e montagem de aeronaves para passageiros | |
| | | Montagem de aeronaves | |
| | | Construção de planadores, asas-delta e outras aeronaves | |
| MÁQUINAS E EQUIPAMENTOS MECÂNICOS – PARTE I | 2651-5 | Fabricação de aparelhos mecânicos de medida, teste e controle para fins industriais ou não industriais | 85261000/ 85269100/ 85269200/ 85299030/ 85299040/ 90121010/ 90121090/ 90129010/ 90129090/ 90141000/ 90142010/ 90142020/ 90142030/ 90142090/ 90148010/ 90148090/ 90149000/ 90151000/ 90152010/ 90152090/ 90153000/ 90154000/ 90158010/ 90158090/ 90159010/ 90159090/ 90160010/ 90160090/ 90171010/ 90171090/ 90172000/ 90173010/ 90173020/ 90173090/ 90178010/ 90178090/ 90179010/ 90179090/ 90221910/ 90221991/ 90222910/ 90222990/ |
| | | Fabricação de instrumentos de medida para uso técnico e profissional (esquadros, altímetros, anemómetros, barômetros, bússolas, escalas de redução, gasômetros, hidrômetros, pluviômetros, taxímetros, tacômetros, velocímetros, termômetros, paquímetros etc.) | |
| | | Fabricação de balanças de precisão | |
| | | Fabricação de aparelhos mecânicos de medida, teste e controle para fins industriais ou não industriais | |

| SETORES | CNAES – CLASSES | DESCRIÇÃO DAS CLASSES | EQUIVALÊNCIA COM NCMs |
|---|---|---|---|
| **MÁQUINAS E EQUIPAMENTOS MECÂNICOS – PARTE I** | 2651-5 | | 90241010/ 90241020/ 90241090/ 90248011/ 90248019/ 90248021/ 90248029/ 90248090/ 90249000/ 90251190/ 90251910/ 90251990/ 90258000/ 90259010/ 90259090/ 90261011/ 90261019/ 90261021/ 90261029/ 90262010/ 90262090 / 90268000/ 90269010/ 90269020/ 90269090/ 90271000/ 90272011/ 90272012/ 90272019/ 90272021/ 90272029/ 90273011/ 90273019/ 90273020/ 90275010/ 90275020/ 90275030/ 90275040/ 90275050/ 90275090/ 90278011/ 90278012/ 90278013/ 90278014/ 90278020/ 90278030/ 90278091/ 90278099/ 90279010/ 90279091/ 90279093/ 90279099/ 90281011/ 90281019/ 90281090/ 90282010/ 90282020/ 90283011/ 90283019/ 90283021/ 90283029/ 90283031/ 90283039/ 90283090/ 90289010/ 90289090/ 90291010/ 90291090/ 90292010/ 90292020/ 90299010/ 90299090/ 90301010 / 90301090/ 90302010/ 90302021/ 90302022/ 90302029/ 90302030/ 90303100/ 90303200/ 90303311/ 90303319/ 90303321/ 90303329/ 90303390/ 90303910/ 90303990/ 90304010/ 90304020/ 90304030/ 90304090/ 90308210/ 90308290/ 90308410/ 90308420/ 90308490/ 90308910/ 90308920/ 90308930/ 90308940/ 90308990/ |

| SETORES | CNAES – CLASSES | DESCRIÇÃO DAS CLASSES | EQUIVALÊNCIA COM NCMs |
|---|---|---|---|
| | 2651-5 | | 90309010/ 90309090/ 90311000/ 90312010/ 90312090/ 90314100/ 90314910/ 90314920/ 90314990/ 90318011/ 90318012/ 90318020/ 90318030/ 90318040/ 90318050/ 90318060/ 90318091/ 90318099/ 90319010/ 90319090/ 90321010/ 90321090/ 90322000/ 90328100/ 90328930/ 90328981/ 90328982/ 90328983/ 90328984/ 90328989/ 90328990/ 90329010/ 90329091/ 90329099/ 90330000 |
| **MÁQUINAS E EQUIPAMENTOS MECÂNICOS – PARTE I** | 2811-9 | Fabricação de motores estacionários de combustão interna (gasolina e diesel) para tratores e outras máquinas | 84061000/ 84068100/ 84068200/ 84069011/ 84069019/ 84069021/ 84069029/ 84069090/ 84072110/ 82072190/ 84072910/ 84072990/ 84079000/ 84081010/ 84081090/ 84082010/ 84082020/ 84082030/ 84082090/ 84089010/ 84089090/ 84099190/ 84099999/ 84101100/ 84101200/ 84101300/ 84109000/ 84118100/ 84118200/ 84119900/ 84128000/ 84129010/ 84129020/ 84129080/ 84129090/ 84061000/ 84068100/ 84068200/ 84069011/ 84069019/ 84069021/ 84069029/ 84069090/ 84072110/ 84072190/ 84072910/ 84072990/ 84079000/ 84081010/ 84081090/ 84082010/ 84082020/ 84082030/ 84082090/ 84089010/ 84089090/ 84099190/ 84099999/ 84101100/ 84101200/ 84101300/ 84109000/ 84118100/ 84118200/ |
| | | Fabricação de motores marítimos | |
| | | Fabricação de motores de combustão interna para locomotivas, carros-motor e automotrizes | |
| | | Fabricação de caldeiras geradoras de vapor e de máquinas a vapor para embarcações, com ou sem caldeira | |
| | | Fabricação de caldeiras geradoras de vapor para locomotivas | |
| | | Fabricação de turbinas a vapor para embarcações | |
| | | Fabricação de turbinas e rodas hidráulicas | |
| | | Fabricação de moinhos de vento e outras máquinas eólicas produtoras de energia motriz | |
| | | Fabricação de máquinas motrizes diversas | |
| | | Fabricação de peças e acessórios para máquinas motrizes não elétricas | |

<table>
<tr><th>SETORES</th><th>CNAES – CLASSES</th><th>DESCRIÇÃO DAS CLASSES</th><th>EQUIVALÊNCIA COM NCMs</th></tr>
<tr><td rowspan="6">MÁQUINAS E EQUIPAMENTOS MECÂNICOS – PARTE I</td><td>2811-9</td><td></td><td>84119900/ 84128000/ 84129010/ 84129020/ 84129080/ 84129090</td></tr>
<tr><td rowspan="3">2822-4</td><td>Fabricação de elevadores de carga, empilhadeiras, carregadores mecânicos, macacos hidráulicos, pontes rolantes e outros aparelhos para carga, descarga e manipulação de mercadorias</td><td rowspan="3">84251100/ 84251910/ 84251990/ 84253110/ 84253190/ 84253910/ 84253990/ 84254100/ 84254200/ 84254910/ 84254990/ 84261100/ 84261200/ 84261900/ 84262000/ 84263000/ 84264110/ 84264190/ 84264910/ 84264990/ 84269100/ 84269900/ 84271011/ 84271019/ 84171090/ 84272010/ 84272090/ 84279000/ 84281000/ 84282010/ 84282090/ 84283200/ 84283300/ 84283910/ 84283920/ 84283930/ 84283990/ 84284000/ 84286000/ 84289010/ 84289020/ 84289030/ 84289090/ 84311010 / 84311090/ 84312011/ 84312019/ 84312090/ 84313110/ 84313190/ 84313900/ 84314100/ 84314910/ 87091100/ 87091900/ 87099000</td></tr>
<tr><td>Fabricação de elevadores de passageiros, pontes rolantes, teleféricos, escadas rolantes e outros aparelhos para transporte de pessoas</td></tr>
<tr><td>Fabricação de peças e acessórios para máquinas, aparelhos e equipamentos para transporte e elevação de cargas</td></tr>
<tr><td rowspan="2">2825-9</td><td>Produção de equipamentos para controle da poluição ambiental e saneamento básico, tanto para fins industriais como urbanos</td><td rowspan="2">84798999/ 84799090</td></tr>
<tr><td>Fabricação de equipamentos destinados ao tratamento de água, esgotos sanitários, efluentes industriais, ar, tratamento e disposição de resíduos sólidos, desobstrução de tubulações, distribuição, adução e coleta</td></tr>
<tr><td>MÁQUINAS E EQUIPAMENTOS MECÂNICOS – PARTE II</td><td>2829-1</td><td>Fabricação de unidades de retificação e destilação para refinarias de petróleo, indústrias químicas e de bebidas etc.</td><td>73211100/ 73211200/ 73211900/ 73218100/ 73218200/ 73218900/ 73219000/ 84051000/ 84059000/ 84194010/ 84194020/ 84194090/</td></tr>
</table>

| SETORES | CNAES – CLASSES | DESCRIÇÃO DAS CLASSES | EQUIVALÊNCIA COM NCMs |
|---|---|---|---|
| **MÁQUINAS E EQUIPAMENTOS MECÂNICOS – PARTE II** | 2829-1 | Fabricação de unidades de retificação e destilação para refinarias de petróleo, indústrias químicas e de bebidas etc. | 84195010/ 84195021/ 84195022/ 84195029/ 84195090/ 84198110/ 84198190/ 84198911/ 84198919/ 84198930/ 84199039/ 84199040/ 84201010/ 84201090/ 84209100/ 84209900/ 84211910/ 84211990/ 84212100/ 84212200/ 84212300/ 84212911/ 84212919/ 84212920/ 84212930/ 84212990/ 84213100/ 84213910/ 84213930/ 84213990/ 84219191/ 84219199/ 84219910/ 84219920/ 84219991/ 84219999/ 84221900/ 84222000/ 84223010/ 84223021/ 84223022/ 84223023/ 84223029/ 84223030/ 84224010/ 84224020/ 84224030/ 84224090/ 84229090/ 84231000/ 84232000/ 84233011/ 84233019/ 84233090/ 84238110/ 84238190/ 84238200/ 84238900/ 84239010/ 84239021/ 84239029/ 84241000/ 84242000/ 84243010/ 84243020/ 84243030/ 84243090/ 84248910/ 84248920/ 84248990/ 84431200/ 84433910/ 84433921/ 84433928/ 84433929/ 84433930/ 84433990/ 84439110/ 84439911/ 84439912/ 84439919/ 84439921/ 84439922/ 84439931/ 84439932/ 84439933/ 84439939/ 84439941/ 84439942/ 84439949/ 84439950/ 84439960/ 84439970/ 84439980/ 84439990/ 84690010/ 84690021/ 84690029/ 84690031/ 84690039/ 84701000/ 84702100/ |
| | | Fabricação de balanças industriais, comerciais e domésticas, automáticas e não | |
| | | Fabricação de plataformas para pesagem de caminhões | |
| | | Fabricação de extintores de incêndio | |
| | | Fabricação de máquinas de embalar, ensacar e etiquetar | |
| | | Fabricação de máquinas de filtrar e depurar líquidos | |
| | | Fabricação de calandras | |
| | | Fabricação de intercambiadores (trocadores) de calor | |
| | | Fabricação de vaporizadores, exceto agrícolas | |
| | | Fabricação de máquinas automáticas para venda de produtos | |
| | | Fabricação de calculadoras eletrônicas ou não | |
| | | Fabricação de mimeógrafos, duplicadores, perfuradores | |
| | | Fabricação de máquinas de escrever, calcular e outras máquinas para escritório. | |
| | | Fabricação de câmaras de bronzeamento | |
| | | Fabricação de carrosséis, balanços, galerias de tiro e outros equipamentos para feiras e parques de diversões | |
| | | Fabricação de outras máquinas e equipamentos de uso geral | |
| | | Fabricação de peças e acessórios para máquinas e equipamentos de uso geral | |

| SETORES | CNAES – CLASSES | DESCRIÇÃO DAS CLASSES | EQUIVALÊNCIA COM NCMs |
|---|---|---|---|
| MÁQUINAS E EQUIPAMENTOS MECÂNICOS – PARTE II | 2829-1 | | 84702900/ 84703000/ 84705011/ 84705019/ 84705090/ 84709010/ 84709090/ 84721000/ 84723010/ 84723020/ 84723030/ 84723090/ 84729010/ 84729021/ 84729029/ 84729030/ 84729040/ 84729051/ 84729059/ 84729091/ 84729099/ 84731010/ 84731090/ 84732100/ 84732910/ 84732920/ 84732990/ 84734010/ 84734070/ 84734090/ 84762100/ 84762900/ 84768100/ 84768910/ 84768990/ 84769000/ 84797100/ 84797900/ 84798999/ 84841000/ 84842000/ 84849000/ 84879000/ 95081000/ 95089010/ 95089020/ 95089030/ 95089090 |
| | 2851-8 | Fabricação de equipamentos para a indústria de prospecção e extração de petróleo (perfuratrizes, sondas, brocas rotativas etc.) | 84304910/ 84304920/ 84304990/ 84314310/ 84314390/ 84304910/ 84304920/ 84304990/ 84314310/ 84314390 |
| | | Fabricação de peças e acessórios para máquinas e equipamentos para a prospecção e extração de petróleo | |
| | | - a fabricação de peças e acessórios para máquinas e equipamentos para a prospecção e extração de petróleo | |
| | 2852-6 | Fabricação de máquinas e equipamentos para mineração, pedreiras etc. | 84283100/ 84303110/ 84303190/ 84303910/ 84303990/ 84304110/ 84304120/ 84304130/ 84304190/ 84304910/ 84304920/ 84304990/ 84313900/ 84314310/ 84314390/ 84314921/ 84314922/ 84314929/ 84741000/ 84742010/ 84742090/ 84743900/ 84748090/ 84749000 |
| | | Fabricação de elevadores e transportadores de ação contínua para trabalhos subterrâneos | |
| | | Fabricação de máquinas para beneficiar minerais (para classificação, separação, lavagem, trituração etc.) | |
| | | Fabricação de peças e acessórios para máquinas e equipamentos de uso na extração mineral | |

<table>
<tr><th>SETORES</th><th>CNAES – CLASSES</th><th>DESCRIÇÃO DAS CLASSES</th><th>EQUIVALÊNCIA COM NCMs</th></tr>
<tr><td rowspan="4">MÁQUINAS E EQUIPAMENTOS MECÂNICOS – PARTE II</td><td rowspan="4">2854-2</td><td>Fabricação de máquinas e equipamentos de terraplenagem e pavimentação (escavadeiras, escarificadores, perfuradoras, pás mecânicas, rolos compressores e semelhantes)</td><td rowspan="4">84291110/ 84291190/ 84291910/ 84291990/ 84292010/ 84292090/ 84293000/ 84294000/ 84295111/ 84295119/ 84295121/ 84295129/ 84295191/ 84295192/ 84295199/ 84295211/ 84295212/ 84295219/ 84295220/ 84295290/ 84295900/ 84301000/ 84302000/ 84303190/ 84303990/ 84305000/ 84306100/ 84306911/ 84306919/ 84306990/ 84314200/ 84314390/ 84743100/ 84743200/ 84791010/ 84791090/ 84799090/ 87041010/ 87041090/ 87079010/ 84305000/ 84306100/ 84306911/ 84306919/ 84306990</td></tr>
<tr><td>Fabricação de máquinas de espalhar asfalto</td></tr>
<tr><td>Fabricação de máquinas para a indústria da construção (britadores, betoneiras, misturadores de concreto etc.)</td></tr>
<tr><td>Fabricação de peças e acessórios para máquinas e equipamentos de terraplenagem, pavimentação e construção</td></tr>
<tr><td rowspan="7">MÁQUINAS E EQUIPAMENTOS MECÂNICOS – PARTE III</td><td rowspan="4">2861-5</td><td>Fabricação de máquinas e equipamentos para a indústria siderúrgica e metalúrgica (convertedores, laminadores, trens de laminação etc.)</td><td rowspan="4">84541000/ 84542010/ 84542090/ 84543010/ 84543020/ 84543090/ 84549010/ 84549090/ 84551000/ 84552110/ 84552190/ 84552210/ 84552290/ 84553010/ 84553020/ 84553090/ 84559000</td></tr>
<tr><td>Fabricação de lingoteiras para siderurgia</td></tr>
<tr><td>Fabricação de cadinhos e colheres para fundição</td></tr>
<tr><td>Fabricação de peças e acessórios para máquinas e equipamentos para a indústria siderúrgica e metalúrgica</td></tr>
<tr><td rowspan="3">2862-3</td><td>Fabricação de máquinas e equipamentos para frigoríficos, matadouros e abatedouros</td><td rowspan="3">84172000/ 84178090/ 84179000/ 84193100/ 84198110/ 84198190/ 84199040/ 84211110/ 84211190/ 84342010/ 84342090/ 84349000/ 8442010/ 84342090/ 84349000/ 84351000/ 84359000/ 84378010/ 84378090/ 84381000/ 84382011/ 84382019/ 84382090/ 84383000/ 84384000/ 84385000/ 84386000/ 84388010/ 84388020/ 84388090/ 84389000/ 84781010/</td></tr>
<tr><td>Fabricação de máquinas e aparelhos para a indústria do laticínio (desnatadeiras, pasteurizadores, batedores de manteiga etc.)</td></tr>
<tr><td>Fabricação de equipamentos, inclusive de calefação elétrica, para tratamento de alimentos e bebidas, mediante troca de temperatura (pasteurização, condensação etc.)</td></tr>
</table>

| SETORES | CNAES – CLASSES | DESCRIÇÃO DAS CLASSES | EQUIVALÊNCIA COM NCMs |
|---|---|---|---|
| MÁQUINAS E EQUIPAMENTOS MECÂNICOS – PARTE III | 2862-3 | Fabricação de máquinas e aparelhos para as indústrias de conservas de frutas e legumes (descascadeiras, cozinhadores etc.) | 84781090/ 84789000/ 84792000 |
| | | Fabricação de máquinas e aparelhos para panificação, massas alimentícias, biscoitos, balas e bombons (masseiras, cortadeiras, cilindros, fornos para padarias etc.) | |
| | | Fabricação de máquinas, aparelhos e instalações para a indústria de óleos (prensas, filtros etc.) | |
| | | Fabricação de máquinas e aparelhos para a indústria do fumo (picadores, máquinas para cigarros etc.) | |
| | | Fabricação de máquinas para a indústria do açúcar (moendas, cozinhadores etc.) | |
| | | Fabricação de máquinas e aparelhos para a indústria de bebidas (dosadores, misturadores etc.) | |
| | | Fabricação de máquinas para beneficiamento e preparação de produtos agrícolas utilizadas na indústria da moagem | |
| | | Fabricação de máquinas para a preparação de alimentos em hotéis e restaurantes | |
| | | Fabricação de peças e acessórios para máquinas e equipamentos para as indústrias alimentar, de bebida e fumo | |
| | 2864-0 | Fabricação de máquinas de costura de uso industrial | 84211210/ 84211290/ 84219110/ 84502010/ 84502090/ 84509010/ 84513010/ 84513091/ 84513099/ 84514090/ 84515020/ 84515090/ 84518000/ 84519010/ 84519090/ 84521000/ 84522110/ 84522120/ 84522190/ 84522910/ 84522921/ 84522922/ 84522923/ 84522924/ 84522925/ 84522929/ 84522990/ 84523000/ 84529020/ 84529081/ 84529089/ 84529091/ |
| | | Fabricação de máquinas e aparelhos para as indústrias do vestuário e confecção de tecidos (para cortar, casear, pregar botões, bordar etc.) | |
| | | Fabricação de máquinas e aparelhos para as indústrias do couro, curtumes, correaria, selaria etc. (alisadores para couros, prensas etc.) | |
| | | Fabricação de máquinas e aparelhos para a indústria do calçado (pespontadeiras, máquinas para montar calçados etc.) | |

| SETORES | CNAES – CLASSES | DESCRIÇÃO DAS CLASSES | EQUIVALÊNCIA COM NCMs |
|---|---|---|---|
| **MÁQUINAS E EQUIPAMENTOS MECÂNICOS – PARTE III** | 2864-0 | Fabricação de máquinas para reparação de calçados | 84529092/ 84529093/ 84529094/ 84529099/ 84531010/ 84531090/ 84532000/ 84538000/ 84539000 / |
| | | Fabricação de máquinas de tricotar | |
| | | Fabricação de máquinas de costura de uso doméstico | |
| | | Fabricação de máquinas, aparelhos e equipamentos para lavanderias, tinturarias e semelhantes (lavadoras e secadoras comerciais, máquinas de limpeza a seco etc.) | |
| | | Fabricação de cabeçotes para máquinas de costura | |
| | | Fabricação de agulhas para máquinas de costura | |
| | | Fabricação de peças e acessórios para máquinas e equipamentos para as indústrias do vestuário e de couro e calçados | |
| | 2865-8 | Fabricação de máquinas e aparelhos para a indústria da celulose, papel, papel-cartão e papelão (despolpadeiras, cozinhadores, clarificadores etc.) | 84193200/ 84193900/ 84391010/ 84391020/ 84391030/ 84391090/ 84392000/ 84393010/ 84393020/ 84393030/ 84393090/ 84399100/ 84399910/ 84399990/ 84411010/ 84411090/ 84412000/ 84413010/ 84413090/ 84414000/ 84418000/ 84419000 |
| | | Fabricação de máquinas e equipamentos para a indústria de artefatos de papel e cartonagem (tesourões, guilhotinas etc.) | |
| | | Fabricação de peças e acessórios para máquinas e equipamentos para as indústrias de celulose, papel e papelão | |
| | 2869-1 | Fabricação de máquinas e equipamentos para a indústria da madeira: serrarias, carpintarias, marcenarias etc. | 84012000/ 84193900/ 84401011/ 84401019/ 84401020/ 84401090/ 84409000/ 84423010/ 84423020/ 84423090/ 84424010/ 84424020/ 84424090/ 84431110/ 84431190/ 84431310/ 84431321/ 84431329/ 84431390/ 84431400/ 84431500/ 84431600/ 84431710/ 84431790/ |
| | | Fabricação de máquinas e equipamentos para a indústria de perfumaria, sabões e velas (cozinhadores, cilindros etc.) | |
| | | Fabricação de máquinas e aparelhos para a indústria de cerâmica, artefatos de cimento e olarias (marombas, prensas, modeladores etc.) | |

| SETORES | CNAES – CLASSES | DESCRIÇÃO DAS CLASSES | EQUIVALÊNCIA COM NCMs |
|---|---|---|---|
| MÁQUINAS E EQUIPAMENTOS MECÂNICOS – PARTE III | 2869-1 | Fabricação de máquinas e aparelhos para a indústria da borracha | 84431910/ 84431990/ 84439191/ 84439192/ 84439199/ 84748010/ 84751000/ 84752100/ 84752910/ 84752990/ 84759000/ 84771019/ 84771021/ 84771029/ 84771091/ 84771099/ 84772090/ 84773090/ 84775100/ 84775911/ 84775919/ 84775990/ 84778010/ 84778090/ 84779000/ 84794000/ 84795000/ 84796000/ 84798110/ 84798190/ 84798210/ 84798290/ 84798911/ 84798912/ 84798921/ 84798922/ 84798940/ 84798991/ 84798992/ 84798999/ 84799090/ 84861000/ 84862000/ 84863000/ 84864000/ 84869000/ 88051000/ 88052100/ 88052900 |
| | | Fabricação de máquinas e aparelhos para a indústria gráfica (máquinas impressoras, máquinas para litografia etc.) | |
| | | Fabricação de máquinas para trabalhar fibra de vidro e filamentos contínuos artificiais | |
| | | Fabricação de robôs industriais para usos diversos | |
| | | Fabricação de máquinas para encadernação | |
| | | Fabricação de máquinas para trabalhar vidro a quente | |
| | | Fabricação de máquinas para a indústria do refino do petróleo | |
| | | Fabricação de outras máquinas e equipamentos de uso industrial específico | |
| | | Fabricação de peças e acessórios para máquinas e equipamentos de uso industrial específico | |
| MÁQUINAS E EQUIPAMENTOS ELÉTRICOS E ELETRÔNICOS | 2651-5 | Fabricação de instrumentos de medida elétricos e eletrônicos (osciloscópios, amperímetros, voltímetros etc.) | De 85261000 a 85269200/85299030/ 85299040/De 90121010 a 90129090/De 90141000 a 90179090/90221900/ 90221991/90222910/ 90222990/90241010 a 90328100/De 90328930 a 90330000 |
| | | Fabricação de instrumentos de medida e teste de eletricidade e sinais elétricos (inclusive telecomunicações) | |
| | | Fabricação de instrumentos de monitoramento de radiação | |
| | | Fabricação de instrumentos e aparelhos de regulação e controle (termostatos, controladores de pressão, de umidade etc.), inclusive para controle de processos industriais | |
| | | Fabricação de aparelhos e instrumentos para análises físicas ou químicas (espectômetros, colorímetros, calorímetros etc.) | |

| SETORES | CNAES – CLASSES | DESCRIÇÃO DAS CLASSES | EQUIVALÊNCIA COM NCMs |
|---|---|---|---|
| **MÁQUINAS E EQUIPAMENTOS ELÉTRICOS E ELETRÔNICOS** | 2651-5 | Fabricação de equipamentos eletrônicos digitais de instrumentação para controle de processos e análises (controladores de pressão, temperatura, viscosidade etc.) | |
| | | Fabricação de instrumentos e aparelhos de navegação (aparelhos de rádio para apoio à navegação etc.), para meteorologia, geodésia etc. | |
| | | Fabricação de aparelhos de busca, detecção, navegação equipamentos de aeronáutica e náutica, inclusive sonares | |
| | | Fabricação de aparelhos de GPS | |
| | | Fabricação de equipamentos para monitoramento ambiental | |
| | | Fabricação de máquinas, aparelhos e equipamentos de sistemas eletrônicos dedicados à automação industrial (unidades centrais para supervisão e controle, controladores lógicos programáveis – CLP, equipamentos de sistemas digitais de controle distribuído – SCD, comando numérico computadorizado – CNC etc.) | |
| | 2821-6 | Fabricação de fornos elétricos para siderurgia, metalurgia e outras aplicações industriais | De 84161000 a 84179000/ 84191910/ 84198920/ De 84198940 a 84199031/ 84199090/ De 85141010 a 85149000 |
| | | Fabricação de máquinas, aparelhos e equipamentos para instalações térmicas alimentados por energia solar | |
| | | Fabricação de equipamentos de aquecimento não elétricos de montagem permanente (p. ex. alimentados por energia solar) | |
| | | Fabricação de incineradores | |
| | | Fabricação de aquecedores para piscinas | |
| | | Fabricação de peças e acessórios para aparelhos e equipamentos para instalações térmicas | |

| SETORES | CNAES – CLASSES | DESCRIÇÃO DAS CLASSES | EQUIVALÊNCIA COM NCMs |
|---|---|---|---|
| **MÁQUINAS E EQUIPA-MENTOS ELÉTRICOS E ELETRÔNICOS** | 2823-2 | Fabricação de balcões e câmaras frigoríficas, de uso industrial e comercial, equipados ou não com motores elétricos | 84145910/ 84145990/ 84148090/ 84149020/ De 84183000 a 84189900/ De 84196000 a 84198991 |
| | | Fabricação de armazéns frigoríficos pré-fabricados | |
| | | Fabricação de aspiradores, exaustores, ventiladores e outros aparelhos de refrigeração e ventilação, equipados ou não com motores elétricos | |
| | | Fabricação de peças e acessórios para máquinas e aparelhos de refrigeração e ventilação de uso industrial e comercial | |

**Fonte:** IBGE. Elaboração própria.

# BALANÇO PATRIMONIAL DE GRUPOS ECONÔMICOS SELECIONADOS

## ATIVO

| GRUPOS ECONÔMICOS (CONSOLIDADOS) | VALE | | PETROBRAS | | BRF | | BRASKEM | | RAÍZEN ENERGIA | | EMBRAER | | FIBRIA | |
|---|---|---|---|---|---|---|---|---|---|---|---|---|---|---|
| Em R$ milhões correntes | 4T-2016 | 4T-2015 | 4T-2016 | 4T-2015 | 4T-2016 | 4T-2015 | 4T-2016 | 4T-2015 | 4T-2016 | 4T-2015 | 4T-2016 | 4T-2015 | 4T-2016 | 4T-2015 |
| **Tributos a recuperar** | ***7.664*** | ***7.438*** | ***18.389*** | ***21.749*** | ***2754*** | ***2201*** | ***1914*** | ***2630*** | ***220*** | ***190*** | | | ***1.862*** | ***1974*** |
| Ativo Circulante | 5.296 | 5.482 | 8.153 | 10.732 | 1.235 | 1.232 | 826 | 1.312 | 196 | 157 | | | 144 | 462 |
| Ativo Não Circulante | 2.368 | 1.956 | 10.236 | 11017 | 1519 | 969 | 1.088 | 1.318 | 24 | 32 | | | 1.718 | 1.512 |
| Imposto de renda e contribuição social diferidos | | | 14.038 | 23.490 | 1103 | 1.256 | 1.651 | 3.203 | | | 11 | 17 | | |
| **Tributos antecipados sobre lucro** | ***24.449*** | ***34.380*** | | | | | | | | | | | | |
| Ativo Circulante | 518 | 3.513 | | | | | | | | | | | | |
| Ativo Não Circulante | 23.931 | 30.867 | | | | | | | | | | | | |
| **Soma de tributos do ativo** | ***32.113*** | ***41.818*** | ***18.389*** | ***21749*** | ***2754*** | ***2.201*** | ***1.914*** | ***2630*** | ***220*** | ***190*** | | | ***1.862*** | ***1974*** |

## PASSIVO

| GRUPOS ECONÔMICOS (CONSOLIDADOS) | VALE | | PETROBRAS | | BRF | | BRASKEM | | RAÍZEN ENERGIA | | EMBRAER | | FIBRIA | |
|---|---|---|---|---|---|---|---|---|---|---|---|---|---|---|
| Em R$ milhões correntes | 4T-2016 | 4T-2015 | 4T-2016 | 4T-2015 | 4T-2016 | 4T-2015 | 4T-2016 | 4T-2015 | 4T-2016 | 4T-2015 | 4T-2016 | 4T-2015 | 4T-2016 | 4T-2015 |
| **Tributos a recolher** | ***18.314*** | ***18.278*** | ***12.238*** | ***13.549*** | | | ***635*** | ***1.024*** | | | ***364*** | ***591*** | ***86*** | ***564*** |
| Passivo Circulante | 2.144 | 2.325 | 12.238 | 13.549 | | | 611 | 997 | | | 142 | 276 | 86 | 564 |
| Passivo Não Circulante | 16.170 | 15.953 | - | - | | | 24 | 27 | | | 221 | 315 | - | - |
| Imposto de renda e contribuição social diferidos | | | 856 | 906 | 156 | 188 | 532 | 773 | 89 | 77 | 858 | 1.629 | 409 | 271 |
| **Tributos a recolher sobre lucro** | ***6.096*** | ***7.463*** | | | | | | | | | | | | |
| Passivo Circulante | 556 | 943 | | | | | | | | | | | | |
| Passivo Não Circulante | 5.540 | 6.520 | | | | | | | | | | | | |
| **Soma de tributos do passivo** | ***24.410*** | ***25.741*** | ***12.238*** | ***13.549*** | | | ***635*** | ***1024*** | | | ***364*** | ***591*** | ***86*** | ***564*** |

**Fonte:** Informes Contábeis das Empresas; Elaboração própria.

ANEXO III

# LEGISLAÇÃO SOBRE CRÉDITO ACUMULADO DE ICMS DE ESTADOS SELECIONADOS

**Goiás**

**Decreto nº 4.852 de 29 de dezembro de 1997.**

Da Transferência de Crédito

**Art. 55. O contribuinte que realizar operação e prestação destinando ao exterior mercadoria ou serviço, incluída a remessa com o fim específico de exportação, pode, na proporção que represente do montante de todas operações ou prestações realizadas no mesmo período de apuração (Lei nº 11.651/91, art. 59):**

I - imputar eventual saldo credor acumulado a qualquer estabelecimento seu situado neste Estado;

II - havendo saldo remanescente e atendidas as condições estabelecidas em ato do Secretário da Fazenda:

a) transferi-lo para outro contribuinte situado neste Estado, do qual tenha adquirido mercadoria, bem ou serviço, exceto na aquisição de energia elétrica e serviço de comunicação;

b) compensá-lo com o imposto de sua responsabilidade devido por substituição tributária.

c) transferi-lo para o contribuinte substituto tributário inscrito no Cadastro de Contribuintes do Estado de Goiás - CCE, do qual tenha adquirido mercadoria sujeita à substituição tributária, desde que autorizado caso a caso pelo Secretário da Fazenda.

Parágrafo único. A transferência de crédito a outro contribuinte fica limitada a 30% (trinta por cento) do valor da operação ou da prestação.

**Mato Grosso**

**Lei nº 7.098, de 30 de dezembro de 1998**

**Art. 4º** O imposto não incide sobre:

II - operações e prestações que destinem ao exterior mercadorias, inclusive produtos primários e produtos industrializados semielaborados, ou serviços;

§ 3º Equipara-se às operações de que trata o inciso II do *caput* a saída de mercadoria realizada com o fim específico de exportação para o exterior, destinada a:

I - empresa comercial exportadora, inclusive *tradings* ou outro estabelecimento da mesma natureza;

II - armazém alfandegado ou entreposto aduaneiro.

**Art. 29.** Para efeito de aplicação do artigo anterior, os débitos e créditos devem ser apurados em cada estabelecimento do sujeito passivo.

§ 1° Saldos credores acumulados a partir de 16 de setembro de 1996, data de publicação da Lei Complementar nº 87, de 13 de setembro de 1996, por estabelecimentos que realizem operações e prestações de que tratam o inciso II do Artigo 4º e seu § 3º, podem ser, na proposição que estas saídas representem do total das saídas realizadas pelo estabelecimento:
I - imputados pelo sujeito passivo a qualquer estabelecimento seu neste Estado;
II - havendo saldo remanescente, transferidos pelo sujeito passivo a outros contribuintes deste Estado, mediante prévia autorização do fisco, na forma fixada pelo regulamento.

**Regulamento do ICMS/2014 (Decreto nº 2.212/2014)**
**Seção VIII**
**Da Manutenção do Crédito**
**Art. 124.** Não se exigirá o estorno do crédito do ICMS relativo à utilização de serviços ou à entrada de:
I - mercadorias para utilização como matéria-prima ou material intermediário ou secundário na fabricação e embalagem de produtos industrializados destinados:
a) ao exterior; *(cf. § 2º do art. 26 da Lei nº 7.098/98)*
b) à Zona Franca de Manaus, ressalvado o disposto na legislação específica; *(cf. cláusula terceira do Convênio ICM 65/88)*
II - mercadorias que corresponderem às operações de que trata o inciso III do artigo 5º.
Parágrafo único. Não se estornam créditos referentes a operações e prestações relacionadas com mercadorias e serviços destinados ao exterior ou a operações com o papel destinado à impressão de livros, jornais e periódicos. *(cf. § 2º do art. 26 da Lei nº 7.098/98 c/c o § 2º do art. 21 da LC nº 87/96, alterado pela LC nº 120/2005)*
**Seção IX**
**Da Utilização dos Créditos Acumulados**
**Art. 125.** O saldo credor do ICMS acumulado em razão de qualquer dos eventos previstos no artigo 124, mediante operação e prestação que destinem ao exterior mercadoria, inclusive produto primário e produto industrializado semielaborado, ou serviço, poderá ser transferido na forma deste artigo. *(cf.* ***caput*** *do art. 29 da Lei nº 7.098/98, redação dada pela Lei nº 7.364/2000)*
§ 1º Não se transfere, na forma deste artigo, a parcela do saldo credor acumulado, pertinente a operações ou prestações ocorridas antes de 16 de setembro de 1996, data da publicação da Lei Complementar nº 87/96. *(cf. parágrafo único do art. 29 da Lei 7098/98, alterado pela Lei nº 7.364/2000)*
§ 2º O uso da faculdade prevista neste artigo não implica reconhecimento da legitimidade do crédito acumulado, nem homologação dos lançamentos efetuados pelo contribuinte.
§ 3º O saldo credor a ser transferido ficará limitado à proporção entre as saídas realizadas a título de operações e prestações que destinem ao exterior mercadorias, inclusive produtos primários e produtos industrializados semielaborados, ou serviços, e o total de saídas realizadas pelo estabelecimento no respectivo período de apuração.
§ 4º Observado o disposto no § 8º deste artigo, o saldo credor será transferido para estabelecimento da mesma empresa ou a estabelecimento de empresa interdependente a que se refere o parágrafo único do artigo 78, situado neste Estado.

§ 5º Na forma fixada no § 9º deste artigo, poderá ser autorizada, na impossibilidade de aplicação do disposto no § 4º também deste preceito, a transferência de saldo credor a:
I – estabelecimento integrante de programa de desenvolvimento, conforme estabelecido nos §§ 6º, 7º e 8º deste artigo;
II – estabelecimento situado neste Estado, fornecedor de matéria-prima, material secundário ou material de embalagem, utilizados na industrialização de seus produtos, e de máquinas, aparelhos e equipamentos industriais destinados à integração ao ativo fixo, a título de pagamento das respectivas aquisições, até o limite de 40% (quarenta por cento) do valor das operações.
§ 6º Resolução do Conselho de Desenvolvimento vinculado à respectiva Secretaria de Estado finalística, titular do programa de desenvolvimento, poderá, alternativamente, admitir que seja o incentivo fruído mediante transferência de crédito efetuada na forma do inciso I do § 5º e § 7º deste artigo.
§ 7º Na hipótese do inciso I do § 5º deste artigo, o estabelecimento beneficiário da Resolução de que trata o § 6º, também deste preceito:
I – poderá optar pela fruição do incentivo mediante obtenção de crédito transferido em substituição à modalidade de crédito prevista no respectivo programa de desenvolvimento;
II – não poderá efetuar, a título de aproveitamento de crédito oferecido pelo respectivo programa de desenvolvimento, crédito de igual valor ao montante a que se refere o inciso I deste parágrafo.
§ 8º O documento fiscal que acobertar o aproveitamento do crédito transferido deverá atender as seguintes exigências:
I – indicar o Código Fiscal de Operações e Prestações específico, previsto no Anexo II deste regulamento;
II – ser instruído com certidão negativa de débitos fazendários, eletrônica, expedida na data de emissão do documento fiscal; *(cf. artigo 17-H da Lei nº 7.098/98, acrescentado pela Lei nº 9.425/2010)*
III – conter, no seu corpo, a indicação do número da certidão a que se refere o inciso II deste parágrafo;
IV – ser previamente registrado no sistema fazendário informatizado a que se refere o § 9º deste artigo.
§ 9º O aproveitamento pelo destinatário do crédito transferido na forma deste artigo fica condicionado ao prévio registro da sua utilização, a ser efetuada em sistema eletrônico da Gerência de Controle do Crédito, da Antecipação e das Deduções da Superintendência de Informações do ICMS – GCCA/SUIC, disponível na internet.

**Minas Gerais**
**Lei nº 6.763, de 26 de dezembro de 1975**
Art. 7º O imposto não incide sobre:
I – serviço de transporte ou de comunicação prestado pela União, Estados, Distrito Federal e Municípios, bem como por suas autarquias e fundações instituídas e mantidas pelo poder público, no que se refere aos serviços vinculados às suas finalidades essenciais ou delas decorrentes;

II – a operação que destine ao exterior mercadoria, inclusive produto primário e produto industrializado semielaborado, bem como sobre prestação de serviço para o exterior, observado o disposto no § 2º deste artigo;
(80, 86, 343) Art. 29. O valor devido a título de imposto resultará da diferença a maior entre o imposto referente à mercadoria saída e ao serviço de transporte ou de comunicação prestado e o imposto cobrado relativamente à entrada, real ou simbólica, de mercadoria, inclusive energia elétrica, ou bem para uso, consumo ou ativo imobilizado, e o recebimento de serviço de transporte ou de comunicação, no respectivo estabelecimento.
(...)
§ 7º Saldo credor acumulado a partir de 16 de setembro de 1996, por estabelecimento que realize operação ou prestação de que tratam o inciso II do caput do art. 7º desta Lei e o § 1º do mesmo artigo, poderá ser transferido, mediante autorização do Fisco, na proporção que estas representem do total das operações ou prestações realizadas pelo estabelecimento:
1. para outro estabelecimento da mesma empresa neste Estado;
2. havendo saldo remanescente, para outro contribuinte deste Estado, na forma em que dispuser o regulamento.
§ 8º O Regulamento poderá prever outras formas de utilização do saldo credor, na hipótese do parágrafo anterior, bem como permitir a transferência de crédito acumulado em razão de outras operações ou prestações.

**Regulamento do ICMS (Decreto nº 43.080/2002), atualizado até o Decreto nº 47.220, de 14/07/2017**
ANEXO VIII
DA TRANSFERÊNCIA E DA UTILIZAÇÃO DE CRÉDITO ACUMULADO DE ICMS
CAPÍTULO I
Do Crédito Acumulado em Razão de Exportação, Diferimento ou Redução de Base de Cálculo
SEÇÃO I
Do Crédito Acumulado em Razão de Exportação
**Art. 1º** O saldo credor acumulado, a partir de 16 de setembro de 1996, em razão de operação ou prestação de que tratam o inciso III do caput e o § 1º, todos do art. 5º, poderá ser transferido ou utilizado nas hipóteses definidas nesta Seção, observado o disposto nas Seções III e IV deste Capítulo e nos Capítulos III, IV e V deste Anexo.
**Art. 2º** O crédito acumulado de que trata o artigo anterior poderá ser transferido:
I – para outro estabelecimento do mesmo titular situado no Estado e, havendo saldo remanescente, para outro contribuinte situado neste Estado, observado o disposto no § 1º deste artigo, para pagamento de saldo devedor de ICMS apurado na escrita fiscal;
II – para sujeito passivo situado neste Estado ou em outra unidade da Federação, para pagamento de crédito tributário relativo ao ICMS, inclusive multas, juros e demais acréscimos, parcelado ou não, lançado ou espontaneamente denunciado, inscrito ou não em dívida ativa, ajuizada ou não a sua cobrança, observado o disposto nos §§ 2º e 3º deste artigo e no art. 8º-B deste Anexo;

III – para empresa classificada nas Divisões 05 a 33 e nos códigos 3831-9/01, 3831-9/99, 3839- 4/99, 4721-1/01, 5920-1/00, 5811-5/00, 5821-2/00, 5822-1/00, 5823-9/00, 5829-8/00 ou 9512-6/00 da Classificação Nacional de Atividades Econômicas – CNAE -, para pagamento de ICMS devido pela entrada de mercadoria importada do exterior, desde que a mercadoria seja destinada ao ativo imobilizado para ser empregada, pelo próprio importador, no seu processo de industrialização ou de extração mineral.

a)

b)

§ 1º A transferência do crédito a que se refere o inciso I do caput deste artigo poderá ser feita para outro contribuinte se o detentor original do crédito não possuir outro estabelecimento neste Estado ou, se possuir outro estabelecimento, este apresentar saldo credor.

§ 2º O disposto no inciso II do caput não se aplica para pagamento de crédito tributário lançado ou espontaneamente denunciado:

I – relativo ao imposto escriturado em livro fiscal ou informado na Declaração de Apuração e Informação do ICMS (DAPI); ou

II – relativo ao imposto devido pela entrada, no estabelecimento, de mercadoria oriunda de outra unidade da Federação destinada a uso, consumo ou ativo permanente.

§ 3º A transferência de que trata o inciso II do caput poderá ser realizada, inclusive, na hipótese em que o sujeito passivo não seja inscrito no Cadastro de Contribuintes deste Estado ou que esteja com sua inscrição baixada, suspensa ou cancelada.

**Art. 3º** O contribuinte detentor original do crédito acumulado de que trata o art. 1º deste Anexo poderá utilizá-lo para:

I – pagamento de crédito tributário relativo ao ICMS, inclusive multas, juros e demais acréscimos, parcelado ou não, lançado ou espontaneamente denunciado, inscrito ou não em dívida ativa, ajuizada ou não a sua cobrança, observado o disposto no parágrafo único deste artigo e no art. 8º-B deste Anexo;

II – pagamento de ICMS devido pela entrada de mercadoria importada do exterior, desde que, cumulativamente:

a) o estabelecimento esteja classificado nas Divisões 05 a 33 ou nos códigos 3831-9/01, 3831-9/99, 3839-4/99, 4721-1/01, 5920-1/00, 5811-5/00, 5821-2/00, 5822-1/00, 5823-9/00, 5829-8/00 ou 9512-6/00 da CNAE;

b) a mercadoria seja destinada ao ativo permanente para ser empregada, pelo próprio importador, no seu processo de industrialização ou de extração mineral; e

c)

Parágrafo único. O disposto no inciso I do caput não se aplica para pagamento de crédito tributário lançado ou espontaneamente denunciado:

I – relativo ao imposto escriturado em livro fiscal ou informado na Declaração de Apuração e Informação do ICMS (DAPI); ou

II – relativo ao imposto devido pela entrada, no estabelecimento, de mercadoria oriunda de outra unidade da Federação destinada a uso, consumo ou ativo permanente.

SEÇÃO II

Do Crédito Acumulado em Razão de Diferimento ou de Redução de Base de Cálculo

**Art. 4º** O estabelecimento que, a partir de 16 de setembro de 1996, possuir crédito acumulado de ICMS em razão de entrada de matéria-prima, produto intermediário ou material de embalagem, e da respectiva utilização do serviço de transporte, poderá transferi-lo ou utilizá-lo nas hipóteses definidas nesta Seção, observado o disposto nas Seções III e IV deste Capítulo e nos Capítulos III, IV e V deste Anexo, quando vinculados à fabricação ou à embalagem de produto cuja saída ocorra:

I – com diferimento do lançamento e do recolhimento do imposto, relativamente:

a) aos estabelecimentos classificados nas Divisões 05 a 33 ou nos códigos 3831-9/01, 3831-9/99, 3839- 4/99, 4721-1/01, 5920-1/00, 5811-5/00, 5821-2/00, 5822-1/00, 5823-9/00, 5829-8/00 ou 9512-6/00 da CNAE;

b) às saídas de liga de alumínio secundário produzida a partir de sucata;

II – com carga tributária de 7% (sete por cento), em operação interna, relativamente ao estabelecimento que opere no ramo da indústria de produtos alimentares, classificado na Divisão 10 da CNAE.

**Art. 5º** O crédito acumulado de que trata o art.4º poderá ser transferido para:

I – outro estabelecimento do mesmo titular situado neste Estado:

a) para pagamento de saldo devedor de ICMS apurado na escrita fiscal;

b) para pagamento de crédito tributário relativo ao ICMS, inclusive multas, juros e demais acréscimos, parcelado ou não, lançado ou espontaneamente denunciado, inscrito ou não em dívida ativa, ajuizada ou não a sua cobrança, observado o disposto no § 3º deste artigo e no art. 8º-B deste Anexo;

II – fornecedor situado neste Estado, a título de pagamento pela aquisição de matéria-prima, produto intermediário ou material de embalagem, para emprego na fabricação ou embalagem de produto, ou de bem para ativo permanente, uso ou consumo de estabelecimento do adquirente no Estado, até o limite de 20% (vinte por cento) do valor da operação de aquisição, observado o disposto no § 2º do art. 10 deste Anexo;

III – empresa industrial, em fase de instalação ou de expansão neste Estado, da qual decorra aumento de produção e demanda de mão de obra, desde que o valor transferido seja integralmente vinculado à aquisição de ações ou de quotas de capital da destinatária, observado o disposto nos §§ 1º e 2º deste artigo e no § 5º do art. 10 deste Anexo;

IV – empresa classificada nas Divisões 05 a 33 ou nos códigos 3831-9/01, 3831-9/99, 3839-4/99, 4721-1/01, 5920-1/00, 5811-5/00, 5821-2/00, 5822-1/00, 5823-9/00, 5829-8/00 ou 9512-6/00 da CNAE, situada neste Estado, para pagamento de ICMS devido pela entrada no estabelecimento de mercadoria importada do exterior, desde que a mercadoria seja destinada ao ativo imobilizado para ser empregada, pelo próprio importador, em processo de industrialização ou de extração mineral;

a)

b)

V – outro contribuinte situado neste Estado, na hipótese do art. 4º, inciso I, alínea "b" deste Anexo, para pagamento de saldo devedor de ICMS apurado na escrita fiscal, observado o disposto no § 1º do art. 2º;

VI – para sujeito passivo situado neste Estado ou em outra unidade da Federação, para pagamento de crédito tributário relativo ao ICMS, inclusive multas, juros e demais acréscimos, parcelado ou não, lançado ou espontaneamente denunciado, inscrito ou não em dívida ativa, ajuizada ou não a sua cobrança, observado o disposto nos §§ 3º e 4º deste artigo e no art. 8º-B deste Anexo.

§ 1º Na hipótese do inciso III do caput deste artigo, a empresa industrial poderá transferir o crédito recebido em transferência para a finalidade e no limite a que se refere o inciso II, também do caput deste artigo.
§ 2º Na hipótese do §1º, o estabelecimento que receber o crédito em transferência somente poderá retransferi-lo após a escrituração da nota fiscal de transferência, observado o disposto no caput e § 1º do art. 11 deste Anexo.
§ 3º O disposto na alínea "b" do inciso I e no inciso VI, do caput, não se aplica para pagamento de crédito tributário lançado ou espontaneamente denunciado:
I – relativo ao imposto escriturado em livro fiscal ou informado na Declaração de Apuração e Informação do ICMS (DAPI); ou
II – relativo ao imposto devido pela entrada, no estabelecimento, de mercadoria oriunda de outra unidade da Federação destinada a uso, consumo ou ativo permanente.
§ 4º A transferência de que trata o inciso VI do caput poderá ser realizada, inclusive, na hipótese em que o sujeito passivo não seja inscrito no Cadastro de Contribuintes deste Estado ou que esteja com sua inscrição baixada, suspensa ou cancelada.
**Art. 6º** O crédito acumulado de que trata o art. 4º deste Anexo poderá ser utilizado pelo detentor original para:
I – pagamento de crédito tributário relativo ao ICMS, inclusive multas, juros e demais acréscimos, parcelado ou não, lançado ou espontaneamente denunciado, inscrito ou não em dívida ativa, ajuizada ou não a sua cobrança, observado o disposto no parágrafo único deste artigo e no art. 8º-B deste Anexo;
II – pagamento de ICMS devido pela entrada, no estabelecimento, de mercadoria importada do exterior, desde que, cumulativamente:
a) o estabelecimento esteja classificado nas Divisões 05 a 33 ou nos códigos 3831-9/01, 3831-9/99, 3839-4/99, 4721-1/01, 5920-1/00, 5811-5/00, 5821-2/00, 5822-1/00, 5823-9/00, 5829-8/00 ou 9512-6/00 da CNAE;
b) a mercadoria seja destinada ao ativo permanente para ser empregada, pelo próprio importador, em processo de industrialização ou de extração mineral; e
c)
Parágrafo único. O disposto no inciso I do caput não se aplica para pagamento de crédito tributário lançado ou espontaneamente denunciado:
I – relativo ao imposto escriturado em livro fiscal ou informado na Declaração de Apuração e Informação do ICMS (DAPI); ou
II – relativo ao imposto devido pela entrada, no estabelecimento, de mercadoria oriunda de outra unidade da Federação destinada a uso, consumo ou ativo permanente.
SEÇÃO III
Das Condições para a Transferência ou a Utilização de Crédito Acumulado de ICMS em Razão de Exportação, Diferimento ou Redução de Base de Cálculo
**Art. 7º** O contribuinte detentor original dos créditos acumulados de que tratam os art. 1º e 4º deste Anexo somente poderá utilizá-los ou transferi-los nas hipóteses previstas nas Seções I e II deste Capítulo, quando de sua apuração constar saldo credor do imposto há pelo menos 3 (três) períodos consecutivos.
§ 1º O crédito apropriado em determinado período somente poderá ser transferido ou utilizado a partir do mês subsequente ao de sua apropriação.

§ 2º O valor a ser transferido ou utilizado a título de crédito acumulado será proporcional às operações e prestações referidas nos art. 1º e 4º deste Anexo e não poderá ser superior ao montante do crédito apropriado referente às operações e prestações anteriores a elas relacionadas.
§ 3º Na hipótese de operação de venda para entrega futura, a transferência do crédito acumulado a ela relacionado somente poderá ocorrer após a efetiva saída da mercadoria para o destinatário, observado o disposto no § 1º deste artigo.
§ 4º Na hipótese de aquisição de mercadoria decorrente de operação de venda para entrega futura, a transferência do crédito acumulado de que trata o inciso II do caput do art. 5º deste Anexo somente poderá ocorrer após a efetiva entrada da mercadoria no estabelecimento.
§ 5º Somente poderá transferir, receber em transferência ou utilizar crédito acumulado, na forma prevista neste Capítulo, o estabelecimento que adotar o regime normal de apuração do imposto, ressalvado o produtor rural, que poderá transferir ou utilizar o crédito acumulado de que trata o art. 1º deste Anexo.
§ 6º O crédito acumulado de que trata o art. 1º deste Anexo somente poderá ser transferido ou utilizado após a comprovação das operações de exportação constante do demonstrativo a que se refere o art. 9º deste Anexo, observados os §§ 2º e 3º.
**Art. 8º** O contribuinte que receber crédito acumulado em transferência na forma do inciso I do caput do art. 2º, da alínea "a" do inciso I e do inciso V do caput do art._5º, todos deste Anexo, deverá utilizá-lo para pagamento de até 30% (trinta por cento) do saldo devedor do ICMS apurado no período em que ocorrer o recebimento, ou nos períodos de apuração subsequentes, se houver valor remanescente.
Parágrafo único. Para os fins do disposto no caput deste artigo:
I - considera-se recebido o crédito no período de apuração em que for exarado, na nota fiscal, ou no respectivo DANFE, de que trata o inciso I do caput do art. 10 deste Anexo o despacho autorizativo de que trata o § 1º do referido artigo, pelo titular da Delegacia Fiscal a que o contribuinte detentor original do crédito estiver circunscrito;
II – o saldo devedor corresponderá ao valor a ser informado no campo 97 do quadro "Apuração do ICMS no período" da DAPI modelo 1.
§ 1º
§ 2º
§ 3º
§ 4º
**Art. 8º-A.** O contribuinte que receber crédito acumulado em transferência na forma dos incisos II ou III do caput do art. 5º deste Anexo deverá utilizá-lo para abatimento, em conjunto com os demais créditos, de débito do ICMS apurado na sua escrita fiscal, transportando o eventual saldo credor para abatimento no saldo devedor dos períodos subsequentes.
§ 1º O contribuinte que receber o crédito em transferência poderá utilizá-lo integralmente, no mesmo período em que ocorrer o recebimento.
§ 2º Para os fins do disposto no parágrafo anterior, considera-se recebido o crédito no período de apuração em que for aposto na nota fiscal, ou no respectivo DANFE, a que

se refere o inciso I do caput do art. 10 deste Anexo o visto de que trata o caput do art. 11 deste Anexo, pelo titular da Delegacia Fiscal do destinatário do crédito.

**Art. 8º-B.** Nas hipóteses previstas no inciso II do caput do art. 2º, no inciso I do caput do art. 3º, na alínea "b" do inciso I e no inciso VI do caput do art. 5º, no inciso I do caput do art. 6º e nos incisos III e IV do § 3º do art. 27, todos deste Anexo:

I – para o pagamento do crédito tributário, serão observadas as reduções de multas previstas na legislação; e

II – a transferência ou a utilização ficam condicionadas ao reconhecimento, pelo interessado, do crédito tributário formalizado e à desistência formal de sua discussão, administrativa ou judicial, de eventuais embargos oferecidos à execução ou de qualquer ação visando à desconstituição do título ou da exigência fiscal litigiosa e, ainda, ao pagamento das custas judiciais.

SEÇÃO IV

Dos Procedimentos Relativos **à** Transferência e **à** Utilização de Crédito Acumulado de ICMS em Razão de Exportação, Diferimento ou Redução de Base de Cálculo

**Art. 9º** Para a transferência ou a utilização dos créditos acumulados de que tratam os art. 1º e 4º deste Anexo o contribuinte detentor do crédito acumulado deverá apresentar demonstrativo de crédito acumulado de ICMS à Delegacia Fiscal a que estiver circunscrito, para análise e aprovação.

§ 1º O demonstrativo a que se refere o caput deste artigo será preenchido em 2 (duas) vias, que terão a seguinte destinação:

I – 1ª via – Delegacia Fiscal a que o contribuinte estiver circunscrito, para arquivo;

II – 2ª via – contribuinte, depois de visada pela Delegacia Fiscal.

§ 2º – O contribuinte detentor original de crédito acumulado, juntamente com o demonstrativo a que se refere o caput deverá apresentar:

I – na exportação direta, por operação:

a) via da nota fiscal destinada ao fisco ou cópia dela, ou do respectivo DANFE;

b) cópia da Declaração de Exportação (DE) averbada;

c) Comprovante de Exportação (CE);

d) conhecimento de transporte (BL/WB/CTRC-Internacional); e

e)

f)

II – na remessa com o fim específico de exportação, por operação:

a) via destinada ao fisco da nota fiscal emitida com o fim específico de exportação pelo detentor original do crédito acumulado ou cópia dela, ou do respectivo DANFE;

b) cópia do Memorando-Exportação, acompanhada da via destinada ao fisco da nota fiscal emitida pelo exportador ou de sua cópia, ou do respectivo DANFE;

c) cópia da Declaração de Exportação (DE) averbada;

d) Comprovante de Exportação (CE);

e) conhecimento de transporte (BL/WB/CTRC-Internacional);

f)

g) Registro de Exportação (RE) com as respectivas telas do Sistema Integrado de Comércio Exterior (SISCOMEX) de "Consulta de RE Específico";

h)

III – na saída de mercadoria com diferimento e redução de base de cálculo, o documento fiscal da operação.

§ 3º Nas hipóteses dos incisos I e II do parágrafo anterior, relativamente operações de exportação pendentes de comprovação no momento da apresentação do demonstrativo, os documentos exigidos serão apresentados à medida em que forem comprovadas as operações.

§ 4º Nas hipóteses dos §§ 2º e 3º deste artigo, em substituição às vias do fisco, às cópias e originais de documentos fiscais, quando em quantidade superior a 20 (vinte) conjuntos de documentos, poderá ser autorizada a entrega de listagem dos mesmos, mediante despacho do titular da Delegacia Fiscal a que o contribuinte estiver circunscrito, exarado no requerimento protocolizado para essa finalidade, que poderá ser cancelado de ofício na hipótese de inobservância das disposições deste Anexo, devendo o contribuinte ser formalmente comunicado.

§ 5º Resolução do Secretário de Estado de Fazenda disporá sobre:

I – os critérios a serem observados pelo contribuinte para determinação da parcela do saldo credor a ser transferida ou utilizada;

II – a periodicidade, o prazo e as condições de entrega do demonstrativo pelo contribuinte;

III – o prazo para aprovação do demonstrativo pelo titular da Delegacia Fiscal a que o contribuinte estiver circunscrito;

IV – as condições para a transferência ou utilização de crédito acumulado;

V – a exigência de outros documentos; e

VI – demais procedimentos relativos à transferência e à utilização do crédito acumulado.

§ 6º Para aprovação do demonstrativo, observado o prazo a que se refere o inciso III do §5º o Fisco poderá, mediante intimação, requisitar documentos e informações complementares para verificação da regularidade dos valores informados.

§ 7º A aprovação do demonstrativo de que trata o caput dependerá da entrega da Declaração de Apuração e Informação do ICMS (DAPI), inclusive a do último período de apuração considerado no demonstrativo.

§ 8º A aprovação do demonstrativo de que trata o caput não implicará reconhecimento da legitimidade do crédito nem homologação do lançamento efetuado pelo contribuinte.

**Art. 10.** Nas hipóteses de transferências de crédito previstas nos art. 2º e 5º deste Anexo, o contribuinte detentor original do crédito deverá:

I – emitir Nota Fiscal, modelo 1 ou 1-A, ou NF-e, fazendo constar:

a) como destinatário, o nome, o endereço e os números de inscrição estadual e no Cadastro Nacional de Pessoa Jurídica (CNPJ) do contribuinte ao qual se está efetuando a transferência;

b) no quadro "Dados Adicionais", no campo "Informações Complementares":

1. a observação: "Transferência de crédito acumulado de ICMS, nos termos do (indicar o dispositivo que ampara a transferência) do Anexo VIII do RICMS"; e

2. o valor, por extenso, do crédito acumulado transferido;

c) no local destinado ao valor da operação do quadro "Cálculo do Imposto", o valor do crédito acumulado transferido;

d) como natureza da operação: Transferência de Crédito Acumulado de ICMS; e

e) no quadro "Dados do Produto":

1. nas hipóteses do inciso II do caput do art. 2º, da alínea "b" do inciso I e do inciso VI do caput do art. 5º, todos deste Anexo, o número dos PTAs do destinatário e os respectivos valores que serão pagos como crédito transferido;
2. nas hipóteses do inciso III do caput do art. 2º e do inciso IV do caput do art. 5º, ambos deste Anexo, o número da Declaração de Importação (DI) do destinatário e o respectivo valor do ICMS devido na importação a ser pago com o crédito transferido; ou
3. na hipótese do inciso II do caput do art. 5º deste Anexo, o número, a série, a data e o valor do documento relativo à aquisição da mercadoria ou do bem;

II – registrar a nota fiscal emitida na forma do inciso anterior no livro Registro de Saídas, nas colunas "Documento Fiscal" e "Observações", lançando nesta o valor da nota fiscal, informando tratar-se de crédito acumulado transferido e o dispositivo legal que ampara a transferência;

III – registrar no livro RAICMS:

a) na coluna "Outros Débitos", o valor registrado na forma prevista no inciso anterior; e

b) na coluna "Observações", o número, a série, a data e o valor da nota fiscal utilizada para transferência e a seguinte informação: "Transferência de crédito acumulado de ICMS nos termos do (indicar o dispositivo que ampara a transferência) do Anexo VIII do RICMS"; e

IV – informar no campo 73 do quadro "Outros Créditos/Débitos" da DAPI modelo 1 o valor da transferência.

§ 1º O crédito somente poderá ser transferido após despacho autorizativo, exarado pelo titular da Delegacia Fiscal a que o contribuinte estiver circunscrito, no corpo da nota fiscal a que se refere o inciso I do caput deste artigo, ou do respectivo DANFE.

§ 2º Na hipótese do inciso II do caput do art. 5º deste Anexo, a autorização a que se refere o § 1º deste artigo ficará condicionada à apresentação da 1ª (primeira) via da nota fiscal acobertadora da operação de aquisição da mercadoria ou do bem, ou do respectivo DANFE, devendo constar o carimbo fiscal de trânsito, ou na hipótese de NF-e, o registro de passagem, do Posto de Fiscalização, se existente no itinerário normal em que se deu o transporte da mercadoria ou bem.

§ 3º A 4ª (quarta) via da nota fiscal de transferência de crédito, ou cópia do respectivo DANFE, será retida e arquivada pela Delegacia Fiscal a que o contribuinte estiver circunscrito, que remeterá cópia reprográfica para a Delegacia Fiscal de destino, quando for o caso.

§ 4º O contribuinte que tenha crédito acumulado em razão de mais de uma das hipóteses previstas nos art. 1º e 4º deste Anexo deverá emitir notas fiscais distintas, conforme a origem do crédito, para realizar as transferências.

§ 5º Na hipótese a que se refere o inciso III do caput do art. 5º deste Anexo, o contribuinte detentor do crédito acumulado deverá comprovar a operação de aquisição das ações ou das quotas junto à Delegacia Fiscal a que estiver circunscrito.

§ 6º Nas hipóteses de transferência de crédito previstas no inciso I do caput do art. 2º e na alínea "a" do inciso I e no inciso V do caput do art. 5º deste Anexo:

I – o contribuinte detentor original do crédito deverá apresentar a nota fiscal a que se refere o inciso I do caput deste artigo, ou o respectivo DANFE, até o dia 25 (vinte e cinco) do mês, para obtenção do despacho autorizativo de que trata o § 1º deste artigo;

II – o despacho autorizativo será exarado até o penúltimo dia útil anterior ao do encerramento do período de apuração do imposto, salvo se houver vedação à transferência do crédito, situação dependente de diligência ou se o montante global máximo de que trata o art. 39 deste Anexo houver sido atingido;
III – o titular da Delegacia Fiscal a que estiver circunscrito o contribuinte detentor original do crédito dará ciência, por correio eletrônico, ao titular da Delegacia Fiscal a que o contribuinte destinatário do crédito estiver circunscrito, quanto à aposição do despacho autorizativo, informando o número, a série, a data, o valor e os nomes do emitente e do destinatário da nota fiscal.
§ 7º Nas hipóteses de transferência de crédito acumulado de que tratam o inciso II do caput e o § 3º do art. 2º, e o inciso VI do caput e o § 4º do art. 5º, todos deste Anexo, em que o sujeito passivo esteja estabelecido em outra unidade da Federação, não seja inscrito no Cadastro de Contribuintes deste Estado ou esteja com inscrição baixada, suspensa ou cancelada, o contribuinte detentor do crédito deverá emitir NF-e, fazendo constar:
I – como destinatário, o próprio emitente;
II – no campo destinado ao valor da operação, o valor do crédito acumulado transferido;
III – no campo Informações Complementares:
a) o número do Auto de Infração, do Extrato de Débito Eletrônico ou do Termo de Autodenúncia relativo ao crédito tributário;
b) o valor atualizado do crédito tributário, por extenso, bem como a identificação do sujeito passivo;
c) a informação de tratar-se de crédito acumulado transferido para quitação de crédito tributário relativo ao ICMS.
**Art. 10-A.** Nas hipóteses de transferência de crédito previstas no inciso I do caput do art. 2º, na alínea "a" do inciso I e no inciso V do caput do art. 5º deste Anexo, o contribuinte indicado como destinatário da nota fiscal a que se refere o inciso I do caput do art. 10, independentemente de visto prévio, deverá:
I – no mesmo período de apuração do imposto em que ocorrer o recebimento do crédito, assim considerado aquele no qual houver sido exarado o despacho autorizativo de que tratam os §§ 1º e 6º, incisos I e II, do artigo anterior, registrar a nota fiscal no livro Registro de Entradas, nas colunas "Documento Fiscal" e "Observações", lançando nesta o valor da nota fiscal;
II – até o dia 10 (dez) do período subsequente àquele em que ocorreu o recebimento do crédito, ou até o encerramento do prazo para o recolhimento do imposto devido, se anterior àquele dia, emitir Nota Fiscal, modelo 1 ou 1-A, ou NF-e, fazendo constar:
a) como destinatário o próprio emitente, e a informação de que se trata de crédito acumulado recebido em transferência para abatimento de débito do ICMS apurado na escrita fiscal;
b) no campo destinado ao valor da operação do quadro "Cálculo do Imposto", o valor do crédito utilizado, limitado ao percentual de 30% (trinta por cento) do valor do saldo devedor do imposto;
c) no quadro "Dados Adicionais", no campo "Informações Complementares", o número, a série, a data, o valor e o nome do emitente da nota fiscal a que se refere º incisº I dº caput dº art. 10;

III – informar, no campo "Observações" do livro RAICMS, na escrituração relativa ao período de apuração em que ocorreu o recebimento do crédito, que o saldo devedor foi parcialmente compensado com crédito acumulado de ICMS recebido em transferência, indicando o valor compensado e o número e a data da nota fiscal emitida na forma do inciso II do caput deste artigo;
a)
b)
IV – informar, no quadro "Apuração do ICMS no Período", no campo 98 ("Deduções"), da DAPI 1 relativa ao período de apuração em que ocorreu o recebimento do crédito, o valor do crédito acumulado utilizado para pagamento do saldo devedor do imposto.
§ 1º O contribuinte deverá, até o dia 10 (dez) do período subsequente àquele em que ocorreu o recebimento do crédito, apresentar ao titular da Delegacia Fiscal a que estiver circunscrito:
I – as notas fiscais de que tratam o inciso I do caput do art. 10 e o inciso II do caput deste artigo, ou os respectivos DANFEs, para aposição de visto;
II – demonstrativo da utilização do crédito acumulado recebido em transferência, indicando:
a) o valor total recebido em transferência, com indicação dos números, séries, datas e nomes dos emitentes das notas fiscais respectivas;
b) a dedução do valor efetivamente utilizado ou a ser utilizado para compensação do saldo devedor apurado no período em que ocorreu o recebimento do crédito, com indicação do número, série e data da nota fiscal respectiva;
c) o valor remanescente, se for o caso.
§ 2º Na hipótese de não aposição do visto nas notas fiscais a que se refere o inciso I do parágrafo anterior, em razão de vedação à transferência do crédito, o contribuinte deverá recolher a diferença do imposto, com os acréscimos legais, no prazo de 2 (dois) dias, contado da data de ciência da comunicação expedida pela Delegacia Fiscal.
§ 3º Sendo o valor recebido em transferência superior ao limite de 30% (trinta por cento) do saldo devedor apurado no período de recebimento do crédito, o valor remanescente poderá ser utilizado para pagamento do saldo devedor apurado nos períodos subsequentes, hipótese em que o contribuinte observará o disposto nos incisos II a IV do caput deste artigo, em relação a cada período de apuração, e o demonstrativo de que trata o § 1º será apresentado de forma consolidada, com indicação das notas fiscais emitidas para cada período, até a integral utilização do crédito recebido em transferência.
**Art. 11.** Nas hipóteses de transferência de crédito acumulado previstas nos incisos II e III do caput do art. 2º, na alínea "b" do inciso I e nos incisos II, III, IV e VI do caput do art. 5º, todos deste Anexo, o contribuinte indicado como destinatário da nota fiscal a que se refere o inciso I do caput do art. 10 deste Anexo, após apresentá-la, ou o respectivo DANFE, ao titular da Delegacia Fiscal a que estiver circunscrito para aposição de visto, deverá, ressalvadas as hipóteses previstas no § 2º deste artigo:
I – registrar a nota fiscal no livro Registro de Entradas, nas colunas "Documento Fiscal" e "Observações", lançando nesta o valor da nota fiscal;
II – registrar no livro RAICMS:
a) na coluna "Outros Créditos", o valor dos créditos recebidos em transferência; e

b) na coluna “Observações”, o número, a série, a data e o valor das notas fiscais, os nomes dos remetentes e a informação de que se trata de crédito acumulado do ICMS recebido em transferência; e

III – informar no campo 66 do quadro “Outros Créditos/Débitos” da DAPI modelo 1 o valor recebido em transferência.

§ 1º Para a retransferência prevista no § 1º do art. 5º deste Anexo, após os procedimentos previstos no caput deste artigo, aplica-se, no que couber, o disposto no artigo anterior.

§ 2º Nas hipóteses de transferência de crédito acumulado previstas nos incisos II e III do caput do art. 2º, na alínea “b” do inciso I, no inciso IV e no inciso VI do caput do art. 5º, todos deste Anexo, o contribuinte de que trata o caput deste artigo deverá, conforme o caso:

I – antes de receber o crédito acumulado em transferência:

a) solicitar à Administração Fazendária a que o contribuinte estiver circunscrito, o valor do crédito tributário a ser pago e informar ao contribuinte detentor original do crédito a ser transferido o número do PTA e o respectivo valor a ser pago com o crédito acumulado; ou

b) informar ao detentor original do crédito a ser transferido o número da Declaração de Importação (DI) e o respectivo valor do ICMS a ser pago com o crédito acumulado;

II – depois de receber o crédito acumulado em transferência:

a) apresentar à repartição fazendária competente para dar quitação ao débito a nota fiscal de transferência de crédito recebida do remetente, ou o respectivo DANFE, contendo as informações previstas no caput do art. 10 deste Anexo, acompanhada do documento que formalizou o crédito tributário ou da Declaração de Importação (DI);

b) registrar a nota fiscal de transferência a que se refere a alínea anterior somente no livro Registro de Entradas, nas colunas “Documento Fiscal” e “Observações”, lançando nesta o valor da nota fiscal e a informação de tratar-se de crédito acumulado recebido em transferência e utilizado para o pagamento de crédito tributário ou do ICMS devido na importação, conforme o caso.

**Art. 11-A.** Na hipótese de transferência prevista no inciso II do art. 5º, quando a mercadoria deva ser entregue em outro estabelecimento do contribuinte detentor original do crédito acumulado no Estado, para acobertamento das operações com a mercadoria ou bem adquirido, será emitida nota fiscal:

I – de transferência, pelo adquirente originário, em nome do destinatário da mercadoria, com destaque do imposto, se devido, indicando-se, além dos requisitos exigidos, o nome, o endereço e os números de inscrição, estadual e no Cadastro Nacional de Pessoa Jurídica (CNPJ), do estabelecimento que irá promover a remessa da mercadoria;

II – pelo vendedor remetente:

a) em nome do destinatário, para acobertar o trânsito da mercadoria, sem destaque do imposto, indicando-se, além dos requisitos exigidos:

a.1) como natureza da operação, a seguinte expressão: “Remessa por conta e ordem de terceiros”;

a.2) o número, a série e a data da nota fiscal de que trata o inciso anterior;

a.3) o nome, o endereço e os números de inscrição, estadual e no CNPJ, do emitente da nota fiscal referida na subalínea anterior;

b) em nome do adquirente originário, com destaque do imposto, se devido, indicando-se, como natureza da operação: "Remessa simbólica – entrega à ordem", e o número, a série e a data da nota fiscal emitida na forma da alínea anterior.
Parágrafo único. Por ocasião da escrituração, no livro Registro de Saídas, das notas fiscais de que trata este artigo, será mencionado o motivo da emissão.
**Art. 12.** Para a utilização do crédito acumulado para pagamento de crédito tributário relativo ao ICMS, nas hipóteses do inciso I do art. 3º e do inciso I do art. 6º, todos deste Anexo, o detentor original do crédito acumulado deverá:
I – emitir Nota Fiscal, modelo 1 ou 1-A, ou NF-e fazendo constar:
a) como destinatário o próprio emitente, e a informação de tratar-se de crédito acumulado utilizado para quitação de crédito tributário relativo ao ICMS;
b) no campo destinado ao valor da operação do quadro "Cálculo do Imposto", o valor do crédito acumulado utilizado;
c) no quadro "Dados Adicionais", no campo "Informações Complementares", o número do Auto de Infração, do Extrato de Débito Eletrônico ou do Termo de Autodenúncia que formalizou o crédito tributário e, por extenso, o respectivo valor;
II – registrar a nota fiscal emitida na forma do inciso anterior no livro Registro de Saídas, nas colunas "Documento Fiscal" e "Observações", lançando nesta o valor da nota fiscal e a informação de tratar-se de crédito acumulado utilizado para pagamento de crédito tributário;
III – registrar no livro RAICMS:
a) na coluna "Outros Débitos", o valor lançado na forma prevista no inciso anterior; e
b) na coluna "Observações", o número, a série, a data e o valor da nota fiscal emitida para a utilização do crédito e a seguinte informação: "Utilização de crédito acumulado de ICMS, nos termos do (indicar o dispositivo que ampara a utilização) do Anexo VIII do RICMS";
IV – informar no campo 73 do quadro "Outros Créditos/Débitos" da DAPI modelo 1 o valor do crédito utilizado.
§ 1º Antes da emissão da nota fiscal a que se refere o inciso I do caput, o contribuinte deverá, junto à Administração Fazendária a que estiver circunscrito, solicitar o valor do crédito tributário a ser pago.
§ 2º Emitida a nota fiscal a que se refere o inciso I do caput, o contribuinte deverá protocolizar o respectivo DANFE na Administração Fazendária a que estiver circunscrito, que será juntado ao PTA, após despacho autorizativo, exarado no corpo do documento, pelo titular da Delegacia Fiscal a que o contribuinte estiver circunscrito.
§ 3º
§ 4º
§ 5º
**Art. 13.** Na utilização de crédito acumulado para pagamento de ICMS devido pela entrada de mercadoria importada do exterior e destinada ao ativo permanente nas hipóteses previstas nos incisos II do art. 3º e II do art. 6º, todos deste Anexo, o detentor original do crédito deverá:
I – emitir Nota Fiscal, modelo 1 ou 1-A, ou NF-e no valor do ICMS devido, fazendo constar:

a) como destinatário o próprio emitente e a informação de tratar-se de crédito acumulado para pagamento de ICMS decorrente de importação; e
b) no quadro "Dados Adicionais", no campo "Informações Complementares" da nota fiscal, o número Declaração de Importação (DI) e, por extenso, o respectivo valor do ICMS devido;
II – apresentar a Declaração de Importação (DI) na Delegacia Fiscal;
III – registrar a nota fiscal emitida na forma do inciso I deste caput no livro Registro de Saídas, nas colunas "Documento Fiscal" e "Observações", lançando nesta o valor da nota fiscal e a informação de tratar-se de crédito acumulado utilizado para pagamento de ICMS devido pela entrada de mercadoria importada do exterior e destinada ao ativo permanente;
IV – registrar no livro RAICMS:
a) na coluna "Outros Débitos", o valor lançado na forma prevista no inciso anterior; e
b) na coluna "Observações", o número, a série, a data e o valor da nota fiscal emitida para a utilização do crédito e a seguinte informação: "Utilização de crédito acumulado de ICMS, nos termos do (indicar o dispositivo que ampara a utilização) do Anexo VIII do RICMS";
V – informar no campo 73 do quadro "Outros Créditos/Débitos" da DAPI modelo 1 o valor do crédito utilizado.
§ 1º O crédito somente poderá ser utilizado após despacho autorizativo exarado no corpo da nota fiscal, ou do respectivo DANFE, a que se refere o inciso I do caput deste artigo pelo titular da Delegacia Fiscal a que o contribuinte estiver circunscrito.
§ 2º A 4ª (quarta) via da nota fiscal emitida para utilização do crédito, ou cópia do respectivo DANFE, será retida e arquivada pela Delegacia Fiscal a que o contribuinte estiver circunscrito.
**Art. 13-A.** Para efeitos de transferência ou utilização de crédito acumulado do ICMS nos termos deste Capítulo, ao saldo credor do imposto, apurado na escrita fiscal do contribuinte, será acrescido o crédito presumido a que se refere o inciso XXXII do caput do art. 75 deste Regulamento.

**Pará**
**Disposição legal (Lei nº 5530/1989)**
Art. 55-A. Para efeito do disposto no artigo anterior, os débitos e créditos devem ser apurados em cada estabelecimento, compensando-se os saldos credores e devedores entre estabelecimentos do mesmo sujeito passivo localizados no Estado.
§ 1º Saldos credores acumulados a partir de 16 de setembro de 1996, por estabelecimentos que realizem operações e prestações de que tratam o inciso II do art. 3º e o parágrafo único da Lei Complementar nº 87, de 13 de setembro de 1996, podem ser, na proporção que estas saídas representem do total das saídas realizadas pelo estabelecimento:
I – imputados pelo sujeito passivo a qualquer estabelecimento seu no Estado;
II – havendo saldo remanescente, transferido pelo sujeito passivo a outros contribuintes do mesmo Estado, mediante a emissão, pela autoridade competente, de documento que reconheça o crédito, conforme disposto em regulamento.

**Decreto nº 4676/2001**
SEÇÃO VI
Do Crédito Acumulado do Imposto
SUBSEÇÃO I
Da Formação do Crédito Acumulado
Art. 71. Constitui crédito acumulado o imposto anteriormente cobrado relativo às entradas ou aquisições de bens do ativo imobilizado, energia elétrica, matérias-primas, material secundário, produtos intermediários, mercadorias, material de embalagem e serviços de transporte e comunicação de que resultem ou que venham a ser objeto de operações ou prestações que destinem, ao exterior, mercadorias e serviços com não incidência do imposto.
Art. 72. O crédito acumulado a que se refere o artigo anterior e os demais saldos credores acumulados poderão ser:
I – imputados pelo sujeito passivo a qualquer estabelecimento seu no Estado;
II – transferidos a outros contribuintes localizados neste Estado.
Parágrafo único. O reconhecimento do crédito acumulado relativo às operações e prestações que destinem ao exterior mercadorias e serviços e os demais saldos credores será antecedido de verificação no documentário fiscal e contábil da empresa, bem como de qualquer outro documento necessário à constatação da legitimidade do direito.
SUBSEÇÃO II
Da Utilização do Crédito Acumulado
Art. 73. Os créditos acumulados a que se referem os arts. 71 e 72, poderão ser absorvidos, sucessivamente:
I – na compensação prevista no regime normal de apuração do imposto a recolher;
II – para pagamento de débitos:
a) decorrentes de entrada de mercadoria importada do exterior;
b) apontados em denúncia espontânea;
c) discutidos em processo administrativo fiscal;
d) inscritos como dívida ativa do Estado, para cobrança executiva, ajuizados ou não;
e) decorrentes de antecipação tributária, de imposto de responsabilidade do próprio contribuinte, quando da entrada de mercadorias em território paraense.
Acrescido a alínea “f” ao inciso II do art. 73 pelo Decreto 261/07, efeitos a partir de 04.07.07.
f) relativos ao diferencial de alíquota, nas aquisições interestaduais.
Redação dada ao § 1º do art. 73 pelo Decreto 261/07, efeitos a partir de 04.07.07.
§ 1º Havendo saldo remanescente de crédito acumulado, este poderá ser transferido pelo sujeito passivo:
I – a qualquer estabelecimento neste Estado, para utilização, sucessivamente, nas seguintes hipóteses:
a) para pagamento de débitos:
1. decorrentes de entrada de mercadoria importada do exterior;
2. apontados em denúncia espontânea;
3. discutidos em processo administrativo fiscal;
4. inscritos como dívida ativa do Estado, para cobrança executiva, ajuizados ou não;

5. decorrentes de antecipação tributária, de imposto de responsabilidade do próprio contribuinte, quando da entrada de mercadorias em território paraense.
6. relativos ao diferencial de alíquota, nas aquisições interestaduais.
b) na compensação, prevista no regime normal de apuração do imposto a recolher;
II – a qualquer empresa situada neste Estado, a título de pagamento de aquisições de matéria-prima, material secundário ou material de embalagem, para emprego na industrialização de seus produtos, de máquinas, aparelhos e equipamentos industriais destinados à integração ao ativo imobilizado, até o limite de 20% (vinte por cento) do valor da respectiva operação.
Acrescido o inciso III ao § 1º do art. 73 pelo Decreto 1.016/08, efeitos a partir de 03.06.08.
III – a empresa industrial, em fase de instalação ou de expansão neste Estado, da qual decorra aumento de produção e demanda de mão de obra, desde que o valor transferido seja integralmente vinculado à aquisição de ações ou de quotas de capital da empresa destinatária.
Redação dada ao § 2º do art. 73 pelo Decreto 261/07, efeitos a partir de 04.07.07.
§ 2º A utilização do crédito acumulado:
I – nas hipóteses do inciso I, do caput deste artigo, não depende de autorização fiscal;
II – nas demais hipóteses, depende de autorização do Secretário Executivo de Estado da Fazenda;
III – na hipótese do inciso II, alínea "a", do caput deste artigo, e da alínea "a" do inciso I, do § 1º, somente será concedido se o desembarque e desembaraço aduaneiro forem processados em território paraense.
IV – na hipótese de transferência de crédito a terceiros para utilização na compensação prevista no regime normal de apuração do imposto:
a) quando o montante do crédito acumulado for de até R$ 10.000.000,00 (dez milhões de reais):
1. o valor a ser transferido, mensalmente, não poderá ser superior a 10% (dez por cento) do montante de crédito acumulado;
2. o valor a ser recebido, mensalmente, não poderá ser superior a 25% (vinte e cinco por cento) do montante do imposto a recolher;
b) quando o montante do crédito acumulado for superior a R$ 10.000.000,00 (dez milhões de reais):
1. o valor a ser transferido poderá ser autorizado em até 60 (sessenta) parcelas;
2. o valor a ser recebido, mensalmente, não poderá ser superior a 25% (vinte e cinco por cento) do montante do imposto a recolher.
§ 3º Na hipótese do inciso II do § 1o, sobrevindo desfazimento do negócio, o crédito acumulado transferido será devolvido ao estabelecimento de origem:
I – totalmente, se total o desfazimento do negócio;
II – parcialmente, se parcial o desfazimento, em importância igual a que exceder o valor final da operação ou prestação.
§ 4º Na hipótese do desfazimento do negócio a que se refere o parágrafo anterior, o crédito acumulado será devolvido mediante a emissão de Nota Fiscal, fazendo-se referência a:
I – Nota Fiscal emitida para transferência do crédito recebido;
II – Nota Fiscal emitida por ocasião da devolução da mercadoria.

Acrescido o § 5º ao art. 73 pelo Decreto 261/07, efeitos a partir de 04.07.07.
§ 5º O crédito acumulado previsto neste artigo não poderá ser transferido à empresa que, no momento da emissão do Certificado de Credito do ICMS, estiver em:
I – litígio judicial com o Estado, salvo se houver desistência da lide, hipótese em que o crédito tributário discutido em juízo prevalecerá sobre os demais, para pagamento;
II – situação irregular relativamente às obrigações acessórias.
Acrescido o § 6º ao art. 73 pelo Decreto 1.016/08, efeitos a partir de 03.06.08.
§ 6º Na hipótese do inciso III do § 1º, a empresa industrial poderá utilizar o crédito recebido em transferência para a finalidade e no limite a que se refere o inciso II do § 1º.
Acrescido o § 7º ao art. 73 pelo Decreto 1.016/08, efeitos a partir de 03.06.08.
§ 7º No caso do § 6º, o estabelecimento que receber o crédito em transferência somente poderá utilizá-lo após a escrituração da Nota Fiscal de transferência, observado o disposto na alínea "b" do inciso VI do art. 74 desta Subseção.
Art. 74. Na utilização do crédito acumulado que depende de autorização do Secretário Executivo de Estado da Fazenda, observar-se-á o seguinte:
I – a petição do contribuinte será endereçada à repartição fiscal de circunscrição da requerente, com os documentos comprobatórios da origem do crédito acumulado e com a indicação do fim a que se destina o crédito fiscal, bem como o valor a ser utilizado e o nome, o endereço e os números de inscrição, estadual e no CNPJ, do estabelecimento beneficiário, quando for o caso;
II – o processo será instruído com parecer do fiscal designado para verificar a origem e o direito dos créditos solicitados, e com os documentos necessários a sua comprovação;
III – uma vez instruído o processo, este será encaminhado ao Secretário Executivo de Estado da Fazenda para ulterior deliberação;
IV – após deliberação, será expedido o documento Certificado de Crédito do ICMS, constante no Anexo V, se deferida a petição;
V – na transferência para outro estabelecimento do mesmo titular ou de outra empresa, o contribuinte, de posse do Certificado de Credito do ICMS, obtido de acordo com o inciso anterior, emitirá Nota Fiscal em nome do estabelecimento beneficiário para efetivação da transferência, na qual serão indicados o número, a série, a data e o valor das Notas Fiscais emitidas pelo fornecedor dos bens adquiridos, quando for o caso;
VI – a Nota Fiscal relativa à transferência do crédito acumulado será:
a) lançada pelo emitente no livro Registro de Saídas, com a utilização apenas das colunas "Documento Fiscal" e "Observações", anotando-se nesta a expressão "Transferência de crédito acumulado do ICMS, autorização dada pelo Certificado de Credito do ICMS no ...";
Redação dada a alínea "b" do inciso VI do art. 74 pelo Decreto 261/07, efeitos a partir de 04.07.07.
b) lançada pelo destinatário diretamente no livro Registro de Apuração do ICMS, na linha "007 – Outros Créditos" do quadro "Crédito do Imposto", com a expressão "Recebimento de Crédito Acumulado do ICMS, autorização dada pelo Certificado de Crédito do ICMS no ...", facultado o lançamento no próprio período em que ocorrer a transferência, na hipótese do inciso I e da alínea "b" do inciso II, do art. 73, e item 2, da alínea "a", do inciso I, do § 1º, e da alínea "b" do inciso I do § 1º;

c) lançada pelo destinatário, no livro Registro de Entradas, nas colunas "Valor Contábil" e "Outras" da coluna "Operações sem Crédito do Imposto", nas demais hipóteses.
§ 1º A expedição do Certificado de Crédito do ICMS, a que se refere esta Subseção, implica em reconhecimento da legitimidade do direito ao crédito acumulado.
§ 2º O reconhecimento a que se refere o parágrafo anterior poderá ser a qualquer tempo revisto, em face da constatação de qualquer irregularidade, podendo o Fisco exigir o imposto devido, hipótese em que, não tendo o sujeito passivo contribuído mediante dolo, fraude ou simulação para o equívoco na estipulação do crédito a maior ou na cobrança do imposto a menor, a responsabilidade a lhe ser atribuída atenderá ao disposto no parágrafo único do art. 100 do CTN.
§ 3º O Certificado de Crédito do ICMS, documento comprobatório de autorização de uso do crédito acumulado, será obrigatoriamente apresentado:
I – no momento do desembaraço aduaneiro;
II – à autoridade competente para efeito de extinção do crédito tributário, discutido em processo administrativo ou inscrito em dívida ativa do Estado.
§ 4o A formulação do pedido de utilização do crédito acumulado produz os seguintes efeitos, no que couber:
I – suspende o curso do prazo para pagamento do débito a que se destina o crédito acumulado, indicado na petição do interessado;
II – somente poderá ser aproveitado ou transferido após o deferimento do pedido.
SUBSEÇÃO III
Das Demais Disposições
Art. 75. Os créditos acumulados relativos a cada mês serão transferidos, no final do período, do livro Registro de Apuração do ICMS para outro livro Registro de Apuração do ICMS especialmente destinado a este fim, quando não utilizados na compensação prevista no regime normal de apuração do imposto.
§ 1º Para efeito de utilização do crédito acumulado a que se refere o caput, o contribuinte deduzirá o respectivo valor do saldo existente no livro Registro de Apuração do ICMS, de uso especial, sendo que:
I – se a utilização for feita para compensação de débitos fiscais decorrentes de:
a) recebimento de mercadoria importada do exterior, será mencionado na Nota Fiscal de entrada o ato de reconhecimento do crédito acumulado, expedido pela autoridade competente, devendo a referida Nota Fiscal ser escriturada normalmente no livro próprio, podendo ser utilizado o crédito fiscal correspondente, quando admitido;
b) denúncia espontânea do contribuinte ou de autuação fiscal, o valor do crédito do ICMS servirá para quitação não só do imposto, mas também dos acréscimos tributários incidentes;
II – se a transferência for para outro estabelecimento, será anotado "Crédito transferido pela Nota Fiscal no ......., com autorização dada pelo Certificado de Crédito do ICMS no .......".
§ 2º O estabelecimento que devolver o crédito acumulado, na hipótese do § 4o do art. 73, deverá lançar a Nota Fiscal no livro Registro de Saídas com a utilização apenas das colunas "Documento Fiscal" e "Observações", anotando-se nesta a expressão "Devolução de Crédito Acumulado".

§ 3º O estabelecimento que receber crédito acumulado em devolução deverá escriturar a Nota Fiscal referida no parágrafo anterior, no livro Registro de Apuração do ICMS, de uso normal, observado o disposto no caput deste artigo.

**Paraná**

**Lei nº 11580/1996**

Art. 4º O imposto não incide sobre:

II - operações e prestações que destinem ao exterior mercadorias, inclusive produtos primários e produtos industrializados semielaborados, ou serviços;

Parágrafo único. Equipara-se às operações de que trata o inciso II a saída de mercadoria realizada com o fim específico de exportação para o exterior, destinada a:

I - empresa comercial exportadora, inclusive "tradings" ou outro estabelecimento da mesma empresa;

II - armazém alfandegado ou entreposto aduaneiro.

Art. 25. § 6º Na forma estabelecida em decreto do Poder Executivo, os saldos credores acumulados por estabelecimentos que realizem operações e prestações de que tratam o inciso II e o parágrafo único do art. 4º podem ser, na proporção que estas saídas representem do total das saídas realizadas pelo estabelecimento:

I - imputados pelo contribuinte a qualquer estabelecimento seu no Estado;

II - havendo saldo remanescente, transferidos pelo contribuinte a outros contribuintes deste Estado, mediante a emissão pela autoridade competente de documento que reconheça o crédito.

Disposição regulamentar (Decreto nº 6080/2012)

Art. 23. Para a compensação a que se refere o artigo anterior, é assegurado ao contribuinte o direito de creditar-se do imposto anteriormente cobrado em operações de que tenha resultado a entrada de mercadoria, real ou simbólica, no estabelecimento, inclusive a destinada ao seu uso ou consumo ou ao ativo permanente, ou o recebimento de serviços de transporte interestadual e intermunicipal ou de comunicação (art. 24 da Lei nº 11.580/1996).

§ 3º Para efeito do disposto no "caput", em relação aos créditos decorrentes de entradas de mercadorias no estabelecimento destinadas ao ativo permanente, deverá ser observado:

I - a apropriação será feita à razão de um quarenta e oito avos por mês, devendo a primeira fração ser apropriada no mês em que ocorrer a entrada no estabelecimento, excetuada a hipótese do estabelecimento encontrar-se ainda em fase de implantação, caso em que o crédito será apropriado à razão definida no inciso IX deste parágrafo e a apropriação da primeira fração ficará postergada para o mês de efetivo início das atividades;

II - em cada período de apuração do imposto, não será admitido o creditamento de que trata o inciso I deste parágrafo, em relação à proporção das operações de saídas ou prestações isentas ou não tributadas sobre o total das operações de saídas ou prestações efetuadas no mesmo período;

III - para aplicação do disposto nos incisos I e II deste parágrafo, o montante do crédito a ser apropriado será o obtido multiplicando-se o valor total do respectivo crédito pelo fator igual a um quarenta e oito avos da relação entre o valor das operações de saídas e prestações tributadas e o total das operações de saídas e prestações do período, equiparando-se às tributadas, para fins deste inciso, as saídas e prestações com destino ao exterior;

**Rio de Janeiro**
**Livro III do Regulamento do ICMS, aprovado pelo Decreto nº 27.427/00**
TÍTULO II
DA UTILIZAÇÃO DE SALDOS CREDORES ACUMULADOS DECORRENTES DE EXPORTAÇÃO
Art. 3º Os saldos credores acumulados em decorrência da realização de operação ou prestação destinada ao exterior, podem ser transferidos na forma prevista neste Título, observado o disposto no parágrafo único, do artigo 9º.
§ 1º Os saldos credores acumulados a que se refere este artigo são os originários de entradas de mercadorias e de serviços prestados ao estabelecimento, regularmente escriturados, salvo em relação às mercadorias destinadas ao uso e consumo, cujo o aproveitamento somente se dará na data prevista no inciso I, do artigo 63, do Livro I.
§ 2º Equipara-se à exportação a saída de mercadoria realizada com o fim específico de exportação para o exterior, destinada a:
1. empresa comercial exportadora, inclusive *trading* ou outro estabelecimento da mesma empresa que realize a exportação;
2. armazém alfandegado ou entreposto aduaneiro.
Art. 4º Nas entradas de mercadorias provenientes de outras unidades da Federação, o crédito do ICMS não poderá ser superior ao correspondente à carga tributária efetiva praticada no estado de origem com a mesma mercadoria.
Art. 5º Os saldos credores acumulados referidos no artigo 3º, após a compensação prevista no artigo 1º, podem, na proporção que aquelas saídas representem do total das saídas realizadas pelo estabelecimento ser transferidos pelo sujeito passivo a outros contribuintes deste Estado, mediante emissão pela autoridade competente de documento que reconheça o crédito.
§ 1º A autorização para a transferência de saldos credores acumulados prevista no artigo 10, somente poderá ocorrer após o exame de sua legitimidade pela autoridade fiscal competente.
§ 2º É vedada:
1. a transferência de saldos credores acumulados para outro estabelecimento também detentor, salvo se para complementar a compensação prevista no inciso I, do artigo seguinte;
2. a retransferência de saldos credores acumulados para estabelecimento da mesma ou de outra empresa, inclusive para o de origem.
§ 3º A proporcionalidade a que se refere este artigo será obtida dividindo-se o valor das exportações do período pelo valor total das saídas promovidas pelo estabelecimento, no mesmo período.
Art. 6º Os saldos credores acumulados podem ser utilizados, pelo próprio ou por outro estabelecimento do detentor, ou por terceiros, nas seguintes hipóteses:
I – compensação de crédito tributário de ICMS relativo a imposto e, havendo, de multa, acréscimos e atualização monetária;

II – recolhimento do imposto devido na entrada de mercadorias importadas do exterior;
III – recolhimento do imposto devido em razão da entrada de sucata em geral;
IV – aquisição de insumos;
V – aquisição de máquinas ou equipamentos utilizados em processo industrial, quando o detentor ou o destinatário vier a expandir sua capacidade produtiva mediante investimento em ativo fixo.

Art. 7º Na utilização de saldos credores acumulados será dada prioridade à compensação de créditos tributários existentes contra qualquer estabelecimento do mesmo titular que os detenham, por direito original ou os tenham recebido por transferência, salvo se, para garantia dos mencionados créditos tributários, forem provisionados valores suficientes.

Parágrafo único. A provisão não será exigida, ou, se já efetuada, será levantada, caso o crédito tributário esteja ou venha a estar garantido por depósito administrativo, judicial, ou qualquer outra forma de garantia admitida na legislação tributária, sendo ainda levantada se o crédito tributário vier a se extinguir.

Art. 8º O processo no qual se requeira a utilização de saldos credores acumulados será, necessariamente, encaminhado à Procuradoria de Assuntos Tributários, da Procuradoria Geral do Estado, para emissão de parecer, sempre que:
I – se alegue decisão judicial específica relativa ao que nele é requerido, que não tenha sido regularmente comunicada à Secretaria de Estado de Fazenda e Controle Geral;
II – ao processo sejam juntadas cópias de peças alegadamente integrantes de autos judiciais;
III – envolver matéria jurídica controvertida.

**Art. 9º** A não apresentação aos órgãos fazendários de qualquer informação relativa ao controle de saldos credores acumulados, em formulários, em meio magnético ou pela Internet, nos prazos estabelecidos, preenchidos ou gerados, sem rasuras, emendas ou falhas, bem como o descumprimento de qualquer norma estabelecida na forma do artigo 18, sujeitará o contribuinte à multa de 500 (quinhentas) UFIR-RJ por ocorrência e a 900 (novecentas) UFIR-RJ por reincidência.
*(redação do "caput" do Artigo 9º, do Livro III, alterada pelo Decreto Estadual nº 27.816/2001, vigente desde 25.01.2001).*
*[redação(ões) anterior(es) ou original]*

Parágrafo único. Sem prejuízo do que dispõe este artigo, a falta de apresentação das informações relativas ao controle ou a sua apresentação com incorreções impede o estabelecimento detentor de saldos credores acumulados de utilizá-los no período de apuração em que ocorrer a irregularidade, restabelecendo-se esse direito tão logo o contribuinte regularize sua situação.

Art. 10. Compete ao Secretário de Estado de Fazenda e Controle Geral autorizar a transferência de saldos credores acumulados.

Art. 11. A empresa que receber em transferência saldos credores acumulados do ICMS deve comunicar este fato ao Fisco, na forma estabelecida em ato próprio do Secretário de Estado de Fazenda e Controle Geral.

Art. 12. Os saldos credores acumulados gerados anteriormente a 16 de setembro de 1996 comunicados e ainda não transferidos devem ser adicionados ao saldo disponível para transferência.

**Resolução SEF 2.790/97, de 04 de abril de 1997**

RESOLUÇÃO SEF Nº 2.790, DE 04 DE ABRIL DE 1997

Dispõe sobre a transferência de saldos credores acumulados decorrentes de exportação e dá outras providências.

O SECRETÁRIO DE ESTADO DE FAZENDA, no uso de suas atribuições legais e tendo em vista o disposto nos artigos 7º e 12º do Decreto nº 22.974, de 27 de fevereiro de 1997,

RESOLVE:

DOS SALDOS CREDORES

Art. 1º Os saldos credores acumulados em decorrência da realização, por estabelecimento contribuinte do ICMS, de operações ou prestações destinadas ao exterior, poderão ser transferidos, a partir de 1º de novembro de 1996, na forma prevista nesta Resolução.

Parágrafo único – Os saldos credores acumulados a que se refere este artigo são os originários de entradas de mercadorias e de serviços prestados ao estabelecimento, regularmente escriturados a partir de:

I – 16 de setembro de 1996, as referentes a:

a – matéria-prima;

b – produtos intermediários;

c – materiais secundários;

d – produtos primários;

e – produtos industrializados semielaborados;

f – embalagens;

g – serviços.

II – 1º de novembro de 1996, as:

a – destinadas ao ativo permanente;

b – referentes ao consumo de energia elétrica.

III – 1º de janeiro de 1998, as destinadas ao uso ou consumo.

Art. 2º Equipara-se à exportação a saída de mercadoria realizada com o fim específico de exportação para o exterior, destinada a:

I – empresa comercial exportadora, inclusive *trading* ou outro estabelecimento da mesma empresa;

II – armazém alfandegado ou entreposto aduaneiro.

DA UTILIZAÇÃO

Art. 3º Os saldos credores acumulados referidos no artigo 1º poderão, na proporção que aquelas saídas representem do total das saídas realizadas pelo estabelecimento:

I – ser transferidos pelo sujeito passivo a qualquer estabelecimento seu localizado no Estado do Rio de Janeiro, na forma do artigo 6º.

II – havendo saldos remanescentes, ser transferidos pelo sujeito passivo a outros contribuintes deste Estado, conforme os artigos 7º e 8º.

§ 1º A proporcionalidade a que se refere este artigo será obtida dividindo-se o valor das exportações do período pelo valor total das saídas promovidas pelo estabelecimento, no mesmo período, considerando-se até a 4ª casa decimal, desprezando-se as demais sem arredondamento.

§ 2º A transferência de saldos credores acumulados, em qualquer das hipóteses previstas nos incisos deste artigo, só poderá ocorrer após o exame de sua legitimidade pela autoridade fiscal competente.
§ 3º É vedada:
I – a transferência de saldos credores acumulados para outro estabelecimento também detentor, salvo se para complementar compensação prevista no inciso I do artigo 4º; e
II – a retransferência de saldos credores acumulados para estabelecimento da mesma ou de outra empresa, inclusive para o de origem.
§ 4º Se a qualquer tempo for apurada irregularidade na utilização, transferência ou recebimento, dos saldos credores acumulados, os responsáveis sujeitar-se-ão às penalidades previstas na legislação.
Art. 4º Os saldos credores acumulados apurados na forma do § 1º do artigo anterior poderão ser utilizados, pelo próprio ou por outro estabelecimento do detentor, ou por terceiros, nas seguintes hipóteses:
I – compensação de débito de ICMS relativo a imposto e, havendo, a multa, acréscimos e atualização monetária;
II – compensação do débito do imposto devido na entrada de mercadorias importadas do exterior;
III – compensação do débito do imposto devido em razão da entrada de sucata em geral;
IV – aquisição de insumos;
V – aquisição de máquinas ou equipamentos utilizados em processo industrial, quando o detentor ou o destinatário vier a expandir sua capacidade produtiva através de investimento em ativo fixo.
Parágrafo único – A utilização de saldos credores em compensação de crédito tributário contra o estabelecimento do detentor, representado por auto de infração inscrito ou não em Dívida Ativa, deverá ser comunicada, no prazo de 3 (três) dias, à repartição fazendária da circunscrição do estabelecimento, que adotará os procedimentos determinados no artigo 12.
DA PROVISÃO
Art. 5º Na utilização de saldos credores acumulados será dada prioridade à compensação de créditos tributários existentes contra qualquer estabelecimento do mesmo titular que os detenha, por direito original ou os tenha recebido por transferência, salvo se, para garantia dos mencionados créditos tributários, forem provisionados valores suficientes.
§ 1º A provisão não será exigida, ou, se já efetuada, será levantada, se o crédito tributário estiver ou venha a estar garantido por depósito administrativo, judicial ou qualquer outra forma de garantia, sendo ainda levantada se o débito vier a se extinguir
§ 2º O provisionamento far-se-á:
I – espontaneamente pelo contribuinte, que procederá às devidas anotações em sua escrituração, especificando cada crédito tributário;
II – por exigência do fisco, para efeito de liberação do restante dos saldos credores, mantida a exigência de especificação do crédito tributário.
§ 3º Ocorrendo o levantamento da provisão, o contribuinte fará o devido estorno em sua escrituração, retomando os valores levantados à disponibilidade para utilização.

§ 4º A ocorrência de compensação do saldo credor provisionado deverá ser escriturada e comunicada à repartição fazendária da circunscrição do estabelecimento detentor e, tratando-se de crédito tributário de responsabilidade de outro estabelecimento do mesmo contribuinte, deverá ser documentada com a emissão de nota fiscal, na forma do artigo 6º.

§ 5º O total dos valores provisionados será informado na linha nº 63-9 do Demonstrativo de Saldos Credores Acumulados, sendo cada provisão especificada, separadamente, no verso do citado documento.

DA TRANSFERÊNCIA PARA ESTABELECIMENTO PRÓPRIO

Art. 6º A transferência de saldos credores acumulados para estabelecimento do mesmo contribuinte, localizado no Estado, será comunicada à repartição fazendária de sua circunscrição.

§ 1º A transferência será documentada com a emissão, pelo estabelecimento detentor dos saldos, de nota fiscal em 4 (quatro) vias, com as seguintes destinações:

I – 1ª via – estabelecimento destinatário do crédito, para escrituração e anexação ao Livro de Apuração de ICMS;

II – 2ª via – ficará presa no bloco, para fins de controle;

III – 3ª via – repartição fazendária da circunscrição do estabelecimento transferidor do crédito, para encaminhamento à repartição fazendária da circunscrição do estabelecimento destinatário do crédito, no primeiro dia útil seguinte ao da recepção;

IV – 4ª via – repartição fazendária da circunscrição do estabelecimento transferidor – arquivo.

§ 2º Da nota fiscal de transferência deverão constar:

I – a expressão "transferência nos termos do Decreto nº 22.974";

II – nome, inscrição estadual e repartição fazendária do destinatário do crédito;

III – a utilização a que se destina a transferência relativa à nota, identificando, se for o caso, o número do auto de infração e o da Certidão de Dívida, quando houver;

IV – o valor da transferência;

V – a data da emissão da nota fiscal.

DA TRANSFERÊNCIA PARA TERCEIROS

Art. 7º A transferência de saldos credores remanescentes para outro contribuinte deste Estado será precedida de autorização do Secretário de Estado de Fazenda, em processo regular, constituído por requerimento do contribuinte detentor do crédito original do qual constarão, obrigatoriamente:

I – nome e inscrição estadual de cada destinatário do crédito;

II – fim a que se destina cada transferência, indicando as diversas hipóteses previstas no artigo 4º e, se for o caso, detalhando e comprovando, através de projeto específico, as utilizações previstas em seu inciso V;

III – concordância de cada destinatário em receber o crédito acumulado e declaração de inexistência de crédito tributário contra qualquer estabelecimento seu, ou, se for o caso, sua identificação e a informação de que o mesmo se encontra garantido por depósito administrativo, judicial ou qualquer outra forma de garantia, ou se pendente de apreciação de recurso administrativo interposto;

IV – declaração de que o destinatário está ciente da obrigatoriedade de comunicar o recebimento dos saldos credores, no dia imediato ao da escrituração ao Departamento de Consultas Jurídico-Tributária, localizado na Rua Buenos Aires nº 29, sobreloja, Centro, Rio de Janeiro e à repartição fazendária de sua circunscrição;
V – perfeita identificação de cada crédito tributário ao qual se vinculará a transferência pretendida, tratando-se de auto de infração, débito inscrito em Dívida Ativa ou parcelamento em curso;
VI – valor global das transferências pretendidas.
§ 1º o requerimento será apresentado na repartição fazendária de circunscrição do estabelecimento detentor dos saldos credores acumulados, acompanhado de cópia do último Demonstrativo apresentado e de relação de todos os créditos tributários de responsabilidade de seus estabelecimentos, se houver, informando:
I – a natureza do débito, bem como sua precisa identificação, conforme se trate de atraso no recolhimento de ICMS apurado, de parcela vencida de parcelamento em curso, auto de infração ou débito já inscrito em Dívida Ativa;
II – o valor atualizado de cada débito;
III – a inscrição estadual e o código da repartição fazendária de circunscrição do estabelecimento em débito;
IV – se o crédito tributário encontra-se garantido por depósito administrativo, judicial, ou qualquer outra forma de garantia, inclusive a provisão a que se refere o artigo 5º.
§ 2º A utilização de crédito acumulado até 16 de setembro de 1996, será requerida e autorizada em processo distinto do previsto nesta Resolução.
Art. 8º O processo formado pelo requerimento a que se refere o artigo 7º será encaminhado à fiscalização, que se pronunciará quanto à legitimidade dos saldos credores acumulados, declarando explícita e conclusivamente:
I – ter aplicado programa e roteiro de fiscalização específicos, elaborados pelo Departamento de Planejamento Fiscal, da Superintendência Estadual de Fiscalização;
II – estarem corretos os valores constantes dos Demonstrativos apresentados;
III – inexistir débitos de ICMS de responsabilidade do estabelecimento detentor.
§ 1º Na hipótese de haver discordância entre os valores constantes dos Demonstrativos apresentados e o apurado pela fiscalização, a empresa será intimada a apresentar novos Demonstrativos, sem prejuízo da aplicação das penalidades cabíveis, se for o caso.
§ 2º Os débitos de ICMS de responsabilidade do estabelecimento detentor terão seus valores atualizados, sendo especificada sua natureza, conforme se trate de:
I – atraso no recolhimento de parcela de parcelamento em curso;
II – auto de infração pendente ou não de apreciação de recurso interposto;
III – débito inscrito em dívida ativa.
§ 3º Os débitos devem estar garantidos pela provisão a que se refere o artigo 5º, por depósitos administrativo ou judicial ou por outra forma de garantia.
§ 4º Atestada a legitimidade dos saldos credores acumulados, o processo será encaminhado ao Departamento de Consultas Jurídico-Tributárias, da Superintendência Estadual de Tributação que, no prazo de 10 (dez) dias, contados de seu recebimento, procederá a sua revisão, atestando sua conformidade à esta Resolução e estar o mesmo em condições de ser submetido à decisão do Secretário de Estado de Fazenda ou, se

for o caso, o devolverá à repartição de origem, para que se cumpram diligências ou se prestem informações exigidas nesta Resolução, eventualmente omitidas.

§ 5º Se a solicitação de autorização para transferência dos saldos credores fundamentar-se no inciso V do artigo 4º, a apreciação do Departamento de Consultas Jurídico-Tributárias será precedida de manifestação conclusiva da Assessoria Técnica desta Secretaria, quanto aos alegados efeitos econômicos da autorização pretendida.

§ 6º A repartição fazendária de circunscrição do contribuinte e o Departamento de Consultas Jurídico-Tributárias se pronunciarão sobre as informações prestadas pelos requerente e destinatários dos saldos credores acumulados, juntando, ainda, outras de que disponham, sempre que necessárias à perfeita apreciação do requerido.

Art. 9º O processo no qual se requeira a utilização de saldos credores acumulados será, necessariamente, encaminhado à Procuradoria de Assuntos Tributários, da Procuradoria Geral do Estado, para emissão de parecer sempre que:

I – se alegue decisão judicial específica relativa ao que nele é requerido, que não tenha sido regularmente comunicada à Secretaria de Estado de Fazenda;

II – ao processo sejam juntadas cópias de peças alegadamente integrantes de autos judiciais;

III – envolver matéria jurídica controvertida.

Art. 10. O processo contendo a decisão do Secretário de Estado de Fazenda será encaminhado:

I – primeiramente, ao Departamento de Consultas Jurídico-Tributárias, para as anotações cabíveis; e

II – em seguida, à repartição fazendária de origem, para cientificar o requerente e adotar as providências necessárias ao controle do que foi autorizado.

Art. 11. A transferência de saldos credores remanescentes para outro contribuinte deste Estado far-se-á através de emissão de nota fiscal, nos termos do artigo 6º, devendo o estabelecimento transferidor do crédito submeter à repartição fazendária de sua circunscrição as 1as, 3as e 4as vias da nota fiscal, para aposição, no verso das mesmas, de carimbo conforme o anexo II, pelo qual se fará o reconhecimento do crédito, assinado por servidor Fiscal de Rendas e pelo titular da repartição fazendária.

§ 1º Na hipótese deste artigo, além dos dados exigidos no parágrafo único do artigo 6º, da nota fiscal deverá constar o número do processo autorizativo da transferência dos saldos credores acumulados.

§ 2º Após o reconhecimento, a repartição fazendária devolverá a 1ª via da nota fiscal ao estabelecimento transferidor do crédito, retendo a 3ª via para imediato encaminhamento à repartição fazendária da circunscrição do estabelecimento destinatário e a 4ª via para anexação ao processo autorizativo da transferência.

§ 3º A repartição fazendária só poderá adotar os procedimento previstos neste artigo se estiver de posse do processo contendo a autorização do Secretário de Estado de Fazenda.

DA COMUNICAÇÃO DOS ATOS

Art. 12. De posse das 3as vias das notas fiscais de transferências (artigos 6º e 11) e pelas comunicações recebidas (artigo 4º, parágrafo único), a repartição fazendária da circunscrição do estabelecimento destinatário, após verificar a exatidão dos valores compensados, comunicará tal fato, de imediato, à Superintendência Estadual de Arrecadação e, tratando-se de crédito inscrito em Dívida Ativa, também à Procuradoria da Dívida Ativa, da Procuradoria Geral do Estado.

Art. 13. O estabelecimento transferidor, com base nas 2as vias das notas fiscais de transferências para estabelecimentos seus e de transferências para estabelecimento de outro contribuinte, emitidas na forma dos artigos 6º e 11, preencherá a Relação de Saldos Credores Transferidos - RSCT, anexo III, em 4 (quatro) vias, com as mesmas destinações das vias do Demonstrativo de Saldos Credores Acumulados a que se refere o artigo 14 e a elas serão respectivamente anexadas.

Parágrafo único. O total das transferências relacionadas na RSCT será consignado na linha e 55-8 do Demonstrativo de Saldos Credores Acumulados.

DO DEMONSTRATIVO

Art. 14. O estabelecimento detentor de saldos credores acumulados decorrentes de exportação e aquele que o receber por transferência, nos termos do Título II, do Livro III, do Regulamento do ICMS, aprovado pelo Decreto nº 27.427, de 17 de novembro de 2000, deverão, a partir do mês de referência abril/2002, preencher a Ficha "Saldo Credor de Exportação", a que se refere o artigo 19 da Resolução SEF nº 6.410, de 26 de março de 2002.

§ 1º O estabelecimento detentor de saldos credores acumulados fica obrigado a informar os dados pertinentes na sub-ficha "Demonstrativo de Saldo Credor Acumulado" da ficha "Saldo Credor de Exportação", ainda que no mês de referência não tenha ocorrido modificação de dados em relação ao período anterior.

§ 2º Sem prejuízo do disposto no artigo 15, a não apresentação das informações ou sua apresentação com incorreções, impede o estabelecimento detentor de saldos credores acumulados de utilizá-los no mês da irregularidade.

§ 3º O estabelecimento que receber saldos credores acumulados decorrentes de exportação deverá informar os dados pertinentes na sub-ficha "Declaração de Saldos Recebidos" da ficha "Saldo Credor de Exportação".

{redação do Artigo 14, alterado pela Resolução SEF nº 6.415, vigente desde 04.04.2002}.

[redação(ões) anterior(es) ou original]

DAS PENALIDADES

Art. 15. A não apresentação aos órgãos fazendários dos formulários ou meios magnéticos de controle instituídos, nos prazos estabelecidos e corretamente preenchidos ou gerados, sem rasuras, emendas ou falhas, bem como o descumprimento de quaisquer normas estabelecidas nesta Resolução ou que venham a se estabelecer na forma do artigo 19, sujeitará o contribuinte à multa correspondente a 500 (quinhentas) UFIRs, por ocorrência e a 900 (novecentas) UFIRs, por reincidência específica.

Art. 16. Independentemente das penalidades previstas no artigo 1º (CRIMES CONTRA A ORDEM TRIBUTÁRIA), da Lei federal nº 8137, de 27.12.90, serão, ainda, aplicadas as seguintes:

I – 80% (oitenta por cento) do valor do crédito transferido a outro estabelecimento, pela transferência em desacordo com as normas estabelecidas pelo Poder Executivo (artigo 59, inciso XV, da Lei nº 2.657, de 26.12.96); e

II – 150 % (cento e cinquenta por cento), se a transferência ocorrer com adulteração, vício ou falsificação de documento ou escrituração de livro, ou com utilização de documento simulado, viciado ou falso (artigo 59, inciso XI, da Lei nº 2657, de 26.12.97).
DISPOSIÇÕES FINAIS E TRANSITÓRIAS
Art. 17. Ficam os estabelecimentos detentores de saldos credores acumulados obrigados a apresentar, até 30 (trinta) dias corridos da data da publicação desta Resolução, por mês de referência, os Demonstrativos de Saldos Credores Acumulados a partir de 16 de setembro de 1996, ou a partir do primeiro mês em que se tornou detentor de tais saldos.
Art. 18. No prazo de 10 (dez) dias contados da publicação desta Resolução, eventuais transferências de saldos credores acumulados, ocorridas entre 1º de novembro de 1996 e a data da publicação deste Ato, deverão ser comunicadas à repartição fazendária da circunscrição do estabelecimento transferidor para, em processo específico, proceder à imediata verificação da legitimidade dos saldos transferidos e, após observância das demais providências cabíveis e necessárias às adequações ao que dispõe esta Resolução, serem submetidas à ratificação do Secretário de Estado de Fazenda.
Art. 19. As Superintendências integrantes da Subsecretaria-Adjunta da Receita, baixarão, nas suas respectivas áreas de atribuições, os atos que se façam necessários à operacionalização do que dispõe esta Resolução.
Art. 20. ..........................................................................................
(Artigo 20, revogado pela Resolução SEFCON nº 5.757/2001, vigente desde 21.02.2001)
[redação(ões) anterior(es) ou original]
Art. 21. Esta Resolução entrará em vigor na data da sua publicação, revogadas as disposições em contrário.
Rio de Janeiro, em 4 de abril de 1997
EDGAR M. GONÇALVES DA ROCHA
Secretário de Estado de Fazenda

**Rio Grande do Sul**
**LEI Nº 8.820, DE 27 DE JANEIRO DE 1989. (atualizada até a Lei nº 14.999, de 10 de maio de 2017)**
Art. 22. Os saldos credores acumulados pelos estabelecimentos de contribuintes em decorrência de operações ou prestações destinadas ao exterior, ou a elas equiparadas, podem, a partir de 1º de janeiro de 2005, e nas condições definidas em regulamento, ser: (Redação dada pela Lei nº 12.209/04)
I – transferidos pelo sujeito passivo: (Redação dada pela Lei nº 11.072/97)
a) a qualquer estabelecimento seu, no Estado; (Redação dada pela Lei nº 11.072/97)
b) ao estabelecimento deste Estado de sujeito passivo que resultar de transformação, fusão, incorporação, cisão ou venda de estabelecimento ou fundo de comércio, do contribuinte cedente do crédito; (Redação dada pela Lei nº 11.072/97)
II – havendo saldo remanescente, transferidos pelo sujeito passivo a outros contribuintes deste Estado, mediante a emissão, pela Fiscalização de Tributos Estaduais, de documento que reconheça o crédito.
§ 1º – É vedada a retransferência, para estabelecimento de terceiro, de crédito fiscal recebido de outro contribuinte. (Redação dada pela Lei nº 11.072/97)

Seção V
Da Compensação de Crédito Tributário
Art. 27. O Poder Executivo poderá, nas condições previstas em regulamento, autorizar a compensação de créditos tributários, inclusive acréscimos legais:
I – lançados ou não, com créditos líquidos e certos, vencidos ou vincendos, do sujeito passivo contra a Fazenda Pública;
II – lançados, com saldo credor do contribuinte, a qualquer título, existente no término do período de apuração imediatamente anterior ao do pedido de compensação e ainda não utilizado.

**Decreto nº 37.699, de 26 de agosto de 1997 (Regulamento do ICMS)**
**Subseção II**
**Da Transferência de Saldo Credor Decorrente de Exportação**
**Art. 58.** Os saldos credores acumulados pelos estabelecimentos de contribuintes em decorrência de operações ou prestações destinadas ao exterior, ou a elas equiparadas, nos termos do art. 11, parágrafo único, podem, a partir de 1º de fevereiro de 2005, ser:
**I** – transferidos pelo sujeito passivo:
**a)** a qualquer estabelecimento seu, no Estado;
**b)** ao estabelecimento deste Estado de sujeito passivo que resultar de transformação, fusão, incorporação, cisão ou venda de estabelecimento ou fundo de comércio, do contribuinte cedente do crédito;
**II** – havendo saldo remanescente, transferidos a outros contribuintes deste Estado, por estabelecimento industrial, em favor de estabelecimentos fornecedores, mediante acordo entre os interessados, a título de pagamento nas aquisições de:
**a)** energia elétrica, matéria-prima, material secundário, produtos auxiliares ou material de embalagem, adquiridos de estabelecimento comercial ou industrial e destinados à industrialização, neste Estado, pela própria empresa adquirente;
**b)** máquinas, equipamentos, aparelhos e instrumentos, industriais ou de proteção ambiental, bem como acessórios, sobressalentes e ferramentas que acompanhem esses bens, adquiridos de estabelecimento industrial e destinado à integração no ativo permanente do estabelecimento da empresa adquirente situado neste Estado;
**III** – a partir da efetiva ampliação, desde que cumpridas as condições estabelecidas em protocolo específico firmado com o Estado do Rio Grande do Sul prevendo a ampliação de unidade industrial instalada de empresa fabricante de veículos relacionados no Apêndice II, Seção III, item X, que seja beneficiária em projeto de fomento previsto na Lei nº 10.895, de 26/12/96, transferidos, havendo saldo remanescente após a utilização nos termos do inciso I:
**a)** a outro estabelecimento do mesmo sujeito passivo, situado em outra unidade da Federação, inscrito no CGC/TE como substituto tributário, hipótese em que o crédito recebido por transferência será utilizado exclusivamente para o pagamento do imposto devido a este Estado decorrente de débito de responsabilidade por substituição tributária;

**b)** a estabelecimentos fornecedores deste Estado, mediante acordo entre os interessados, a título de pagamento nas aquisições de mercadorias e de serviços feitas por estabelecimentos do cedente do crédito situados nesta ou em outra unidade da Federação;
**c)** a estabelecimentos de terceiros, deste Estado, mediante acordo entre os interessados, independentemente da existência de relação comercial.
**IV** – havendo saldo remanescente, após as transferências previstas no inciso I, utilizados para pagamento de créditos tributários constituídos, próprios ou de terceiros, observado o limite de 60% (sessenta por cento) do montante de cada crédito tributário, devendo o saldo, as custas judiciais e os honorários advocatícios em favor da Procuradoria-Geral do Estado ser pagos em moeda corrente;
**V** – havendo saldo remanescente, após as transferências previstas no inciso I, transferidos a outros contribuintes deste Estado, em outras hipóteses que não as previstas nos incisos anteriores, até o limite mensal de:
**a)** R$ 40.000,00 (quarenta mil reais), nos casos em que o cedente do crédito fiscal tenha promovido, no ano-calendário anterior, saídas de mercadorias cujo valor total não seja superior a 348.000 (trezentos e quarenta e oito mil) UPF-RS;
**b)** R$ 30.000,00 (trinta mil reais), nos casos em que o cedente do crédito fiscal tenha promovido, no ano-calendário anterior, saídas de mercadorias cujo valor total seja superior a 348.000 (trezentos e quarenta e oito mil) e não exceda 3.480.000 (três milhões, quatrocentos e oitenta mil) UPF-RS;
**c)** R$ 20.000,00 (vinte mil reais), nos demais casos.
**Parágrafo único** – Além das hipóteses previstas nos incisos II, IV e V deste artigo, poderá ser autorizada a transferência de saldos credores acumulados para outros contribuintes deste Estado, desde que o contribuinte cedente do crédito fiscal firme Termo de Acordo com a Receita Estadual, após análise da situação individual da empresa, devendo o Termo estabelecer as condições da transferência em função de um ou mais dos seguintes compromissos que a empresa assumir:
**a)** geração ou manutenção de empregos;
**b)** realização de investimentos;
**c)** incremento na arrecadação do ICMS decorrente de importações do exterior;
**d)** incremento das aquisições internas de mercadorias, bens e serviços;
**e)** ampliação da atividade econômica;
**f)** agregação de percentual mínimo de valor econômico;
**g)** estorno de lançamento de créditos fiscais em montante igual ao valor do saldo credor cuja transferência será autorizada.

**Subseção III**

**Das Demais Hipóteses de Transferência de Saldo Credor**

**Art. 59.** Os saldos credores acumulados, a partir de 1º de novembro de 1996, não referidos no artigo anterior e apurados nos termos deste Regulamento, podem ser transferidos:
**I** – pelo sujeito passivo:
**a)** a qualquer estabelecimento seu, no Estado;
**b)** ao estabelecimento deste Estado de sujeito passivo que resultar de transformação, fusão, incorporação, cisão ou venda de estabelecimento ou fundo de comércio, do contribuinte cedente do crédito;

**II** - a outros contribuintes deste Estado:
**a)** por estabelecimento industrial, quando o saldo credor for decorrente de a operação subsequente estar diferida, limitando-se a transferência, por período de apuração, ao valor total do imposto incidente nas operações diferidas naquele período;
**b)** até 31 de dezembro de 1999, pelos fabricantes de tratores agrícolas, colheitadeiras, empilhadeiras, retroescavadeiras, pás de retroescavadeiras e motores, classificados nos códigos 8701.90.0200, 8433.59.0100, 8427.20.0100, 8429.59.0000, 8429.51.0100, 8408.20.0000 e 8408.90.0000, da NBM/SH;
**c)**
**d)** por estabelecimento industrial fabricante de veículos relacionados no Apêndice II, Seção III, item X, desde que o referido estabelecimento esteja instalado em área industrial específica prevista na Lei nº 10.895, de 26 de dezembro de 1996, e seja beneficiário do FOMENTAR-RS, instituído pela citada Lei, ou do FUNDOPEM-RS, instituído pela Lei nº 6.427, de 13 de outubro de 1972;
**e)** por estabelecimento industrial fabricante de peças, partes e componentes utilizados na fabricação de veículos relacionados no Apêndice II, Seção III, item X, quando o saldo credor for decorrente de a operação subseqüente estar diferida, desde que o referido estabelecimento esteja instalado em complexo ou área industriais específicos previstos em lei, limitando-se a transferência, por período de apuração, ao valor total do imposto incidente nas operações diferidas naquele período;
**f)**
**g)** por estabelecimento industrial fabricante de defensivos agrícolas especificados nos artigos 9º, VIII, "a" e 23, IX, "a", quando o saldo credor tiver sido acumulado em virtude das saídas das referidas mercadorias com o benefício do não estorno do crédito fiscal previsto no artigo 35, IV;
**h)** por estabelecimento fabricante de pneumáticos beneficiário do Programa NOSSO EMPREGO, instituído pelo Conselho Diretor do FUNDOPEM-RS, criado pela Lei nº 6.427, de 13/10/72, em favor de estabelecimentos fornecedores, independentemente do valor das mercadorias ou serviços fornecidos, quando o saldo credor tiver sido acumulado em virtude do benefício do crédito fiscal presumido previsto no art. 32, XIII ou XXVIII, desde que os valores transferidos não ultrapassem os montantes mensais fixados em protocolo;
**i)** por estabelecimento fabricante de caminhões, tratores, motores ou chassis, beneficiário do Programa NOSSO EMPREGO, instituído pelo Conselho Diretor do FUNDOPEM--RS, criado pela LEI Nº 6.427, de 13/10/72, se o saldo credor tiver sido acumulado em virtude do benefício do crédito fiscal presumido previsto no art. 32, XIII.
**j)** por estabelecimento industrial fabricante de farelo estabilizado de arroz, em favor de estabelecimentos fornecedores, quando o saldo credor tiver sido acumulado em virtude das saídas dessa mercadoria com o benefício do não estorno do crédito fiscal previsto no art. 35, XXI;
**l)** por posto de revenda marítimo e demais postos de revenda que atendam embarcações pesqueiras nacionais, a título de pagamento nas aquisições de óleo diesel, quando o saldo credor tiver sido acumulado em virtude da adjudicação de crédito prevista no Livro III, art. 134;

**m)** por estabelecimento prestador de serviço de transporte rodoviário de cargas, em favor de estabelecimento industrial fabricante, a título de pagamento na aquisição de veículos classificados nas posições 8701 e 8704 da NBM/SH-NCM, destinados ao ativo permanente do estabelecimento cedente do crédito, até o limite de 75% (setenta e cinco por cento) do valor do veículo adquirido;
**n)** por estabelecimento industrial que tenha por atividade a construção de plataforma de exploração e produção de petróleo ou gás natural, em favor de estabelecimentos fornecedores, nas condições estipuladas em Termo de Acordo firmado com o Estado do Rio Grande do Sul;
**o)** na hipótese de saldo credor acumulado em virtude de benefício de crédito fiscal presumido, por contribuinte enquadrado nas condições previstas no art. 32, "caput", notas 03 ou 04, desde que as transferências sejam efetuadas em favor de estabelecimentos fornecedores deste Estado e que o contribuinte cedente do crédito fiscal firme Termo de Acordo com a Receita Estadual, após análise da situação individual da empresa, devendo o Termo estabelecer as condições da transferência em função de um ou mais dos seguintes compromissos que a empresa assumir:
**1** – geração ou manutenção de empregos;
**2** – realização de investimentos;
**3** – incremento na arrecadação do ICMS decorrente de importações do exterior;
**4** – incremento das aquisições internas de mercadorias, bens e serviços;
**5** – ampliação da atividade econômica;
**6** – agregação de percentual mínimo de valor econômico;
**7** – estorno de lançamento de créditos fiscais em montante igual ao valor do saldo credor cuja transferência será autorizada.
**p)** por estabelecimento industrial, comercial ou prestador de serviços, quando o saldo credor decorrer da aquisição de bens destinados ao seu ativo permanente, em favor de estabelecimentos fornecedores, a título de pagamento na aquisição de baús frigoríficos classificados nas posições 8707.90.90, 8716.39.00 e 8716.40.00 da NBM/SH-NCM, destinados ao ativo permanente do estabelecimento cedente do crédito e desde que esses bens sejam utilizados no transporte de mercadorias, até o limite de 20% (vinte por cento) do valor da referida aquisição.
**q)** por empresa contratada por estabelecimento industrial sob a modalidade "Engineering, Procurement and Construction – EPC", quando o saldo credor tiver sido acumulado em decorrência de operação de saída de máquinas e equipamentos industriais, bem como acessórios e sobressalentes, ao abrigo do diferimento previsto no Apêndice II, Seção I, item LXVII, "a", 3, desde que seja efetuado:
**1** – em favor de estabelecimento do mesmo grupo empresarial, conforme definido em Termo de Acordo celebrado com a Receita Estadual, ou do estabelecimento industrial contratante;
**2** – após a entrega das máquinas e equipamentos ao estabelecimento industrial contratante;
**3** – em valor limitado a 1/48 (um quarenta e oito avos) por mês do total do saldo credor passível de transferência;
**r)** por estabelecimento importador, quando o saldo credor tiver sido acumulado em decorrência do regime não cumulativo previsto no art. 23, LVII.

**s)** por estabelecimento industrial, quando o saldo credor tiver sido acumulado em decorrência de operação de saída de cosméticos, perfumaria, artigos de higiene pessoal e de toucador, relacionados no Apêndice II, Seção III, item XXII, ao abrigo do diferimento previsto no Apêndice II, Seção I, item XCI, em favor de estabelecimento distribuidor interdependente;
**t)** por estabelecimento industrial, quando o saldo credor tiver sido acumulado em virtude do benefício do crédito fiscal presumido previsto no art. 32, CXXXII;
**u)** por estabelecimento industrial, quando o saldo credor for decorrente de aquisições de mercadorias para a industrialização própria de novos produtos, cuja operação de saída, decorrente de venda, ocorra ao abrigo do diferimento do pagamento do imposto;
**v)** por estabelecimento industrial fabricante de peças, partes e componentes utilizados na fabricação de veículos relacionados no Apêndice II, Seção III, item X, exceto na hipótese da alínea "e", quando o saldo credor for decorrente de a operação subsequente estar diferida nos termos do Apêndice II, Seção I, item LV, desde que o referido estabelecimento seja fornecedor de estabelecimento industrial instalado em área industrial específica prevista na Lei nº 10.895, de 26/12/96, limitando-se a transferência, por período de apuração, ao valor total do imposto incidente nas operações diferidas realizadas pelo cedente do crédito, nos termos do referido dispositivo, naquele período.
**w)** por estabelecimento que tenha saldo credor acumulado em decorrência dos créditos fiscais presumidos previstos no art. 32, XII e XIV, desde que as transferências sejam efetuadas em favor de estabelecimentos fornecedores deste Estado, limitadas em cada período de apuração ao equivalente a 90% (noventa por cento) da média mensal dos créditos presumidos apropriados no período de 01/07/13 a 30/06/15;
**III** – por estabelecimento industrial fabricante de veículos relacionados no Apêndice II, Seção III, item X, desde que o referido estabelecimento esteja instalado em área industrial específica prevista na Lei nº 10.895, de 26/12/96, e seja beneficiário do FOMENTAR-RS, instituído pela citada Lei, ou do FUNDOPEM-RS, instituído pela Lei nº 6.427, de 13/10/72, a outro estabelecimento do mesmo sujeito passivo, situado em outra unidade da Federação, inscrito no CGC/TE como substituto tributário, hipótese em que o crédito recebido por transferência será utilizado exclusivamente para o pagamento do imposto devido a este Estado decorrente de débito de responsabilidade por substituição tributária;
**IV** – por estabelecimentos prestadores de serviços de transporte de carga, desde que efetuados em favor de estabelecimentos fabricantes fornecedores, a título de pagamento de até 40% (quarenta por cento) do valor das aquisições dos bens destinados a integrar o ativo permanente a seguir descritos:
**a)** empilhadeiras classificadas no item 8427.10.1 ou no subitem 8427.20.10, da NBM/SH-NCM;
**b)** carroçarias classificadas na posição 8707 da NBM/SH-NCM, incluídas as cabinas, destinadas a veículos automotores classificados na posição 8704;
**c)** reboques e semirreboques, para transporte de mercadorias, classificados na subposição 8716.3 da NBM/SH-NCM.

V – por estabelecimento industrial, quando o saldo credor tiver sido acumulado em decorrência de operação de saída de máquinas e equipamentos industriais ao abrigo do diferimento previsto no Apêndice II, Seção I, item LVII, desde que:
**a)** esteja limitado ao valor dos créditos relativos às entradas de matérias-primas, materiais secundários e materiais de embalagem utilizados na fabricação das máquinas e dos equipamentos citados;
**b)** seja efetuada em favor do adquirente das máquinas e dos equipamentos;
**c)** seja celebrado Termo de Acordo com a Receita Estadual que estabeleça as condições da transferência em função de um ou mais dos seguintes compromissos que a empresa assumir:
**1** – geração ou manutenção de empregos;
**2** – realização de investimentos;
**3** – incremento na arrecadação do ICMS decorrente de importações do exterior;
**4** – incremento das aquisições internas de mercadorias, bens e serviços;
**5** – ampliação da atividade econômica;
**6** – agregação de percentual mínimo de valor econômico;
**7** – estorno de lançamento de créditos fiscais em montante igual ao valor do saldo credor cuja transferência será autorizada.
**Parágrafo único** – É vedada a transferência de saldos credores a título de pagamento nas aquisições de mercadorias em operações de venda para entrega futura.

**Santa Catarina**
**Lei nº 10.297, de 26 de dezembro de 1996**
**Art. 7º** O imposto não incide sobre:
(...)
II – operações e prestações que destinem ao exterior mercadorias, inclusive produtos primários e produtos industrializados semielaborados, ou serviços;
SEÇÃO V – DA TRANSFERÊNCIA DE CRÉDITOS
**Art. 31.** Saldos credores acumulados por estabelecimentos que realizem operações e prestações de que tratam o art. 7º, inciso II, e seu parágrafo único, poderão, na proporção que estas saídas representem do total das saídas realizadas pelo estabelecimento, ser transferidos, na forma prevista em regulamento:
I – a qualquer estabelecimento do mesmo titular, neste Estado;
II – havendo saldo remanescente, a outros contribuintes deste Estado, mediante a emissão pela autoridade competente de documento que reconheça o crédito.
§ 1º Poderão ainda ser transferidos outros saldos credores acumulados, observando o disposto neste artigo e nas hipóteses prevista em regulamento.
§ 2º Consideram-se acumulados, para os fins deste artigo, os saldos credores decorrentes de manutenção expressamente autorizada de créditos fiscais relativos a operações ou prestações subsequentes isentas ou não tributadas e de diferimento.
Regulamento do ICMS (Decreto 2.870/01)
CAPÍTULO VI
DA TRANSFERÊNCIA E COMPENSAÇÃO DE CRÉDITOS ACUMULADOS
Seção I – Créditos Acumulados

**Art. 40.** Consideram-se acumulados os saldos credores decorrentes de manutenção expressamente autorizada de créditos fiscais relativos a operações ou prestações subsequentes isentas ou não tributadas.

§ 1º O crédito transferível deve corresponder à proporção que as operações ou prestações referidas neste artigo representem do total das operações ou prestações realizadas pelo estabelecimento, observado ainda o disposto no inciso II do § 1º do art. 45 deste Regulamento.

§ 2º Os créditos acumulados serão utilizados prioritariamente para compensação de débitos próprios do estabelecimento prevista no art. 28.

§ 3º Poderão ser transferidos, a qualquer estabelecimento do mesmo titular ou para estabelecimento de empresa interdependente, neste Estado, os saldos credores acumulados por estabelecimentos que realizem operações e prestações:

I – destinadas ao exterior, de que tratam o art. 6º, II, e seus §§ 1º e 2º:

II – isentas ou não tributadas.

§ 4º O saldo credor acumulado, na hipótese do § 3º, I, poderá também:

I – ser compensado:

a) com o imposto devido na entrada de máquinas e equipamentos importados diretamente do exterior do país, destinados ao ativo permanente do importador;

b) REVOGADA.

II – ser alienado a outros contribuintes deste Estado, de acordo com a disponibilidade financeira do erário, para:

a) apropriação em conta gráfica;

b) REVOGADA.

III – ser transferido a outro estabelecimento do mesmo titular, localizado neste Estado, para compensar com o imposto devido na entrada de máquinas e equipamentos importados diretamente do exterior do país, destinados ao ativo permanente do importador.

§ 5º O saldo credor acumulado, na hipótese do inciso II do § 3º deste artigo, poderá também ser alienado a outros contribuintes deste Estado para apropriação em conta gráfica, de acordo com a disponibilidade financeira do erário.

§ 6º Para os efeitos do disposto no § 3º, considerar-se-ão interdependentes duas empresas quando uma delas, por si, seus sócios ou acionistas, for titular de mais de 50% (cinquenta por cento) do capital da outra.

§ 7º – REVOGADO.

§ 8º – REVOGADO.

§ 9º – REVOGADO.

§ 10. Nas compensações previstas no § 4º, I, "a" e III, a liberação do bem importado através de recinto alfandegado localizado em outra unidade da Federação ou com DSI, dependerá da obtenção de visto prévio na Guia para Liberação de Mercadoria Estrangeira sem Comprovação do Recolhimento do ICMS, na Gerência Regional da Fazenda Estadual, conforme previsto no Anexo 6, art. 192.

§ 11. Mediante regime especial concedido pelo Diretor de Administração Tributária, atendidas as condições e limites nele previstos, ao estabelecimento de cooperativa não associada à cooperativa central poderá ser autorizado que o crédito acumulado em decorrência da saída de insumos agropecuários para suas filiais, nos termos do art.

42, II, na mesma proporção que se destinem à produção agropecuária, relativamente ao crédito acumulado transferível, tenha o mesmo tratamento do disposto no § 3º, II.
§ 12. O montante das operações, resultante da proporção prevista no § 11, apurado em cada filial, será informado de forma unificada, para fins do controle previsto no art. 45.
**Art. 40-A.** Mediante regime especial concedido à cooperativa central ou federação de cooperativas pelo Diretor de Administração Tributária, será autorizada a retransferência de eventual saldo remanescente, decorrente de operações previstas no art. 40, § 3º e no art. 42, II:
I – entre estabelecimentos da mesma cooperativa;
II – do estabelecimento de cooperativa filiada para estabelecimento de cooperativa central ou de federação de cooperativas;
III – do estabelecimento de cooperativa central ou de federação de cooperativas para outras cooperativas filiadas situadas no Estado.
Parágrafo único. A autorização de que trata o inciso, II, poderá ser estendida à cooperativa de produtores não associada a cooperativa central.
**Art. 40-B.** Mediante regime especial autorizado pelo Secretário de Estado da Fazenda, que estabeleça os mecanismos formais de verificação e compensação dos créditos e que considere os impactos relativos à concentração econômica e à repercussão fiscal, o saldo credor acumulado decorrente das operações previstas no art. 40, § 3º, I, poderá ser transferido para integralização de capital de nova empresa ou modificação de sociedade existente, desde que do ramo industrial.
**Art. 40-C.** Com base no art. 20 do Decreto nº 105, de 14 de março de 2007, os créditos acumulados a que se referem os arts. 40, § 3º, e 42, atendidas as condições previstas em regime especial, poderão ser transferidos ou compensados, observado o disposto na Seção IV.

**São Paulo**
Decreto 45.490, de 30-11-2000 | Atualizado até o Decreto 62.761, de 04-08-2017.
CAPÍTULO V – DO CRÉDITO ACUMULADO DO IMPOSTO
(Redação dada ao capítulo pelo Decreto 54.249, de 17-04-2009; DOE 18-04-2009; Efeitos a partir de 1º de janeiro de 2010)
SEÇÃO I – DA FORMAÇÃO DO CRÉDITO ACUMULADO
SUBSEÇÃO I – DAS DISPOSIÇÕES GERAIS
Artigo 71 – Para efeito deste capítulo, constitui crédito acumulado do imposto o decorrente de (Lei 6.374/89, art. 46, e Convênio AE-7/71, cláusula primeira):
NOTA – V. PORTARIA CAT-118/10, de 30-07-2010 (DOE 31-07-2010). Dispõe sobre a apuração, informações e documentos relativos ao crédito acumulado do ICMS na hipótese que especifica. .
NOTA – V. PORTARIA CAT-26/10, de 12-02-2010 (DOE 13-02-2010). Dispõe sobre a apropriação e utilização de crédito acumulado do ICMS.
NOTA – V. PORTARIA CAT-83/09, de 28-04-2009 (DOE 29-04-2009). Estabelece sistemática para apuração do crédito acumulado gerado do ICMS, aplicável às operações e prestações geradoras.

I - aplicação de alíquotas diversificadas em operações de entrada e de saída de mercadoria ou em serviço tomado ou prestado;
II - operação ou prestação efetuada com redução de base de cálculo nas hipóteses em que seja admitida a manutenção integral do crédito;
III - operação ou prestação realizada sem o pagamento do imposto nas hipóteses em que seja admitida a manutenção do crédito, tais como isenção ou não incidência, ou, ainda, abrangida pelo regime jurídico da substituição tributária com retenção antecipada do imposto ou do diferimento.
Parágrafo único - Em se tratando de saída interestadual, a constituição do crédito acumulado nos termos do inciso I somente será admitida quando, cumulativamente, a mercadoria:
1 - for fisicamente remetida para o Estado de destino;
2 - não regresse a este Estado, ainda que simbolicamente.
SUBSEÇÃO II - DA GERAÇÃO E DA APROPRIAÇÃO DO CRÉDITO ACUMULADO
Artigo 72 - O crédito acumulado dir-se-á (Lei 6.374/89, art. 46):
I - gerado, quando ocorrer hipótese descrita no artigo 71;
II - apropriado, após autorização do Fisco, mediante notificação específica, observado o disposto nesta subseção e a disciplina estabelecida pela Secretaria da Fazenda, quando lançado o respectivo valor, concomitantemente:
a) pelo contribuinte, no livro Registro de Apuração do ICMS e transcrito na correspondente Guia de Informação e Apuração do ICMS - GIA, no quadro "Débito do Imposto - Outros Débitos";
b) pelo Fisco, em conta corrente de sistema informatizado mantido pela Secretaria da Fazenda;
NOTA - V. PORTARIA CAT-77/09, de 17-04-2009 (DOE 18-04-2009). Dispõe sobre a apropriação de crédito acumulado do Imposto sobre Circulação de Mercadorias e Prestações de Serviços - ICMS na hipótese que especifica.
III - utilizável, quando o valor correspondente estiver disponível na conta corrente de sistema informatizado mantido pela Secretaria da Fazenda.
Artigo 72-A - O crédito acumulado gerado em cada período de apuração do imposto será determinado por meio de sistemática de custeio que identifique na saída de mercadoria ou produto e na prestação de serviços, observada a disciplina estabelecida pela Secretaria da Fazenda, o custo e o correspondente imposto relativo:
NOTA - V. PORTARIA CAT-63/10, de 31-05-2010 (DOE 01-06-2010). Dispõe sobre a apuração, informações e documentos relativos ao crédito acumulado do ICMS na hipótese que especifica.
I - à entrada de mercadoria destinada à revenda;
II - à entrada de insumo destinado à produção ou à prestação de serviços;
III - ao recebimento de serviço relacionado às situações indicadas nos incisos anteriores;
IV - à entrada de mercadoria ou ao recebimento de serviço, com direito a crédito do imposto, consumido ou utilizado na estocagem, comercialização e entrega de mercadorias.
§ 1º - As informações relativas ao custeio:
1 - abrangerão a totalidade das operações de entrada e saída de mercadorias e das prestações de serviço recebidas ou realizadas pelo contribuinte;

2 – serão apresentadas por meio de arquivo digital, em padrão, forma e conteúdo que atendam a disciplina estabelecida pela Secretaria da Fazenda.

§ 2º – Caso o estabelecimento gerador do crédito acumulado registre entrada de mercadoria por transferência, poderá ser exigida a comprovação do custo e do correspondente imposto, conforme sistemática de custeio prevista neste artigo.

Artigo 72-B – A apropriação do crédito acumulado gerado:

NOTA – V. DECRETO 54.249, de 17-04-2009 (DOE 18-04-2009; Efeitos a partir de 1º de janeiro de 2010). Parágrafo Único do Artigo 6º trata da aplicação do disposto nesta Artigo 72-B.

I – ficará condicionada à prévia autorização do Fisco, observada a disciplina estabelecida pela Secretaria da Fazenda;

II – será limitada ao menor valor de saldo credor apurado no Livro de Registro de Apuração do ICMS e transcrito na correspondente Guia de Informação e Apuração do ICMS – GIA no período compreendido desde o mês da geração até o da apropriação;

III – salvo disposição em contrário, somente abrangerá o valor do saldo credor resultante das operações e prestações próprias do estabelecimento gerador;

IV – não poderá ser requerida para período anterior a 60 (sessenta) meses, contados da data do registro do pedido de apropriação no sistema. (Redação dada ao inciso pelo Decreto 59.654, de 25-10-2013, DOE 26-10-2013)

V – somente será admitida se o estabelecimento do contribuinte interessado estiver em efetiva atividade na data da apresentação do pedido.

§ 1º – Para os efeitos do inciso V, além das demais hipóteses previstas na legislação, considera-se inativo o estabelecimento quando ficar evidenciada, pela análise das informações econômico-fiscais disponíveis, a paralisação continuada do movimento de operações e prestações de serviços sujeitas ao imposto.

§ 2º – A Secretaria da Fazenda poderá condicionar a apropriação:

1 – à confirmação da legitimidade dos valores lançados a crédito na escrituração fiscal;

2 – à comprovação de que o crédito originário de entrada de mercadoria em operação interestadual não é beneficiado por incentivo fiscal concedido em desacordo com a legislação de regência do imposto;

3 – à comprovação da efetiva ocorrência das operações ou prestações geradoras e do seu adequado tratamento tributário;

4 – a que todos os estabelecimentos do contribuinte situados em território paulista:

a) estejam com os dados atualizados no Cadastro de Contribuintes do ICMS e em dia com as obrigações principais e acessórias;

b) sejam usuários de sistema eletrônico de processamento de dados para fins fiscais e apresentem mensalmente, conforme disciplina estabelecida pela Secretaria da Fazenda, a Escrituração Fiscal Digital – EFD, se obrigado a tanto, ou o arquivo digital com os registros fiscais de todas as suas operações e prestações.

§ 3º – Somente se admitirá a apropriação do crédito acumulado gerado, após a comprovação:

1 – da efetiva exportação, em se tratando de crédito acumulado decorrente de operação de exportação ou de saída referida no item 1 do § 1º do artigo 7º;

2 - do ingresso da mercadoria nas áreas incentivadas sob administração da Superintendência da Zona Franca de Manaus - SUFRAMA, em se tratando de crédito acumulado decorrente de operação referida no artigo 84 do Anexo I e no artigo 14 das Disposições Transitórias.

4º - O valor do crédito acumulado decorrente da entrada de leite originário do Estado de Minas Gerais, conforme acordo celebrado com esse Estado será determinado e terá a sua utilização disciplinada pela Secretaria da Fazenda. (Redação dada ao parágrafo pelo Decreto 55.407, de 09-02-2010; DOE 10-02-2010)

SUBSEÇÃO I - DA TRANSFERÊNCIA DO CRÉDITO ACUMULADO

Artigo 73 - O crédito acumulado poderá ser transferido (Lei 6.374/89, art. 46, e Convênio AE-7/71, cláusulas primeira, segunda e quarta, as duas últimas na redação dos Convênios ICM-5/87, cláusula primeira, e ICM-21/87, respectivamente):

I - para outro estabelecimento da mesma empresa;

II - para estabelecimento de empresa interdependente, observado o disposto no § 1º, mediante prévio reconhecimento da interdependência pela Secretaria da Fazenda;

III - para estabelecimento fornecedor, observado o disposto no § 2º, a título de pagamento das aquisições feitas por estabelecimento industrial, nas operações de compra de: (Redação dada ao inciso pelo Decreto 62.403, de 29-12-2016; DOE 30-12-2016)

a) matéria-prima, material secundário ou de embalagem, para uso pelo adquirente na fabricação, neste Estado, de seus produtos;

b) máquinas, aparelhos ou equipamentos industriais, novos, para integração no ativo imobilizado e utilização, pelo prazo mínimo de um ano, em estabelecimento da empresa localizado neste Estado;

c) caminhão ou chassi de caminhão com motor, novos, para utilização direta em sua atividade no transporte de mercadoria, pelo prazo mínimo de um ano, em estabelecimento da empresa localizado neste Estado, desde que os referidos bens sejam adquiridos de fabricante paulista ou de seu revendedor autorizado;

d) mercadoria ou material de embalagem a serem empregados pelo adquirente no acondicionamento ou reacondicionamento de produtos, realizada neste Estado;

e) carroceria nova de caminhão, bem como reboque e semirreboque novos, inclusive refrigerados, para utilização direta em sua atividade no transporte de mercadoria, pelo prazo mínimo de um ano, em estabelecimento da empresa localizado neste Estado, desde que os referidos bens sejam adquiridos de fabricante paulista ou de seu revendedor autorizado e se destinem a equipar caminhão ou chassi de caminhão com motor, novos, também adquiridos de fabricante paulista ou de seu revendedor autorizado;

IV - para estabelecimento fornecedor, observado o disposto nos itens 1, 3 e 4 do § 2º, a título de pagamento das aquisições feitas por estabelecimento comercial, nas operações de compra de: (Redação dada ao inciso pelo Decreto 62.403, de 29-12-2016; DOE 30-12-2016)

a) mercadorias inerentes ao seu ramo usual de atividade, para comercialização neste Estado;

b) bem novo, exceto veículo automotor, destinado ao ativo imobilizado, para utilização direta em sua atividade comercial, pelo prazo mínimo de um ano, em estabelecimento da empresa localizado neste Estado;

c) caminhão ou chassi de caminhão com motor, novos, para utilização direta em sua atividade comercial no transporte de mercadoria, pelo prazo mínimo de um ano, em estabelecimento da empresa localizado neste Estado, desde que os referidos bens sejam adquiridos de fabricante paulista ou de seu revendedor autorizado;
d) carroceria nova de caminhão, bem como reboque e semirreboque novos, inclusive refrigerados, para utilização direta em sua atividade comercial no transporte de mercadoria, pelo prazo mínimo de um ano, em estabelecimento da empresa localizado neste Estado, desde que os referidos bens sejam adquiridos de fabricante paulista ou de seu revendedor autorizado e se destinem a equipar caminhão ou chassi de caminhão com motor, novos, também adquiridos de fabricante paulista ou de seu revendedor autorizado;
V – para o fornecedor de leite situado no Estado de Minas Gerais, observado o disposto em acordo celebrado pelas unidades federadas envolvidas e disciplina estabelecida pela Secretaria da Fazenda;
VI – para o estabelecimento industrializador do petróleo bruto, decorrente de operação com combustível liquido ou gasoso ou lubrificante, derivado de petróleo, na hipótese do inciso III do artigo 71, ou decorrente de operação interestadual com álcool carburante, na hipótese do inciso I desse artigo;
VII – para estabelecimento industrializador, decorrente de operação interna realizada por estabelecimento atacadista com amendoim em baga ou em grão, adquirido de produtor paulista e ao abrigo do diferimento previsto no inciso II do artigo 350.
VIII – para estabelecimento de cooperativa centralizadora de vendas de que faça parte, por estabelecimento fabricante de açúcar ou álcool, observada a disciplina estabelecida pela Secretaria da Fazenda. (Inciso acrescentado pelo Decreto 57.609, de 12-12-2011; DOE 13-12-2011; Efeitos a partir de 01-01-2012)
§ 1º – Para efeito do inciso II, consideram-se interdependentes duas empresas quando:
1 – uma delas, por si, for titular de 50% (cinquenta por cento) ou mais do capital da outra;
2 – seus sócios ou acionistas forem titulares de capital social não inferior a 50% (cinquenta por cento) em uma e a 30% (trinta por cento) na outra.
§ 2º – Relativamente ao disposto nos incisos III e IV, observar-se-á o seguinte:
1 – nos casos de venda à ordem ou para entrega futura, a transferência somente poderá ocorrer após o efetivo recebimento da mercadoria;
2 – as máquinas, aparelhos e equipamentos industriais referidos na alínea "b" do inciso III são os discriminados na relação a que se refere o inciso V do artigo 54;
3 – as transferências referidas nas alíneas "c" dos incisos III e IV somente poderão ser feitas para estabelecimento fabricante do caminhão ou chassi com motor novo ali indicado, ainda que adquirido de estabelecimento rendedor.
4 – as transferências referidas nas alíneas "c" e "e" do inciso III e alíneas "c" e "d" do inciso IV somente poderão ser feitas para estabelecimento fabricante paulista da carroceria de caminhão, reboque e semirreboque, ou seu revendedor autorizado. (Item acrescentado pelo Decreto 62.403, de 29-12-2016; DOE 30-12-2016)
Artigo 74 – Salvo disposição em contrário, a transferência somente poderá ser feita entre estabelecimentos situados em território paulista.

Artigo 75 – A transferência do crédito acumulado far-se-á mediante autorização gerada através de sistema eletrônico, devendo ser requerida por meio da internet, na forma estabelecida pela Secretaria da Fazenda.
Parágrafo único – A Secretaria da Fazenda poderá estabelecer que a autorização eletrônica seja substituída por forma diversa.
Artigo 76 – O documento de autorização relativo à transferência do crédito acumulado será (Lei 6.374/89, art. 67, § 1º):
I – lançado pelo Fisco na conta corrente prevista na alínea "b" do inciso II do artigo 72;
II – escriturado pelo destinatário diretamente no livro Registro de Apuração do ICMS e transcrito na correspondente Guia de Informação e Apuração do ICMS - GIA, no quadro "Crédito do Imposto – Outros Créditos".